河南省社会科学院哲学社会科学创新工程试点项目

中原学术文库·青年丛书

河南·法律名人探究

EXPLORATION OF HENAN LEGAL CELEBRITIES

栗阳/著

社会科学文献出版社
SOCIAL SCIENCES ACADEMIC PRESS (CHINA)

前　言

　　河南是中华民族的重要发祥地之一，这里历史悠久、文化灿烂、人才辈出。可以说，中华民族上下五千年的文明发展史都和这片厚重的中原大地息息相关。河南人杰地灵，孕育出了一代又一代灿若星辰、彪炳史册的名人。因此，人们常说"天下名人，中州过半"。在众多名人中，河南大地上的法律名人独领风骚，他们在建章立制、社会变革等国家治理活动中发挥了重要作用，对中国法律的萌芽，中华法系的形成、发展和传播作出了不可磨灭的贡献。同时，他们在立法、执法和司法活动中也有开创性或启发性的重大影响。在历朝历代法律名人中，有一些尽管籍贯不是河南，但是因为当时国家的行政中心在河南，因此这些名人在河南居官为政、建功立业，本书也将其中一些卓尔不凡的人物收录在内。河南法律名人在中国法制史上浓墨重彩地谱写了可歌可泣的篇章，他们不但是河南的骄傲，而且是整个中华民族的骄傲，他们推动了河南乃至中国的文明进步。对他们的英名和功绩，我们确有必要铭记和传颂。

　　在有确切文字历史记载之前，关于炎黄二帝、尧舜禹原始部落首领的传说就发生在黄河流域的中原大地。根据洛阳偃师"二里头遗址"的考古发现，大多数学者对中国国家的形成基本达成共识，普遍认为：公元前 21 世纪，在中原大地上中国历史上第一个国家"夏"诞生，国君夏禹的天命、天罚神权法思想开创了中国法律思想的先河。还有一些考古发现也充分证明河南是商王朝的核心地区，如郑州商城遗址、安阳殷墟甲骨文。西周时期，出于政治军事需要，周公在洛邑（今河南洛阳）建了一个都城，名成周，史称东都。后来，周平王迁都洛邑。此后，洛阳先后成为东周、东汉、曹魏、西晋、北魏、隋、唐（武周）、五代后梁后唐等多个朝代的国都。因此，洛阳有十三朝古都之称。唐朝以后，开封成为北宋的国都，成为政治、经济、文化中心，开封有八朝古都之称。1949 年，中华人民共和国成立之后，郑州借助交通枢纽的优势，联通南北、横贯东西。国务院批复成立郑州航空港经济综合实验区和中国（河南）自由贸易试验区之后，郑州成了内陆对外开放的新高地。毋庸置疑，河南是中国历朝历代大多数时期的政治、经济和文化中心。上下五千年，河南涌现出众多的杰出人物，他们引领时代并对后世产生了深远影响，其中包括一大批杰出的法律名人。中国古代法学家和古罗马法学家不同，古罗马有一个专门从事法律教育和法律著述的职业法学家阶层，而中国古代的法学家大多是为官从政之人，也有文学家、哲学家。① 按照历史年代分段，对河南籍以及非河南籍但是长期在河南任职的、有重大影响的法律名人进行梳理，重点研究和介绍他们的主要事迹、法律思想或法律贡献，这对于研究和展示河南历史、中原文化和中华文明具有重要的意义。

在评价历史人物时，本书坚持历史唯物主义的观点。一方面，充分肯定法律名人个人的丰功伟绩以及在历史发展进程中的重要作用；另一方面，充分认识到名人是人民群众在推动历史进程中的杰出代表，其个人取得了成绩是因为顺应了历史发展的潮流，符合生产力发展的要求。本书坚持以史实为基础，通过研究、梳理、分析历史，力求总结出具有规律性的东西，只有这样才能以史为鉴、以人为镜，即所谓"鉴前世之兴衰，考当今之得失"。

---

① 何勤华：《中国法学史》（第 1 卷）（修订版），法律出版社，2006。

　　党的十九大把坚持全面依法治国确立为新时代坚持和发展中国特色社会主义基本方略的重要内容，对深化依法治国实践做出了全面部署。相信本书关于河南法律名人的研究和整理，对于推动法治河南、法治中国的伟大历史进程能够起到一定的作用。河南法律名人是一张有中原特色的地方名片，蕴含着巨大的历史文化价值。对河南法律名人进行宣传就是对名人建功立业的地方进行宣传，对河南法律名人的推崇就是对中华民族优秀文化的推崇和弘扬。发掘和利用河南丰富的法律名人资源，可以极大地提升河南的形象与知名度。名人效应具有集聚的效果，可以集聚国内外更多的仁人志士来了解河南、走进河南、投资河南、热爱河南。在全面深化改革、全面建成小康社会、全面依法治国的新时代，在河南法律名人的激励之下，必将涌现出更多的名人志士，干成超越中华民族历史上以往任何一个时期的伟大事业，实现中华民族伟大复兴的中国梦。

目　录

第一章　上古传说中的河南法律名人

上古时期又被史学界称为史前时期，顾名思义，就是指有历史之前的时期，即人类社会发明并使用文字对历史做出记载之前的时期。历史学家、考古学家普遍认为，中国的上古时期就是夏朝以前的时期。因为上古时期文字还没有出现，对那个时期的历史事件和历史人物均无文字记载，因此也无法直接考证，只能通过具有神话色彩的传说来了解。上古时期著名的黄帝、炎帝、尧、舜等人，他们的主要活动范围在黄河中下游地区，也就是今天的中原地带，主要是河南。他们的传说、典故被人民群众一代代口口相传，流传至今。随着科技的进步和考古学的发展，上古传说也并非完全口说无凭，而是不断被近年来的考古发现所印证。[①] 基于考古新发现，上古传说中的人、事、发生地等要素，基本上可以和口口相传的神话传说相符合。[②] 但是，严谨地说，本章内容仍属于神话传说。

上古时期，人们耳熟能详的黄帝、炎帝、尧、舜，他们是活动于黄河中下游中原地区的部落或部落联盟首领。虽然这一时期社会群体的主要构成形态是氏族、部落，真正意义上的国家尚未形成，但是我们已经可以通过黄帝大战炎帝、黄帝大战蚩尤、尧舜禅让等传说了解到，当时在黄河中下游地区的大概情况是：氏族部落林立、战争频

---

① 印证史前时期的主要考古发现有：河南渑池班村遗址、安阳后岗城遗址、淮阳平粮台城遗址、登封王城岗城遗址、辉县孟庄城遗址、新密古城寨遗址等。
② 童恩正：《中国北方与南方古代文明发展轨迹之异同》，载杨楠编《考古学读本》，北京大学出版社，2006。

繁，王权已经开始形成。频繁的战争助推了刑罚的产生与发展，因此从古代史书到目前学界通说一致认为"刑起于兵而止于礼"。[①] 中国古代"刑"与"法"是同义词。《尔雅·释诂》中说："刑，常也，法也。"普遍认为"礼"的起源是部落氏族的祭祀活动，礼从部落氏族的风俗习惯转化而来，并且随着法的发展，很多"礼"最终入了法，从而形成了"礼法合一"的中华法系传统。

第一节　黄帝

黄帝是中华民族的始祖，据考证黄帝生活在距今 4000 多年前。在上古传说中，黄帝是当时中原地区的部落联盟首领。黄帝又被称为轩辕黄帝，因为他出生于轩辕之丘（今河南省新郑市北关），黄帝姓姬，因为他成长于姬水之滨（在今河南省新郑市境内）。黄帝还被称为有熊氏，因为他统一天下定都城于有熊（今河南省新郑市）。黄帝当时的统治疆域已经非常广大，东到海边，西至崆峒（今青海），北至荤粥（原匈奴），南达长江。因为黄帝有土德的祥瑞征兆，尚黄色，故此以黄帝命名。[②] 黄帝的"帝"和后来人们所说的帝王不是同一个意思。

黄帝遗迹主要集中在河南省新郑市。除此之外，关于黄帝的传说典故在许多著名古籍中都有详细记载，比如《左传》《国语》《竹书纪年》《战国策》《山海经》《穆天子传》等。司马迁在《史记》当中对黄帝名字的由来进行了记述。《史记》之后的著名典籍中，《汉书》《后汉书》《吕氏春秋》《淮南子》等也有黄帝相关的记载。因此，可以认为关于黄帝的生平、事迹虽然是传说，但是能够经过历代流传至今，其中必定凝结了人们对历史事件的记忆与评述，不是单纯

---

① 《辽史·刑法志》："刑也者，始于兵而终于礼者也。"
② 司马迁：《史记·五帝本纪第一》。

的想象与臆造，至少包含了历史方面的要素核心。① 早在汉代，新郑市北关就建有轩辕故里祠，明代隆庆四年曾经对其进行过修缮，并在轩辕故里祠修建了一座轩辕桥。清代康熙年间，又在故里祠前立轩辕故里碑，碑刻《重修大殿碑记》，清代乾隆年间再次进行修缮。时至今日，每年农历三月初三，河南省新郑市作为有熊氏之墟，都要举办黄帝拜祖大典，汇聚海内外华人于此寻根拜祖。

黄帝是中华民族的"人文始祖"，关于黄帝的传说主要有圣人政治、创造制度器物、封禅求仙等方面。其中一些内容反映了早期法观念的萌芽状态，这些传说具有一定的法文化价值。黄帝法思想主要有这样几个方面：圣人治理、世系传承家国天下、德治天下、刑起于兵。

传说中把黄帝定位为一个在许多方面具有开创性的圣人，在道德方面比普通人更具有完美性，在能力方面堪比神。除了擅长率兵打仗以外，黄帝发明并教人们炼铜、制陶、造舟车、创指南、立五行、制星历。黄帝的妻子嫘祖发明了养蚕、缫丝和织帛技术。传说中还有其他和黄帝相关的人，在黄帝的授意下，其史官仓颉造字，乐师伶伦造乐器，大臣隶首发明算术和度量衡。流传至今依然为当今中医学学生研读的《黄帝内经》，相传就是黄帝和医师岐伯讨论问答医理形成的。② 在《管子》一书中，描述黄帝是一个在贤臣辅佐下的有德行之君，是一个可以定音律、置法度的圣人。圣人治理则主要是强调治理的合理性与合法性。孔子说黄帝之所以能够"生而民得其利百年，死而民畏其神百年，亡而民用其教百年"，是因为黄帝是"使治四方"的贤人。

中华民族以黄帝子孙自居，后世各代帝王大多以自己是黄帝后裔来说明其统治的合法性。夏商时期的天命天罚思想即来源于黄帝世系。后来，某些入主中原的少数民族政权为了寻求其君权的正当性，

---

① 徐旭生：《中国古史的传说时代》，文物出版社，1960。
② 桑金科：《河南历代名人》，五洲传播出版社，2005。

也有拜谒黄帝陵以归入正统的做法。黄帝作为始祖荫蔽中华上下五千年，形成了"世系传承家国天下"的国家治理模式。

以德治国的传统也起源于黄帝。传说黄帝死后，其孙高阳（称颛顼）接替了帝位。颛顼出生时头上有"圣德"的字样。颛顼死后，黄帝的曾孙高辛（称帝喾）继承了帝位。帝喾自小聪慧过人，品德高尚，十几岁就极负盛名。黄帝的玄孙陶唐氏（称帝尧），黄帝的第九世孙有虞氏（称帝舜），都是天下明君。司马迁在《史记》中评价说："天下明德皆自虞舜始。"《史记》中关于黄帝大战蚩尤的记述说明了为什么黄帝要对蚩尤发动战争，主要原因是，"黄帝以仁义不能禁止蚩尤"，"蚩尤最为暴"。也就是说，因为蚩尤最为残暴、无德，所以黄帝是替天行道讨伐蚩尤。因此，从黄帝开始，在国家治理中，中国自古就有重视德治的传统。德治与礼法在早期社会中已经成为维持社会秩序、推动社会发展的重要社会治理模式。

社会矛盾激化的产物之一是刑，而法则起源于氏族部落之间的战争。因此，在中国古代法的起源方面，"刑起于兵"的观点得到了普遍认同。战争最主要的功能之一是具有惩罚的功能。在氏族部落时期，一方面通过发动战争对胆敢不进贡、不归顺的部落进行惩罚，另一方面战争具有道德教化的作用，黄帝对其他部落联盟首领发动战争即被赋予了正义的性质，之所以发动战争只是为了推行黄帝的圣人之治，而迫不得已去讨伐无德之人。因此，从上古时期就可以看出，刑罚具有惩罚性、暴力性、正义性和合理性并存的特征。中国古代关于黄帝的传说，有相当大的一部分是有关战争的。其中，黄帝大战炎帝、黄帝大战蚩尤的典故流传甚广、妇孺皆知。相传原来炎帝的部落是在姜水流域（今陕西省岐水），后来炎帝向中原地区扩张，在扩张的过程中被打败的部落纷纷投靠黄帝部落。黄帝、炎帝两个部落在争夺对中原的控制权的过程中，在阪泉（涿鹿东南，今河北张家口东南）大战了三次，最终的结果是炎帝战败被俘，迁移到了南方。在江淮流域有一个叫作九黎族的部落，其首领是蚩尤。蚩尤非常残暴，不听从黄帝的命令。蚩尤不断作乱，其势力逐渐向中原扩张，不断向黄帝发动进攻。传说蚩尤有 81 个兄弟，个个人面兽身、铜头铁额、骁勇善战，而且他们还有南方苗蛮族做同盟军。该族可以呼风唤雨，将南方山林水泽中的瘴疠之气召集来进行攻击。一开始，黄帝军队势如破竹，一直打到了涿鹿（今河北张家口东南）。后来，蚩尤开始施展法术，致使大雾弥漫了三天三夜，黄帝的军队由于看不见人影而落败。后来黄帝开始想办法，命部下风后发明了指南车识别方向，由此破了蚩尤的毒雾阵。蚩尤不甘示弱，又请来了风伯、雨师助阵，一时间狂风大作、大雨倾盆，黄帝的军队难以招架。接下来，黄帝请来了旱神女魃相助镇住风雨。然后，蚩尤又让他人面兽身的兄弟出动，黄帝则命令放出已经训练好的虎豹熊罴等猛兽应战，把蚩尤的人马咬得抱头鼠窜。经过若干个回合的交手，最终，蚩尤的军队被彻底打败，逃到冀州中部时，蚩尤被黄帝俘获，被砍了头。黄帝打败蚩尤以后，又打败了夸父和刑天，至此，以黄帝族为主体的华夏族便形成了，黄帝成为中华民族的祖先。

第二节　炎帝

炎帝和黄帝同时代，是传说中中国上古时期姜姓部落的首领，相传因为他懂得用火，故被称为炎帝。又因他亲尝百草用草药治病，还发明了翻土的农具，教大家识别五谷，种植庄稼，于是炎帝被认为是中华农耕文明的创始者，因此又被称为神农氏。神农尝百草的传说为人们世代相传、津津乐道。传说中对炎帝进行了夸张式描述，说炎帝是一位神奇的人物，有牛头人身，出生后三天就能说话，五天便能走路，七天就长出了牙齿，并且他身材特别高大，有将近三米高。将统治者神话、英雄化也是早期社会治理的一种方式。

炎帝与黄帝为了争夺中原地区的土地和资源而展开大战，最终的结果以炎帝失败而告终。但是黄帝没有杀死炎帝，而是让炎帝带着自己的部落迁移到南方生活。后来，蚩尤率领九黎族①准备联合炎帝共同进攻黄帝，以打败黄帝夺回中原。炎帝看到黄帝把中原治理得很好，他不想百姓再受战争之苦，于是拒绝了蚩尤的邀请。因为炎帝不参加蚩尤的叛乱，而且在自己的部落兢兢业业发展农业、制造陶器和农具、遍尝百草治病救人，黄帝认为他德行高尚，于是把炎帝和他的部落族人接回中原共同生活。②从此以后，炎帝、黄帝两个部落在中原大地上相互融合，世世代代繁衍生息。自此，炎帝、黄帝被尊奉为中华民族的共同始祖，华人自称"炎黄子孙"。目前，在河南省郑州市西北30千米处的黄河风景名胜区向阳山上，有用太行山的真石雕刻而成的炎黄二帝巨型塑像，类似于美国的总统山雕像。史料记载，炎帝身高近3米，身形伟岸，于是在雕刻过程中专门雕成一高一矮，高者为炎帝，矮者为黄帝。炎黄二帝巨石雕像背依邙山、面向黄河，气势恢宏，展现了炎黄子孙对中华民族始祖的崇敬与纪念。

另外，有些学者持这样一种观点，即炎帝与黄帝是人文始祖的称谓，并不仅仅指具体的人。炎黄二帝集所有上古传说中英勇神武、创造祖制和器物的英雄人物的光辉事迹于一身，是中华民族祖先的一个意象的凝结体。比如，《史记·封禅书》认为炎帝和神农氏不是同一个人而将其分列，而有些典籍却把神农尝百草、发明医药统统归为炎帝的功绩，认为神农氏和炎帝是同一个人。炎帝行德治、为民谋福利的做法也反映出，其社会治理思想中同样包含了圣人治理、德治天下、兵刑一体的内容。

---

① 九黎族：蚩尤率领的九黎族原本是炎帝统领的一个部落，炎帝战败以后，九黎族被放逐到了中原东部。
② 林汉达：《上下五千年》，少年儿童出版社，2016。

第二章　先秦时期河南法律名人

先秦时期是指夏朝建立之后到秦朝建立之前的这一段历史时期，即公元前21世纪至公元前221年，包括夏、商、西周、东周（春秋和战国）几个朝代。夏、商、周三代，人们的活动范围主要集中在以洛阳为核心的河南地区，也包括山西、河北、山东的某些区域，这一地区就是最早的"中国"。夏朝是有史书用文字记载的第一个世袭制朝代，我们今天常以"华夏"来指称中国。夏朝地域范围的中心地带主要集中在今河南的偃师、登封、新密和禹州一带。商朝先后建都于亳（今商丘）、西亳（今洛阳偃师）、嚣（今郑州）、殷（今安阳）和朝歌（今鹤壁淇县），这些都城都在今天的河南省境内。西周时期很多诸侯国在今河南境内，如卫国在朝歌（今鹤壁淇县）、郑国在新郑、宋国在商丘。东周时期周王朝迁都洛阳，河南是当时全国的政治、经济和文化中心。春秋战国时期，众多诸侯国的都城也是在河南。史学大家司马迁在其所著《史记·封禅书》中曾经说过："昔三代之居，皆在河洛之间。"依据史籍记载和考古发现，史学界通常认为，先秦文化是中国文化的源头，先秦时期确定的制度、思想是中华文明的基础。

夏朝开始进入阶级社会，国家作为专制统治的工具产生，与此同时，和国家专制统治配套的法律也产生了。"天命""天罚"的神权法思想是夏、商的主要法律思想，野蛮、残酷是其主要特点。西周的统治者引入了"以德配天"的法律思想，特别是在刑法方面讲求

"明德慎罚"，同时在民法方面大量采用"礼"的规范。春秋时期开始有公布成文法的事件，如"铸刑鼎""铸刑书"。到了战国时期，公布成文法已经不是例外而是形成了常态化的定制。夏、商、西周时期，人治色彩浓厚，主要是"圣王贤相"以德治国，法律是"礼治"统领下的法律。春秋战国时期，出现了"礼崩乐坏"的局面，维护宗法等级制度的"礼治"遭受了破坏。各诸侯国纷纷招贤纳士、变法图强。在这一进程中，产生了主张"法治"的法家流派。

夏商时期的夏禹、商汤、盘庚、周武王、伊尹、傅说、周公，春秋时期的子产、邓析，战国时期的法家人物李悝、申不害、商鞅、韩非、李斯等均为河南人。可以说，河南正是先秦时期法家学派的孕育、诞生之地。先秦法家思想的形成、传播和践行，离不开这一大批河南法律名人的贡献。

第一节　夏商西周时期河南法律名人

上古传说时代之后，中国出现了第一个国家夏，夏朝开始进入阶级社会，出现了作为阶级统治工具的国家以及法律制度。[①] 禹是夏朝的开国君主，除了大禹治水三过家门而不入的典故外，大禹宣扬"天命""天罚"的神权法思想，并且大禹和其继任者作《禹刑》。汤灭夏建立商朝，作《汤刑》，以严酷而著称。商朝中期有著名的国君盘庚，人们耳熟能详的典故盘庚迁都，讲述的即是盘庚将都城迁到殷（今河南安阳）的一段历史。此后还有武王伐纣（牧野之战发生于朝歌附近，在今河南鹤壁淇县西南）。夏商周时期还有伊尹、周公（制礼作乐）等贤相。夏商周三代形成了国家初建立时期的"圣王贤相"治国模式，圣王贤相所建立起来的典章、礼乐、政治制度和法律制度

---

① 夏代之前已经有法律，学术界普遍认为，法律产生于原始社会末期国家产生之前，原始社会时期已经存在习惯法。

等影响深远，奠定了中国后世历朝历代的基础。

一　禹

禹，姓姒，名禹，字文命，又被称作大禹、夏禹，是与尧、舜齐名的圣人明君。禹是夏朝的开国君主，是黄帝的玄孙，颛顼帝的孙子，相传大禹出生于洞熊山（今河南新郑市境内，嵩山东）。[①] 为了避让舜的儿子继承帝位，禹曾经隐居于阳城（今河南登封东南），后来在阳翟（今河南禹县）正式继位。其父名鲧，因被尧封于崇（今河南嵩山），因此世称"崇伯鲧"或"崇伯"。鲧受尧之命治理水患，他采用筑坝挡水的办法，但是却不成功。于是，尧的继任者舜撤了鲧的职，把他发配到羽山，鲧最后死在羽山。鲧被撤职后，舜又命令禹代替父亲治水。禹登到高处观测地形，他认为用堵水的办法不能从根本上解决问题，他改用疏导法最终制服了洪水。传说禹结婚四天后就离家治水，13 年来曾三过家门而不入。

禹的一大功绩是创设了中国历史上第一个国家。因为夏禹在治理黄河中有功，舜决定让禹做其继承人。舜还在位时，禹就已经代舜摄政了 17 年。舜死后，禹带领国人服丧三年，并隐居于阳城。各部落的首领纷纷去阳城朝拜禹，大家一致推举禹做国君。后来禹在阳翟（今河南禹县）继位，国号夏。夏禹终结了原始社会部落联盟的社会组织形态，创造了"国家"这一新型的社会政治组织形态，由此，阶级社会取代了原始社会。夏禹作为一个时代的开创者，为后世诸多朝代的君主所遵奉，他们把夏禹作为国家统治的先祖进行祭拜。公元前 210 年，秦始皇曾经"上会稽祭大禹"。960 年，宋太祖曾颁诏保护禹陵，并将祭禹正式列为国家的常典。到了明清两朝，祭禹的仪式和制度则更加完备，典礼也更加隆重。有史料记载，明清两朝祭禹陵的大

---

① 桑金科：《河南历代名人》，五洲传播出版社，2005。

典各有 20 多次，清代的康熙皇帝、乾隆皇帝都曾亲自莅临会稽（今浙江绍兴）祭禹。①

禹的另一大功绩在于创制九州。创制九州所具有的意义在于，禹按照地理位置划分管辖区域管理国家，结束了以血缘关系为纽带的氏族管理方式。禹之所以可以按照地理位置管理国家，是因为禹曾经在治水时跑遍天下，他对各地的地形了如指掌，对各地的风俗习惯、物产资源等也十分了解。于是，禹把天下划分为九个州，并在每一个州设置一个地方长官"九牧"进行管理。之后，夏禹命令各部落贡献铜，铸了九个大鼎分别代表九州，象征着其势力范围很广大，统治着天下九州。从此，就有了华夏九州、问鼎中原的说法。夏禹规定了进贡制度，可谓是税制的源头：天子帝畿以外每五百里被划分为一个区域，第一个五百里的地区叫甸服，再向外五百里叫侯服，再向外五百里叫绥服，再向外五百里叫要服，最外面的五百里叫荒服。规定甸、侯、绥三服，要进贡不同的物品或者负担不同的劳务。要服无须纳物、服役，但要接受管教，遵守法制政令。荒服可以根据其当地的习俗进行管理，不强制推行中央朝廷制度。贡赋捐税以国家强制力保障缴纳，这是以前氏族社会所没有的。② 这些制度的建立均说明，夏朝已经具备了国家的基本特征。

禹宣扬神权法思想。禹宣称自己"受命于天"，对违天命者要代天行罚。学者普遍认为，受到生产力发展水平的限制，国家最初形成之时的统治者奉行"天命""天罚"的神权法思想，君权神授是其根本。大禹称其母脩己在梦中接"流星"，"吞神珠薏苡"，继而怀孕生了禹。③ 大禹把自己的出生加以神化，就是为了说明他是上天授意降临的神君，因此其统治和各种治理行为均承天意，具有合法性。另外

———————————

① 史料记载，禹在视察会稽（今浙江绍兴）时去世，葬于此。
② 《马克思恩格斯全集》第 21 卷，人民出版社，1965。
③ 《史记》卷二《夏本纪》注引《帝王纪》。

神示立法、天讨天罚也是其重要法律思想。大禹出兵攻打有苗等部落时，以上天降世的天子口吻发号施令，说这些部落作乱，自己是替上天来惩罚他们的。《尚书·洪范》说"天乃赐禹洪范九畴，彝伦攸叙"，即上天授予夏禹九部治理国家的法，让禹代行"天命"。继而，其他各种伦常秩序、等级礼义以及刑罚等都是上天的安排。

法自君出，禹作《禹刑》。在《汉书·刑法志》中记载："禹承尧舜之后，自以德衰而制肉刑。"《左传·昭公六年》记载："夏有乱政而作禹刑。"夏朝时候国家机器尚且不完善，那时还没有专门的立法机构。当时，法主要出自君主。氏族习惯法中有利于统治阶级的内容被君主认可后，再将其上升为法律，用以维护自己的既得利益。部分学者认为，禹制定并颁布了最早的法律。学界还有一种观点认为，《禹刑》是夏朝法律制度的一个统称，是由禹和其继任者共同汇集原始部落习惯法，并在此基础上形成的法律规范。通说认为，《禹刑》虽然以禹命名，但并非禹本人所作，而是前后几代夏朝统治者先后制定的法律的汇总，主要作用是用来镇压奴隶的暴动和反抗。《禹刑》尚不是成文法，其内容只能从古代文献的记载中窥见一斑。根据古代文献的记载，《禹刑》共有三千条，规定了五种主要刑罚。《周礼·秋官·司刑》记载东汉的郑玄说：夏刑，大辟（死刑）二百，膑辟（挖膝盖）三百，宫辟（割生殖器）五百，劓（割鼻）、墨（面部刺字）各千。《隋书·经籍志》记载，夏后氏正刑有五，科条三千。结合史书的记载，并互相对比印证，可以说《禹刑》主要是刑罚规范，规定了五种主要刑罚，共计三千条，《禹刑》可以被看作中国最早的刑法。

二 皋陶

皋陶（gāo yáo），传说生于尧帝时期，尧舜禹三代均受到他的辅佐，曾被任命为掌管刑法的人，并以正直而闻名天下，因其制典造狱的功绩，皋陶与尧舜禹被称为"上古四圣"。皋陶是中国上古传说中的一位贤臣，享有中国古代最早的司法官的盛誉。有关他的出生地有两种说法：一是山西洪洞县皋陶村，二是山东曲阜。皋陶虽然不是河南人，但是尧舜禹统治中心均在黄河流域中原地区，其中禹在阳翟（今河南禹县）继位，因此，辅佐君主的贤相皋陶其司法活动主要在中原大地进行。皋陶为人刚正不阿，裁判案件时能够秉公断案，他所主张的"法"和"道德教化"之间的关系与今天的"依法治国"和"以德治国"之间的关系，有着很深的历史渊源。皋陶作刑，为以后奴隶制"五刑"奠定了基础。皋陶在立法、司法、治国理政等方面都有卓越的功绩，被史学界和司法界公认为中国的司法鼻祖。

相传皋陶在尧舜禹时代既是军事首领，也是一位掌握刑法的大法官，并且曾经制定过法律。[①]《左传·昭公十四年》记载："昏、墨、贼，杀，皋陶之刑。"皋陶除了掌握刑法以外，还曾被禹选为继承人，协助禹处理国家事务。但是，因为皋陶死于禹之前，所以未能继位。传说皋陶使用一种叫獬豸的独角兽来决狱，以保证公正审判。獬豸的样子类似羊，但是只有一只角。传说獬豸是一种具有灵性的神兽，能分辨曲直，确定罪犯。皋陶在判决中遇到难以判断的疑问时，就将这种神兽放出来，对于有罪的人，獬豸就会用头上的独角去顶该人，无罪则不顶。史书上说皋陶官至大理，在他的治理下天下无虐刑、无冤狱，卑鄙小人在那一时间均无法作恶，他们都非常害怕皋陶，纷纷逃离，于是天下太平。这一带有神话色彩的传说自然含有想象和夸张的成分，但是独角兽獬豸作为中国传统法律的象征而受到了历朝历代的崇拜，无论是官帽还是衙门，都有用獬豸装饰的传统。根据史书记载，早在春秋战国时期楚国就非常流行獬豸帽，秦代的御史也戴这种有獬豸装饰的帽子。到了东汉时期，衙门之中装饰皋陶像和獬豸图是

---

① 浦坚:《新编中国法制史教程》，高等教育出版社，2003。

必不可少的。獬豸冠被叫作法冠，执法官则被称为獬豸，这种传统习惯后世一直保留、延续了下来。① 到了清朝，执掌监察和司法的官员如监察御史和按察使等一律戴獬豸冠，所着官服前后都绣有獬豸图案。由于皋陶治狱有很大的功绩和深远的影响，历朝历代的监狱中都为他建庙造像，把他当作狱神供奉，无论狱吏还是犯人，都对他顶礼膜拜。独角兽獬豸也被当作历朝历代刑法和监察机构的标识。

皋陶制定刑法在史书中也有记载。史籍记载，"帝舜三年，命咎（皋）陶作刑""皋陶造狱而法律存"。《夏书》曰："昏、墨、贼，杀，皋陶之刑也。"皋陶说："天讨有罪，五刑五用哉。"由此可见，皋陶制定的刑法开中国刑法之先河，是中国刑法的开端，也是中国最早、最系统化、制度化的刑法。夏朝的"禹刑"、商代的"汤刑"和西周的"九刑"或"吕刑"，都是从皋陶之刑发展而来的。皋陶的"五刑"比古巴比伦的《汉谟拉比法典》早三四百年，再加上他在狱政方面的贡献，因此被尊为中国的"司法始祖"。皋陶提出了教化在先、刑罚在后的司法理念。皋陶说，"明于五刑，以弼五教"，即主张五刑处于辅助地位，对于有过激行为或者犯罪的人要先晓之以理，如果仍不听教化，再将其绳之以法。"五教"是指用父义、母慈、兄友、弟恭、子孝这五个方面的道理教化人。通过这五个方面，教育人们懂得并恪守五种最基本的人伦关系，从而保持人们彼此之间的亲睦、谦让，让人民明白什么该做，什么不该做，以此来达到长治久安，构建一个没有犯罪的和谐社会。史书记载，皋陶制定了"五礼"，创设了"五刑"。所谓"五礼"，即"吉、凶、宾、军、嘉"。吉礼即祭祀之礼，凶礼乃丧礼，宾礼系部落与部落联盟之间、部落与部落之间以及与联盟之外的友好部落之间的聘享之礼，军礼为组织氏族、约束大众成军之礼，嘉礼为"饮食、男女"之礼。所创"五刑"，即"甲兵、

---

① 东汉《论衡·是应》记载，汉代衙门里供奉皋陶像、饰獬豸图，后皋陶被神话为"狱神"。

斧钺、刀锯、钻笮、鞭扑"。甲兵，即对外来侵犯和内部叛乱的讨伐；斧钺，系军内之刑，属军法；刀锯，系死刑和重肉刑；钻笮，是轻肉刑；鞭扑，是对轻罪所施薄刑。皋陶在习惯法的基础上将刑罚整合为"五刑"，无疑是法制史上的一大进步，创我国刑法之开端。

皋陶法律思想具有如下几个特点：一是德法结合，即道德与法律相结合、德治与法治相结合，"明于五刑，以弼五教"就很好地说明了这个道理；二是民本思想，即强调重民、爱民、惠民，关注民生，听取民意，"安民则惠，黎民怀之"，"天聪明，自我民聪明"等即说明此理；三是司法公正，公平公正是皋陶司法的终极目标，獬豸断狱的故事实质上是神化了皋陶铁面无私、秉公执法、断案如神的司法活动；四是天人合一，皋陶所言"天秩有礼""天命有德""天讨有罪"等是告诫人们要遵循天道，崇尚自然之理。

诗人屈原在《离骚》中曾经盛赞皋陶的功绩："汤禹严而求合兮，挚咎繇而能调。"挚是指伊尹（汤的贤相），咎繇即是皋陶。诗的意思是，汤和夏禹都能与帮助自己治理天下的人相敬相合，伊尹和皋陶也能与他们的君主和衷共济。《孟子·滕文公上》中，也记载着对皋陶的热情歌颂："尧以不得舜为己忧，舜以不得禹、皋陶为己忧。"诗仙李白也曾赋诗讴歌皋陶"何不令皋陶拥篲清八极，直上清天扫浮云"，表达了李白希望皋陶能够再世，扫尽天下一切罪恶和不公平的美好愿望。

三 启

启（生卒不详），又称夏启、夏后启，是禹的儿子，夏朝的第二任国君。禹死后，启废除禅让制，开始了世袭制，中国后世 4000 年都是采用了"家天下"的世袭制。至此，中国原始社会时期结束，进入奴隶社会时期。

在准备征讨有扈氏的时候，夏启发布了一个军令叫作《甘誓》，这个军令对士兵在战争中的表现如何进行奖惩做出了规定，英勇善战的获得奖赏，不听指挥、临阵脱逃的要受到惩罚。《尚书·甘誓》全文为："大战于甘，乃召六卿。王曰：嗟！六事之人，予誓告汝：有扈氏威侮五行，怠弃三正，天用剿绝其命。今予惟恭行天之罚。左不攻于左，汝不恭命；右不攻于右，汝不恭命；御非其马之正，汝不恭命。用命，赏于祖；弗用命，戮于社。"这段话的意思是：夏启和有扈氏大战于甘（今陕西西安市鄠邑区西南），召集六个军中统帅。夏王启说：六个统帅，我告诉你们，有扈氏暴逆黄帝、尧、舜、禹的德行，逆天、地、人的正道，因此上天要灭绝他。现在，我尊奉上天的意志对他进行讨伐。战车左边的士兵不好好在左边杀敌，就是不听从命令；战车右边的士兵不好好在右边杀敌，就是不听从命令；战车中间驾驭战车的士兵，如果不好好驾马，就是不听从命令。对那些听从命令的士兵，我会在祖先的牌位前大大地奖赏他；对那些不听从命令的士兵，我会在社神面前杀死他。《甘誓》是有军令性质的法规，被认为是中国最早的军事法律。《甘誓》除了对赏罚有明确的规定以外，还对当时占主流地位的君权神授、天命天罚、神判占卜等神权法思想进行了最好的诠释。其中在《甘誓》的开头，启就阐明自己是秉承天意行事，然后，启在《甘誓》中公布了严格的军纪，目的是让部下能够忠于自己、奉命行事。最后，为了鼓励士气让将士奋勇杀敌，明确了赏罚标准。

史料记载，禹最初十分看好辅佐有功的贤相皋陶，于是打算把位置传给他，怎料皋陶年事已高（传说皋陶活了 106 岁），在操持国事的过程中过度劳累生了病，死在了禹的前面，没能继位。当时实行的是禅让制，于是禹在临终前把位置授予了伯益，因为伯益曾经协助大禹治水有功。但是，不久以后伯益就被禹的儿子启杀死了。随着生产力的发展，剩余财产成为可能，私有制便慢慢萌芽了。禹在位时物质已经比较丰富，禹有很大的权力，也有很多财产，因此禹开始存有私心，他表面上把权位授予伯益，其实内心真实的想法是把这些财产和权力都传给自己的儿子启。于是，禹在私底下加紧培植儿子启的势力，架空伯益让他没有实权。禹死后，他的儿子启就杀死了伯益，继承了王位。启夺位后，在今河南禹县举行了盟会，他想让各个部落的首领都承认自己的地位，并且让这些部落联合起来支持自己，文献中记载的"钧台之享"就是讲述的这件事。钧台是为了祭祀祖先神灵而修建的一种建筑，式样为台坛的形状。夏启夺位后为了让自己的地位受到各个部落的认可，就以举办祭祀祖先神灵活动的名义，邀请各部落的首领前来参加。通过"钧台之享"，启彻底废除了禅让制，确立了王位世袭制，巩固了自己的王权，中国开始了长达几千年的"家天下"的治理模式。启对狱政制度也有贡献，他在钧台设置了由中央直属管辖的监狱，钧台也叫夏台，后来钧台、夏台成为夏朝监狱的代称。

世袭制的建立并非轻易就能成功，这中间历经了多次战争。启打破了一直以来的禅让制习惯，杀死伯益篡夺了王位，他的这种行为招致了一些实力强大的部落的不满。这些实力强大的部落联盟的首领看到，启可以不遵守禅让制，通过暴力篡权，因此他们也对联盟最高权位虎视眈眈。在众多实力强大的部落首领中，有扈氏就公然表示不服启的领导。为了积蓄和发展自己的力量，启把其父禹在阳翟（今河南禹县）建好的现成的都城放弃，向西迁到了大夏（今汾浍流域），建新国都安邑（今山西夏县西）。在做好多方充分准备之后，启大战有扈氏于"甘"（今陕西西安市鄠邑区），从而巩固了自己的统治地位。《甘誓》是启在"甘"之战之前，申明军纪的誓师词、动员令，也可以说是军法。

四 汤

汤（约公元前 1670 年 ~ 公元前 1587 年），姓子，名履，又名天乙、大乙。汤灭夏建商，因其是有赫赫战功的开国之君，又被称为"武王"。汤开创了中国历史上第二个奴隶制王朝商朝，因此他又被称作"商汤"。商部落原本是活动于黄河下游的一个部落，他们的祖先契曾帮助禹治水有功，所以舜赐给契子姓以表彰他的功绩。汤是契的第十四代孙，此时正值昏庸、残暴的夏桀在位，商当时是夏的一个属国。汤灭夏之前，带领部落迁居到亳（今河南商丘北），在这个地方大力发展农业，商部落不断发展壮大起来。汤任用贤相伊尹，励精图治，经过十几次征战，先后灭掉了邻近的葛（今河南宁陵东北）、韦（今河南滑县东南）、顾（今山东甄城东北）、昆吾（今河南濮阳南）等方国，成了当时的强国（史书记载商历"十一征而无敌于天下"）。汤最后在鸣条（今河南封丘东）与夏桀大战，大战之前汤发表了申明军纪军法的《汤誓》。经过此战，夏桀大败，遂向南逃去，最终死于南巢（今安徽寿县东南）。夏朝灭亡之后，为了更好地控制四方诸侯，同时也为了防止夏朝的遗民反抗，汤把都城迁到了原夏朝早期的王都——西亳（今河南偃师二里头一带），建立了商朝。商朝是中国历史上第一个有文字可考的王朝。

汤在法律方面的功绩主要是，为平定乱政而作《汤刑》。《汤刑》从严格意义上来说是商朝历代刑事法律规范的总称，而非汤个人制定的法律。《汤刑》在《禹刑》的基础上制定并且进一步发展，在立法上确定了刑法的主要制度，起到了"刑名从商"的作用。"刑名从商"的说法源于战国时期的荀子，他在《荀子·正名》中充分肯定了《汤刑》的历史地位，主张"刑名从商"。荀子认为，中国奉行的主要刑罚制度和司法原则从商朝起开始确立。目前，荀子的这一说法已经为文献记载以及出土的甲骨刻辞所证实。

商朝时期，中国古代刑制的基本框架已经形成。商朝法律在罪名方面比夏朝的规定要繁多。除了夏朝已有的罪名，商朝还有处罚思想言论（破律乱政、言行惑众）和官职犯罪（三风十愆[①]）的罪名。这

[①] "三风十愆"是商朝初期为了防止官员腐化堕落，督促官吏遵守法纪而制定的官刑。

表明商朝不仅惩处暴力反抗行为，而且惩处非暴力反抗行为。官员所犯罪罪名的创制成为后世职官法律责任的渊源。并且，商法比夏法在镇压的对象上有所扩大，不但镇压奴隶和平民，而且扩大到那些危害统治阶级利益的奴隶主贵族。商朝刑罚沿袭夏朝的五刑，这些肉刑体现出了商朝刑罚的残酷性。除了肉刑外，商朝还有徒刑和劳役刑，包括徒役、囚禁、流放、筑护界道等。根据甲骨文记载，商朝在各地设置监狱，最著名的是殷商时期的羑里（今河南汤阴）。《汤刑》早已失传，无法直接看到其具体内容，但是在很多古籍中有所记载，并且某些内容得到了甲骨卜辞的证实。

汤继续秉承神权法思想，通过借助神意来强化王权，用严酷的刑罚增强威慑力。汤在灭夏桀的决战之前发表了《汤誓》，文中列举了夏桀的罪恶，指出自己是替天行道，是奉上天的旨意来消灭他。最终，汤灭了夏桀，开创了商朝。出土的甲骨卜辞当中记载了商朝通过占卜来进行裁判，这说明了商朝的审判制度最主要的特色是神明裁判。所谓神明裁判，实际上是占卜的人秉承王的意思来解释天意，是君主假借鬼神的意志来进行审判。

汤在重视法度的同时还重视以德服人。汤当政期间宽厚仁慈，传说中网开三面的典故说的就是汤有德行的故事。《史记·殷本纪》记载，汤又善于施行仁义，他曾规劝猎人把网放弃三面，以免把鸟捉绝。很快"网开三面"这件事在诸侯当中传开了，大家说："汤德至矣，及禽兽。"汤作为一个有德之君势力越来越大，因为敬仰和信赖他，先后有几十个部落归附汤。商汤当政时，注意"以宽治民"，以实行德教为主，法制简易，而且是不公开的成文刑书，如五刑的罪例只有三百条。汤为政时期社会环境相对宽松，政权稳固，阶级矛盾不激烈，国力蒸蒸日上。《诗·商颂·殷武》称："昔有成汤，自彼氐羌，莫敢不来享，莫敢不来王，曰商是常。"这段话说明汤的德行好和势力强大，就连遥远地方的少数民族如氐人和羌人都愿意归顺商汤，把汤当作自己的君主，不敢不来进贡和朝见。

五　盘庚

盘庚（生卒年不详），甲骨文盘庚作般庚，子姓，名旬，汤第九代孙，是商朝第二十代君王，是商朝一位很有作为的国君，曾经从奄（今山东曲阜）迁都于殷（今河南安阳西北），曾主持修订商代法律，经过一系列的整顿和改革，实现了商朝的中兴，是一位政绩卓越的国君。正因为盘庚迁都于殷，商朝被后世习惯上称为殷商。盘庚病死后葬于殷。

盘庚迁都的目的是排除兄弟以及王室反对势力的威胁，巩固自己的统治。因为商朝的传位制度并非后世的嫡长子继承制，当时是有兄弟的先传位给兄弟，然后才是传儿子。为了排除兄弟及其党羽的威胁，通常采用迁都的办法带走拥护自己的亲信，把反对派留在原都城。商朝迁都异常频繁，商王仲丁曾经把国都从亳迁到隞（今河南荥阳），后来又从隞迁到相（今河南内黄），又从相迁到邢（今山东定陶），又从邢迁到奄（今山东曲阜）。到盘庚时候，奄已经非常热闹繁华，但是这里也有不利的地方，如地势低洼，雨季常遭水淹，与外界联系不便。并且，商朝经过开国君王和其后的几代君王励精图治，国力大增，后来的君王就开始扬扬自得于太平盛世。到了第六代王太庚时，他不理朝政，整日歌舞升平，劳民伤财地大肆修建宫殿，沉湎于享乐，国势日益衰败。盘庚是个有作为的君王，他决心整顿朝政、复兴国家。因此，第一步他决定迁都。《尚书·盘庚》是关于盘庚迁都前后的讲话[1]，对迁都事宜进行了记载。迁都有两方面作用，一是能够避开水患，二是能够不受王室成员中有权势但是和自己存在利益之争的贵族和幕僚的制约，为盘庚大刀阔斧地推行自己的治国方略扫

---

[1]　浦坚：《新编中国法制史教程》，高等教育出版社，2003。

清道路。盘庚选定了新国都北蒙（今河南安阳西）并迁都于此，很快将这里建成政治经济中心——"大邑商"。商都之所以叫作殷都，是因为离大邑商不远的一块供商王打猎的地方名叫"殷"。如今这块地方叫作殷墟，殷墟甲骨文名闻天下。所谓殷墟，就是指殷地这块废墟，今人在河南安阳小屯村进行考古时发现了商朝当时的国都殷，但是后来被废弃了，所以叫"殷墟"。在此地发掘出了大量的甲骨，数量多达十几万片，这些刻在龟甲和兽骨上的文字就是甲骨文。甲骨文是目前为止发现的中国最早的文字。历史考古学家通过研究甲骨文，进一步了解了商朝的社会活动，包括占卜、祭祀、打猎、征战等。殷之所以是号令天下的理想国都所在和它的地理位置有很大的关系，该地地形险要，位居商朝国土的中间，背靠太行山天然屏障，左边是孟门关（今河南辉县），右边是天然河水屏障漳水和滏水。

盘庚迁都的典故中也表明了当时尊崇"天命"的神权思想。迁都遭到不少上层贵族的反对，于是盘庚通过占卜指出自己是顺应"天命"。在《盘庚》三篇中多次提到"天命""帝命"，如"先王有服，恪谨天命"，"天其永我命于兹新邑"。通观《盘庚》三篇可见，迁都的主要原因之一就是要遵从神灵的旨意。《竹书纪年》记载："盘庚徙殷至纣之灭，二百七十三年，更不徙都。"盘庚在位 28 年，从盘庚迁到殷以后，殷商王朝不断发展、壮大，此后商朝又经历了八代十一个王，再也没有迁都。盘庚迁都的决定被后来商朝的繁荣证明是正确的，也正是因为这一事件在商代发展史上的重要作用，商朝也因此被称为殷朝或殷商。由于在安阳的殷墟发现了甲骨文，殷商时期成为我国最早有文字记载的历史。从这个意义上来说，盘庚迁都以及其对殷地的治理功不可没。

六　纣王

纣王（约公元前 1105 年 ~ 公元前 1046 年），帝辛，子姓，名受，

沫邑（今河南淇县）人，商朝最后一位君主，帝乙最小的儿子。纣王
因残暴而著称，谥号纣，世称殷纣王、商纣王。曾作"炮烙之刑"，
肉醢九侯，脯鄂侯，曾将叔父比干剖心。公元前 1046 年，被武王
所灭。

传说纣生得聪明过人、力大无比、能言善辩，但是他穷奢极欲，
性情残暴。关于纣王帝辛最有名的故事有"酒池肉林"，后人用这个
成语形容生活极度奢靡腐败。他命人前后花费 7 年的时间，在朝歌
（今河南淇县）修建了一个饮酒作乐的园子。斥巨资修建了高达千尺
的鹿台供其观赏玩乐，甚至砌了个大池子注满美酒，在旁边的树上挂
上肉，低头喝酒，抬头吃肉，这就是所谓的"酒池肉林"。离朝歌不
远的巨桥，纣王设有从全国各地搜刮民脂民膏而屯满的粮仓和珠宝
库。苑囿指种满各式各样奇花异卉，饲养各种珍禽异兽的园子。苑囿
这个词也来自几千年前商纣王的奢靡生活，他在邯郸沙丘修建了苑囿
供其观赏和打猎。

商纣王异常残暴，施行野蛮的刑罚。他创制了炮烙之刑来镇压反
对派，凡是和他意见不一致的或者试图反对他的人，就被他命人捆在
烧红的铜柱上活活烧死。对此，有贤臣上请纣王收敛，但是纣王不但
不听劝谏，而且还对胆敢前来指出他错误的人予以严惩。甚至他的哥
哥箕子进宫劝谏也不管用，反被纣王命人剃光了头发，并关押起来贬
为奴隶。比干剜心的典故也出自这位商纣王和他叔叔比干之间的过
往。很多大臣前去劝谏无果，纣王的叔叔比干认为自己为了维护国家
和宗室的利益有义务和资格前去劝谏。毕竟自己是他的叔叔，纣王怎
么也要给他这个长辈一个面子。纣王一天不听劝谏，比干就一天不离
开王宫。如此过了三天，最终反而激怒了纣王。纣王说，你对我简直
肆无忌惮，而且做出一副心脏有七个孔的圣人的样子对我进行一番谆
谆教导。我倒要看看你是不是真的是个心有七孔的圣人。于是，纣王
命人剜出了叔叔比干的心。

除了炮烙、剜心，纣王还发明了一些残酷的刑罚。当时有三个实力最强大的诸侯王：九侯、鄂侯和姬昌。纣王找借口骗来了九侯，对其施以醢刑，也就是剁成肉酱；鄂侯也被纣王杀死，并被施以脯刑，也就是做成肉干。纣王对待姬昌的种种行为则更加令人发指。姬昌被纣王囚禁在羑里（今河南汤阴北），他的大儿子名叫伯邑考，携带了许多礼物前往朝歌送给纣王替父亲求情。纣王不但不听，而且下令将伯邑考剁成肉酱，并且命人送到羑里让姬昌吃。姬昌忍着巨大的悲愤吃下了用儿子的肉做成的肉酱。

纣王如此残暴，似乎集中了所有的恶在他一个人身上，从孔子时期就开始对此有质疑的声音。有人认为，周人在灭纣王之后为了说明自己是替天行道、接受天命接替商纣管理天下，具有符合天理的正当性，因此就把所有的残酷暴虐都加在纣王的身上，周以及周之后的许多史书里均充斥着污蔑、谩骂纣王的历史记载。对商纣王的一味抹黑并不完全合理，因此历来都有一些质疑的意见，在《论语》当中就有这种质疑。我们都知道，孔子有个很有名的弟子叫子贡。在《论语》中记载，子贡曾经发表意见说："帝辛之不善，不如是之甚也。是以君子恶居下流，天下之恶皆归焉。"子贡的意思是说，人们之所以把所有能想到的罪恶都归到帝辛头上，是因为"君子恶居下流"，所以千万别沦为失败的亡国之君，否则就会被冠以所有的罪恶。古今中外，做了亡国之君难免会被人抹黑，把所有的坏事儿都安到他的头上。但是，像商纣王这样集各种大恶于一身的情况还是绝无仅有的。

七　周武王

周武王（？～公元前1043年），姓姬，名发，谥号武王（西周时期青铜器铭文常称其为"珷王"），被封邑于周（今陕西岐山北）。周武王是周部落首领姬昌的次子，妻为邑姜（姜子牙之女），西周的建立者，在位19年。

周文王姬昌死后，周武王继承王位，重用太公望、周公旦、召公奭等人治理国家，通过分封诸侯和礼治天下，周国日益强盛。即位刚刚第二年，武王就开始向朝歌进军。武王首先率领大军到毕原（今陕西西安市长安区内）的文王陵墓祭奠，然后从西向东调转方向，向朝歌出发。武王考虑到此时纣王在商朝还有一定的号召力，纣王的叔叔比干和他的兄弟等一批商朝的贵族大臣还在竭力维护这个摇摇欲坠的政权，觉得灭纣的时机尚未成熟。武王暂且以太子发的身份行事，在军队里仍然立着写有父亲西伯昌名号的大木牌，意思就是说统帅仍是文王。行军至黄河南岸的孟津（今河南孟津县东北），大军完成了一次军事演习，有 800 诸侯闻讯赶来参加。最终渡过黄河的军队又全军班师回朝了。这次灭商预演，史称"孟津之会"或"孟津观兵"。

又过了两年，商纣王更加暴虐，杀死了叔父比干，囚禁了兄长箕子。于是，武王联合诸侯国，发动了灭纣王的牧野之战，又称"武王伐纣"。关于武王伐纣有人们熟知的典故：牧野之战和前徒倒戈。牧野在今河南省淇县西南。周武王的军队和商朝的军队在牧野进行了一次大决战。武王伐纣时，武王的大军在黄河结冰之时踏冰渡河，顺利抵达孟津（今河南孟津县东北），与各路诸侯会师。第二年初，抵达牧野。周武王在牧野与各路诸侯誓师，历数了纣王的暴政与罪状，宣布自己是奉天命伐纣。商纣王在牧野之战以前就穷兵黩武、东征西战，打败过西北部的黎族和东南的夷。多年的征战消耗了大量国力，因而也使社会矛盾不断升级。前徒倒戈就发生在此时的牧野之战中。商朝国力、军力在此时严重不足，没有足够的士兵打仗，只好把奴隶们临时召集在一起充数，用来对抗周军。商朝的奴隶早就对殷商的残暴统治恨之入骨。因此，奴隶组成的商军在本来应该冲锋陷阵的关键时刻，拿着兵器倒戈。牧野之战中，殷商元气大伤，难以为继的纣王在鹿台自焚而亡。然后，周武王用钺继续砍纣王的尸体，意思是诛杀商纣。武王在牧野之战中大败商军，攻入朝歌，灭亡了商朝，建立了西周，定都镐京（陕西西安市西南）。由于操劳过度，周武王在灭掉商朝后第二年就病倒去世了，共在位 19 年，死后谥号武王。

周朝建立后，武王采用分封制封邦建国。为了安抚殷朝旧民，武王把纣王的儿子武庚封于殷，并且在殷地附近设邶、墉、卫三国，封派自己的弟弟霍叔、管叔、蔡叔到这三个地方负责监视武庚，史称"三监"。武周时期形成了较为完整的宗法制度。宗法制度起源于父系氏族的家长制，确立依据血缘亲疏确定权力继承的制度。宗法制度的核心是嫡长子继承制，区分嫡庶以确定家族内部的权力和财产的继承权。

周武王奉行"敬天保民"的思想，主张"礼乐天下"。周礼被称为礼乐制度，由"礼"和"乐"两部分组成，"礼"主要是等级制度，"乐"是用精神文化去缓和矛盾，保持社会和谐。周武王时期确立的在政治上的分封制，在社会组织中的宗法制，在经济组织中的井田制，在思想文化领域中的礼乐制，这一整套完备的治国理政方式，影响中国后世长达 3000 多年。

八　周公

周公（？～公元前 1105 年），姓姬，名旦，是西周初年孔子之前影响最大的政治家和思想家，是儒学的奠基人。他是周文王姬昌的第四子，周武王的弟弟，因采邑在周（今陕西岐山县东北），故被称为周公。周公是西周初期杰出的政治家、军事家、思想家、教育家，被尊为"儒学先驱"。

武王虽然灭了商朝，但是却不知道怎么管理和控制商朝遗民和地区。周公给他提出了"三监"的建议。武王死后，成王年幼，由周公旦摄政当国。周公继承并发展了从上古三代政治文明中提炼出来的思想精华，在中国历史上第一个提出了一整套以"礼治"和"德治"为核心思想的比较系统的政治法律学说。他的"以德配天""明德慎罚"思想，以及宗法"礼治"思想，是对夏、商"神权法"思想的继承和发展，对后世影响深远。

《尚书大传》称："周公摄政，一年救乱，二年克殷，三年践奄，四年建侯卫，五年营成周，六年制礼作乐，七年致政成王。"《左传·文公十八年》记载："先君周公制《周礼》。"周公的法律思想对后世中国的政治、法律、文化等各方面均产生了极其深远的影响。周公主持制定了周初法典《九刑》。《左传·昭公六年》记载："周有乱政，而作九刑。"通说认为"九刑"是奴隶制"五刑"加上流、赎、鞭、扑四刑。周公营建东都洛邑（今河南洛阳）以后，当时洛邑酗酒成风，聚众豪饮，周公便以王命的形式发表了《酒诰》。这篇诰文实际上是一个严厉禁止酗酒的法规。在这篇诰文里，周公首先总结了殷朝人饮酒无度亡国的历史教训，以此来告诫周朝人不可酗酒而导致危害国家政权。

周公是分封制和嫡长子继承制的缔造者。在西周建立之初，商朝的统治在百姓当中还有一定地位，大家觉得商朝才是正统。周公采取了怀柔政策，未杀死纣王之子武庚，而是建议武王封他为殷侯，仍旧让他管理朝歌的政务。周武王封他自己的三个亲兄弟在殷都周围建立封国，以监视武庚。随后，把设立封国的做法扩大化，周武王分封王室贵族和在灭商战斗中有功的人到各地去建立诸侯国，大约分封了七十多个诸侯国。所有诸侯国听命于周天子，定期纳贡，在军事和政务方面诸侯王有相对独立的管理权。这种大规模分封和建立诸侯国的做法，就是分封制，"封建"这个词就来源于此。周公还废除了夏商以来先兄及弟再传儿子的王位继承办法，实行嫡长子继承制，其他儿子只能分封为诸侯，这一制度大大减少了王室内部许多争权夺利的悲剧的发生，对于巩固政权十分有利。

另外，还有"周公吐哺"的成语，来自周公兢兢业业辅政，帮助巩固西周奴隶主贵族的统治。有一天，周公正在吃饭，有个人前来禀报公事。周公顾不上吃饭要与来人先谈事情，于是他吐出已经吃到嘴里的饭。还有一次，周公洗头时想起来还有事需要办，他立即抓着湿漉漉的头发开始办公，头发还在一边滴着水。周公为年幼的成王辅政七年，集中军力攻下殷都，杀死了纣王的儿子武庚，最终建成了一个统一繁荣的周王朝。

周公制礼的典故流传至今，周公所制的"周礼"是周代的政典，最终是用法律手段来保证其内容的实现，对巩固周代的统治起到了积极作用，并深深影响了后世。"礼"早在西周之前就有，最早是一种宗教祭祀礼仪。周公在辅佐武王缔造西周王朝的过程中以及在辅政成王摄政期间，积极总结夏商以来的统治经验，对传统神权法进行了改造，通过制礼作乐形成了一套区别君臣、上下、父子、亲疏、尊卑的礼制，形成了一套系统的"德治"和"礼治"的法律思想。在"德治"思想上，周公进行了重大创新，包括"以德配天"和"明德慎罚"两方面内容，构成了周公"礼治"思想的基础。"礼"的核心内容是"亲亲""尊尊"，"礼"的最重要特征是"礼不下庶人，刑不上大夫"，这构成了西周立法和司法的指导原则。周公礼治法律思想的产生，标志着中国国家治理方式由"宗教文化治理"逐渐转向更加理性的"礼法文化治理"。礼治思想在后世被以孔子为代表的儒家继承并不断发扬光大，最终成为中国古代法律文化最鲜明的特征。周公则成为中国早期礼法传统的奠基人，也是儒家学派的奠基人。

周公参照商王朝的礼乐制度并结合周族的传统，制定的这一套区别君臣、上下、父子、亲疏、尊卑的"礼制"和"典章制度"，其内容广泛，除了政、刑的内容外，还包括吉（祭祀）、凶（丧葬）、军（军队）、宾（朝觐盟会）、嘉（婚冠喜庆）"五礼"。配合这些典礼仪式，还有与之相应的舞乐。这些礼乐制度使人们恪守等级，对后世影响深远。例如，缔结婚姻的"六礼"①一直被沿用至今。

周公的"礼治"思想是一套以宗法等级为基础的典章制度和礼仪形式。作为人们的行为规范，"宗法制度"形成于夏朝，由部落氏族时期的父系家长制发展而来，在商朝进一步发展，西周时形成了较为完善的一套体系，在中国传统社会存在了相当长的时间。宗法制度的核心是血缘关系，这是一种"家国一体"式的制度，通过血缘宗亲关系把长幼尊卑划分成不同等级，保证能够将统治世袭下去的社会组织结构和政治形式。它是氏族血缘制与阶级等级制相结合的产物。在西周，宗法制度与分封制、井田制相结合，形成了西周的宗法社会秩序。

周公创建了分封制，"封建"一词即源于此。西周的宗法制度不是完全的中央集权的制度，而是采用了分封制。周天子是国家最高权力的拥有者，除了京畿地区以外其他地方的土地和人民分封给亲戚、功臣建立诸侯国进行管理，诸侯王定期纳贡和朝见周天子。当周天子遇到问题时召集各诸侯王派兵前来支援。分封制和宗法制相结合就是按照宗法制度确立的等级，逐级分封，最终形成层层相依的中央、地方政权组织体系。诸侯王在自己掌管的封地中再进行分封，诸侯国内再分封形成的领地叫作"采邑"，采邑的首领叫作"卿大夫"。"卿大夫"继续进行分封，形成"禄田"，禄田的领主叫作"士"。周天子、诸侯王、卿大夫和士之间虽然等级不同，权力大小和领地大小不等，但是他们之间存在互相依赖和制约的关系。分封制以血缘宗亲制度为依据，因此也可以把每个层级的封地看成一个以家长为中心领导下的大宗亲、小宗亲的家族组织，其中周天子是最大的一宗。

周礼将天命、君权、宗族关系融为一体，内容包括政治、经济、文化、军事、法律、教育、伦理、婚姻、习俗等诸多方面。"亲亲"就

---

① "六礼"是西周时期制定的缔结婚姻的程序。凡缔结婚姻，要先后经过六道烦琐的程序：纳采（提亲）、问名（问女方生辰八字）、纳吉（男方家卜得吉兆，备礼告知女方家）、纳征（男方家给女方家送彩礼）、请期（男家择定婚期，备礼告知女家）、亲迎（新郎亲自去女方家迎娶新娘）。

是维护以血缘关系为纽带建立的家族关系，要求父慈子孝、兄友弟恭。"尊尊"强调宗法等级，维护周天子、分封的诸侯、卿大夫的金字塔形关系，维护嫡长子继承制和世卿世禄制度。所谓"礼不下庶人，刑不上大夫"，是指"礼"主要用来调整统治阶级内部关系的行为规范，各级贵族享有"礼"所赋予的特权，奴隶和平民不仅享受不到特权，而且还要受到"礼"的约束。"刑"是针对奴隶和平民制定的，是奴隶和平民的行为规范。宗法制度包含了嫡长子继承制，大宗率小宗、小宗率群弟，家族组织与国家政权机构相结合这三方面内容。家族组织与国家政权机构相结合，是指西周建设和形成了以家为国本、家国同构、家国不分、君父一体、亲贵合一为特征的机构体系和宗法伦理秩序。

《周礼》是经过"周公制礼"的立法活动而形成的制度，具备规范性、国家意志性及强制性等法律构成要素，因而是西周的国家法律制度。从现代的法律部门划分来讲，周礼可以看作周朝的宪法，具有国家根本大法的性质，同时兼具国家机关组织法和行政法的功能。周朝的刑事法、民事法、经济法等也都是依据周礼所确立的基本原则制定的。史籍对于周礼的作用也有论述。《礼记·曲礼》说，周礼是"定亲疏、决嫌疑、别同异、明是非"的依据。意思是说，周礼是一种判断是非功过的标准。古代典籍中多有讲到"礼"，《左传》说："礼，所以经国家、定社稷、序民人、利后嗣者也。"周礼在西周是统治者用来经邦治国、稳定社会、统治人民和维护贵族世袭特权的工具，对于国家和社会秩序的维护具有重要的作用。《国语·鲁语》说"夫礼，所以整民也"，可见礼有约束和整治民众的作用。《礼记·礼察》也说，礼能够起到"绝恶于未萌，而起敬于微眇，使民日徙善远罪而不自知"的功能。也就是说，礼对于民众有防微杜渐、潜移默化的功能，即具有预防犯罪的作用。西周的婚姻家庭关系、乡亲邻里关系、君臣政治关系以及其他尊卑长幼、上下贵贱关系均是在"周礼"的调整之下得以捋顺的。

周公时期就形成了"礼"与"刑"相结合的法律理论体系。"亲亲""尊尊"是"礼"的指导思想。"礼"的主要功能是维护宗法等级制度，规范社会伦理关系，进而维护从周天子一直到各封地的社会秩序。西周的刑主要是指与刑罚密切相关的法律规范，包括"九刑"、《吕刑》等。从立法活动和法律形式来看，西周的法律主要由"礼"和"刑"两个部分组成，礼和刑是相辅相成、不可分割的两个方面，礼法（刑）结合、礼法（刑）并用是当时社会的主流模式。礼中有法（刑），礼法（刑）一体。《礼记·经解》说："礼之于正国也，犹衡石之于轻重也，绳墨之于曲直也，规矩之于方圆也。"这里关于礼的论述，与后来法家将法律解释成度量衡的标准是一个意思。可见，法本来就包含在礼中，法与礼在夏、商、周三代是一体的。

"礼"可以理解为我们今天所说的立法、司法指导思想或者叫指导原则，"刑"的制定和适用都受到"礼"的制约。在司法实践中，确定是否有罪，或者应该处以何种刑罚，需要在"礼"这种指导思想的指引下来确定。荀况在《荀子·劝学》中说："礼者，法之大分，类之纲纪也。""礼"所确立的指导思想、纲纪伦常需要通过"刑"来保证实施。"礼"是抽象的，"刑"是具体的，表现为法律规范和惩罚措施。"礼"可以看作一种正面引导式的规范，告诉人们什么是对的，是积极倡导的，什么该做，什么不该做。"刑"则是一种事后补救措施，表明对恶怎么进行惩处、制裁。"礼"具有道德教化的作用，"刑"具有纠错问责的作用，总是规定人们不得从事什么。违反"刑"的行为同时也有悖于"礼"所倡导的精神，对于犯罪行为，依据"刑"做出相应的处罚。"礼"和"刑"在本质上是一致的，只是从正反两个方面阐释了同样的行为导向，即所谓"礼之所去，刑之所取。出礼则入刑，相为表里者也"[1]。

---

① 范晔：《后汉书·陈宠传》，岳麓书社，1994。

礼与刑的法律适用原则是"礼不下庶人，刑不上大夫"。"礼不下庶人，刑不上大夫"这句话，出自西汉成书的《礼记·曲礼》。据《礼记·曲礼》记载，"礼不下庶人"和"刑不上大夫"的原文，虽然临近，但并不挨着。古籍是不分段落、没有标点的，因此把这两句放在一起读起来很上口，看起来好像是互相对应的一个对子，并且这个说法的确能够高度概括西周以来中国古代法适用的原则，所以，"礼不下庶人，刑不上大夫"就成为一个经典的法律基本原则的表达。① 所谓"大夫"，并不单指大夫这一个阶层，而是代指官僚和贵族。"庶人"就是指平民。该法律原则说明中国古代并非法律面前一律平等，而是保护官僚贵族的特权，维护阶级统治。

"礼不下庶人"主要是用来确立和调整贵族之间的关系。"礼"规定了从周天子到分封制中各级贵族官僚之间的权力义务，每个等级各有不同，不能僭越。例如，在舞礼适用上，天子可以有"八佾"，诸侯有"六佾"，卿大夫有"四佾"，士有"二佾"；在宗庙祭祀方面也分等级，天子设"七庙"，诸侯设"五庙"，卿大夫设"三庙"，士设"一庙"；不同等级的人死亡也有各自的说法，天子死曰"崩"，诸侯死曰"薨"，卿大夫死曰"卒"，士死曰"不禄"。在礼治之下，贵族内部的贵贱尊卑之间是等级森严的，上下级之间不可凌越。

《礼记·正义》说："礼不下庶人者，谓庶人贫无物为礼。"《礼记集说》卷七引语说："庶人不庙祭，则宗庙之礼所不及也；庶人徒行，则车乘之礼所不及也；庶人无燕礼，则酬酢之礼所不及也；庶人见君子不为容、进退走，则朝廷之礼所不及也。不下者，谓其不下及也。"从古代典籍中的说法可以看出，"礼不下庶人"的主要原因是庶人平时忙于劳作，并且庶人贫穷，没有宗庙祭祀、车乘等"礼"所要求的物质条件，所以无法按照各级贵族的礼仪等级行事。"礼不下

---

① 此观点出自郑州大学法学院宋四辈教授参编的《河南法律史》。

庶人"并非说礼与庶人没有关系，只是说庶人依据礼，无法获得什么特权和待遇，但是庶人需要按照"礼"所规定的内容承担义务，服从贵族统治，如果违背礼制，冒犯统治阶级会受到惩罚。

关于"刑不上大夫"的含义，孔子曾经做过经典释义。《孔子家语》中记载，孔子的学生冉有问孔子说，先王制定的法律"刑不上大夫"，是说大夫犯了罪，可以不适用刑罚吗？孔子对此阐释说，君子治理是用礼教约束人的内心，让人们知道廉耻、节操。因此，对于士大夫违法犯罪，不需要给其定罪量刑，这有辱其名节。如果所犯罪不重，在五刑范围之内，就无须司法官员对其捆绑羁押，只需责令其自己请罪认罚。如所犯罪属于十恶等重大犯罪，那也无须让司法官治其死罪，只需令其跪下自裁。因此，刑不上大夫并不是说士大夫犯罪却不受惩罚，因为有礼教在潜移默化地发挥着作用。在古代，士大夫公卿阶层有罪，通常要求他们自裁，而不轻易施以肉刑对其进行侮辱，主要目的在于保存统治阶层的体统。

总之，西周刑法主要是为了镇压奴隶和平民反抗奴隶主贵族统治的。士大夫以上的贵族如果犯谋反、谋逆等严重危害统治的政治犯罪则严惩不贷，但是在非政治领域，贵族官僚如果仅触犯了普通罪名，则享有许多特权，不会严格按照法律规定处罚，通常会给予宽待。并且，贵族、官僚在诉讼程序、刑罚处罚方法等方面也享有一系列特权，例如贵族需到秘密地点执行刑罚或者赐死；贵族犯罪不被处以宫刑，保留其尊严和繁衍能力；犯死罪不如庶人那样弃之于市，并且多数情况下可以适用赎刑。西周的赎刑已经非常的系统化。

周公的"德治"法律思想，主要内容包括"皇天无亲，惟德是辅""以德配天"等主张。周公用"天命转移"理论，阐释了纣王施暴政、滥用刑罚导致政权灭亡的原因，指出纣王无德使其灭亡具有历史必然性。同时，也说明了武王伐纣符合天意，具有历史必然性和合理性。周公提出的"皇天无亲，惟德是辅"，说明了天命的归属和得失条件。这一理论的核心内容是，上天是至高无上的，由上天的意志决定把国家政权交给谁。对于有德、有能之人，上天特别垂青，上天授予这样的人统治国家的权力。有德有才能的人管理国家会受到上天的信任和助力。政权之所以会更迭，是因为统治者失德失能、昏庸无道，因此失去上天的辅佐。并且上天会收回成命，授意其他有德能的人取而代之，即所谓安排"天命转移"、政权更迭。殷周时期，政权更迭被认为符合这样的理论。例如，商汤是贤能有德之人，为民除害诛杀了暴君，所以上天让他做了一国之君，建立了殷商王朝，成就了长达600年的基业。然而，商纣王残暴无道、穷兵黩武、残害忠良，于是他就失了"天命"，被替天行道的周文王、周武王父子推翻，政权由殷商转而归周。"皇天无亲，惟德是辅"与"以德配天"思想，构成了周公完整的"德治"思想理论体系。这一思想巩固了已经产生动摇的神权法思想，对周取代殷的合理性与合法性进行了论证，为周夺取政权提供了法治理论支撑。

周公所说的"德"主要是统治者的德行。《尚书·多方》说："天唯时求民主。"这里所说的"民主"和我们今天政治学上所说的民主含义不同。这里所说的"民主"，是国家的统治者有德行，能够节制欲望、勤政爱民，成为能够满足臣民需求的衣食父母，只有这样的统治者才能成为符合天所要求的代理人，成为"天子"。国君只有"保民"，才是有德之人，才能"以德配天"，天才能"惟德是辅"，把"天命"授予这个人让其当一国之君。

周公以"明德慎罚"为核心的"德治"法律思想认为，国君要以"德"来要求自己，以此获得上天永远不变的授意和辅佐。另外，周公认为周王需要谨慎、勤勉地处理政务，戒骄奢淫逸。按照宗法血缘关系的远近亲疏来使用人才、任人唯亲，做到父慈、子孝、兄友、弟恭，对纣王那样杀叔、害兄的行为要反对。周公在任时，为周朝政权的巩固稳定废寝忘食、呕心沥血地操劳，同时网罗天下人才，广纳天下贤士，为西周国家的稳固和统治打下了坚实的基础。周公勤政纳贤的德治事迹广为流传。三国时期的政治家、军事家曹操在《短歌行》中追思和颂扬周公说："周公吐哺，天下归心。"

周公法制思想主张敬天、崇德、保民，要求统治者立法施政时要关心人民的疾苦和要求，创造条件满足老百姓安居乐业的需求，对弱势群体要关注，要给老百姓带来好处。统治者为了永远被上天护佑，就要有德，要倾听民声。

周公所提出的"明德慎罚"的治国方针，一方面提倡进行道德教化，实行德治；另一方面要求在刑事法律制度上慎用刑罚，重视预防犯罪。"明德慎罚"作为一项法治理念被确定下来，是经过一番考量的。西周最初的统治者注重总结、吸收商灭亡的教训，用来警示自己，实行宽宥的仁政来维护和巩固新政权。统治者在选择治国方略的时候是经过深思熟虑的。武王和大臣曾经共同商议治国安邦、立法建制的方法。每个人的主张各有不同，其中姜尚主张杀光殷人，斩草除根，免留后患。召公主张归顺新王朝的人留下，反叛的人杀死。周公旦的主张是"各安其宅，各田其田，毋故毋私，惟仁之亲"①，即恢复住宅、田亩，维护社会关系的稳定。总体来说就是实行仁政，用宽松适度的怀柔政策治理国家，休养生息，减少社会矛盾。对于殷商遗留下来的贵族，不必全部杀死，而是要加以利用，利用他们的残余势力进行统治。这三种理念中，周公的主张显然更胜一筹，并且被武王所采纳。周公"明德慎罚"的思想体现了王朝建立之初的实际需要。通常来说乱世用重典，盛世则更加重视发挥"德治"的作用。国家倡导什么礼法，提前昭告天下。周公的法律思想对于预防和减少犯罪也有涉及，要求用礼、义、道德和刑罚约束老百姓的行为，减少犯罪。慎刑也体现了重视道德教化、预防犯罪的思想和政策。比如，对于酗

① 张晋藩主编《中国法制史》，群众出版社，1982。

酒的行为，先进行教育，无效再处以刑罚。如果按照周朝酗酒的法律规定，则是把酗酒的人都杀掉。

"明德慎罚"思想包括"明德"和"慎罚"两个方面。顾名思义，"明德"就是把德放在突出的位置上，发挥这种非刚性的道德教化的润物细无声的作用，并且渗透立法、司法、守法的多个环节。"德治"思想在刑事法制方面的要求和表现主要是"慎罚"。所谓"慎罚"，是说道德教化不是什么时候都管用的，当德治无效时则要审慎地利用刑罚，定罪量刑要以"德治"思想做指导，区别不同的人和不同的情况。周公认为，刑事政策的适用不是一成不变的，而是要区分不同的情况加以运用，此所谓因地制宜，"刑乱国用重典，刑新国用轻典，刑平国用中典"。

周公主张区别不同情况进行差别对待，反对株连，实行"三赦""三宥""三刺"①的刑事政策，做到刑罚适中、公正，特别忌讳像殷纣王那样草菅人命、杀戮无辜。但是，对那些谋反、谋叛威胁到国家政权的恶性犯罪要做到"刑兹无赦"。周公反对株连和族诛，反对滥杀无辜。

在周公"德治"法律思想指导下，西周时期，发展出一系列犯罪与刑罚之间关系的原则，如慎刑、反对株连（也就是我们今天所说的罪责自负）、刑罚适当（也就是今天所说的罪刑相适应）、惩罚与教育相结合等。这些都奠定了中国古代刑法制度的基础，为后世刑法制度和刑罚制度的发展奠定了基础。周公时期定罪量刑已经开始重视人的主观心理，区分故意与过失、惯犯与偶犯。这些思想和原则在现代刑法体系中依然被沿用，这在当时确实是个伟大的创举，在世界刑法史和法律思想史上也是一个重大贡献。

---

① "三赦"指对幼弱、老耄、愚蠢的人犯罪，不予追究刑事责任；"三宥"指对不识、过失、遗忘三种情况，予以宽大处理；"三刺"指对于重大疑难案件要经过群臣讨论，不能决定的再交给官吏们讨论，仍然不能决定的交给国人讨论。

周公建立的法律制度其核心是"礼制",这个法律体系主要由"礼"和"法"两部分所组成。周公还确立了"礼不下庶人,刑不上大夫"的法律适用原则,构建了"亲亲""尊尊"的"礼治"社会。这种社会治理形态被后世儒家所尊崇,孔子特别推崇这样的"礼治"理想社会,并且把"亲亲""尊尊"的"礼治"精神原则进一步完善和发展,逐步成为中国封建社会从汉朝到清朝始终居于指导地位的立法指导思想和原则。

周公的法律思想在中国法律思想史上有重要地位。后世历朝历代,特别是在政权更迭、以旧代新的社会历史转折时期,用什么样的法律制度来进行社会治理关系新政权的发展壮大。周公的"天命天罚"思想阐明了西周政权取代旧政权的合理性与合法性。在此基础上,周公可以说是通过行德治,最早确立了"以人为本"的理念和传统。此后,历代明君都注重个人道德品质的提升和完善,注重道德教化的作用。周公的法律思想刚柔并济、先教后刑,说明中国古代奴隶制法律思想当时已经有了一套比较完善的体系。之后儒家主张"德治",形成封建社会占主导地位的"德主刑辅"的法律思想,都是从对周公法律思想的继承发展而来,对于中华法系礼法结合、宽猛相济特点的形成有重大而深远的影响。

洛阳周公庙始建于隋末唐初(618年),由隋将王世充草创。王世充为了抵抗李密瓦岗军,诈称左军卫士张永通三梦周公,为周公立庙,每出兵辄先祈祷。周公庙地处隋唐东都洛阳城宫城正门——应天门内东侧,唐太宗贞观年间和唐玄宗开元年间都曾予以重修。《河南府志》著录有《唐开元重修周公祠碑》。《河南通志》记载,明嘉靖四年(1525年)又在旧址重建,万历四十七年(1619年)重修。清康熙十三年(1674年),河南府知府王来庆将仅残存定鼎堂的周公庙进行全面大修。清乾隆八年(1743年)、五十五年(1790年)与光绪十六年(1890年)又多次重修。1992年以来,明建定鼎堂、清建会忠祠（今礼乐堂）与三殿、两厢，都又陆续修缮。

九　吕侯

吕侯，又称"甫侯"，西周时吕国诸侯。《尚书》记载，相传吕侯为炎帝后裔，姓姜。周穆王时期，被任命为司寇，其主要法律贡献是主持制定《吕刑》。[①]

西周时期把刑法分为"三典"："轻典""中典""重典"，用以维护统治和保持社会稳定。据《史记·周本纪》记载，从周昭王开始，王道开始衰退，到周穆王的时候，社会矛盾逐渐尖锐起来，为了维护周王室的统治地位，周穆王休养生息、发展生产，吸取了"明德慎罚"的法律思想，命吕侯废除严刑峻法，制定一部新法。因为《吕刑》是由吕侯主持修订的，所以叫作《吕刑》，又称为《甫刑》。同时，废止了严酷的旧法，以"明德慎罚"作为立法的指导思想。《吕刑》主要记述了当时的法律原则和详尽的赎刑及一般司法制度。完整的《吕刑》已失传，但《尚书·吕刑》篇中有相关记载，这可以看作吕侯制定法律后遗存的官方档案文献。

根据古籍记载，《吕刑》全文分三章，有墨、劓、剕、宫、大辟五刑共3000条。另有一说说《吕刑》有2800条，按照刑种进行分类。据考证，《吕刑》并没有这么多条，但是这种说法意在说明《吕刑》编织法网相当严密，体现了高超的立法技术。《吕刑》第一章类似于现在的总则，首先概括陈述了制定《吕刑》的背景和缘由。主要是因为苗部族不听从道德教化，总是犯上作乱，圣帝先王于是不得不用刑，"惟作五虐之刑，曰法"。《吕刑》第二章是整部法律的核心主体，主要内容是关于刑罚及其适用原则、适用程序，非常详细。例如法条中所说的"告尔祥刑""安百姓"，指明了本章所制定刑罚的目

---

① 《尚书》记载："时诸侯不睦，言于王，作《吕刑》以布告天下。"

的，"何择""非及"阐明了用刑原则，"两造""天威"则是办案程序。《吕刑》中除了肉刑等人身性处罚以外还有财产性处罚的规定，例如关于疑案和赦免可以适用赎刑，并且详细规定了罚金的种类和数量，"墨辟"是肉刑，"三千"是罚金刑。在两性原则方面有"上下比罪""有伦有要"的规定。"狱成而孚""有并两刑"是有关结案手续和审批制度的规定。最后一章主要阐述《吕刑》的意义和影响，最后进行一番训诫，着重申明王公贵族及其子孙都要奉行本法。

《吕刑》对刑罚进行了详细的规定，但是就刑论刑，对于什么样的犯罪行为适用什么样的刑罚没有明确规定，也就是犯罪行为和刑罚没有对应起来，在《周礼》中对此有比较详细的规定。因此，需要把礼和刑结合起来共同确定。在《尚书·吕刑》中详细记载了赎刑的内容，说明《吕刑》对赎刑有专门规定，这也体现了当时法律对有财产的奴隶主贵族有优待。

第二节　春秋时期河南法律名人

春秋时期（公元前770～公元前476年）在中国历史上是一个大变革的时期，社会政治、经济、军事和文化等方面都出现了根本性的变化。各诸侯国统治者为了适应新的形势，开始革新，提出了一些重要的法律主张，突破"刑不可知，则威不可测"的传统，陆续公布成文法，以保护私有财产，维护贵族统治。公布成文法的运动首先发生在郑国。春秋时期的郑国（今河南新郑）向来以商业发达而著称，郑国的都城新郑是当时中原地区的商贸中心。郑国的富商巨贾经常在各诸侯国之间从事各类商业活动。我们熟知的一些历史典故，如"郑人买履""买椟还珠"等，就是发生在郑国的街头巷尾的故事，被记载在《韩非子》一书当中。商品经济发达导致原有体制的不适应，因此变革的要求非常迫切。发生在郑国的社会变革就是当时春秋时期中原地区变化的一个典型代表。在社会急剧变革的过程中，逐步萌芽了法家思想，并成为后来战国时期法家学派的基础。这种法家思想的萌芽就出现在以河南为中心的中原地区。春秋时期，中原地区最著名的法律名人是郑国的子产和邓析，他们也是法家的先驱人物。老子作为道家学派的创始人，孔子作为儒家学派的创始人，在政治、哲学、法律等方面也有重大影响。

一 子产

子产（？～公元前 522 年），姓公孙，名侨，字子产，又名成子，字子美，是郑穆公的孙子，与孔子同时代，是春秋末年最负盛名的政治家，郑国（今河南新郑）正卿，被誉为"春秋第一人"。

春秋末年，周室衰微，诸侯兼并，战争频仍，天下大乱，郑国也处在动乱与危难之中。郑简公十二年（公元前 554 年），子产被立为少卿，参与国政。次年，子产被任命为郑国之相，相郑简公、郑定公 20 余年，卒于郑定公八年（公元前 522 年）。子产在郑国辅佐国君进行了适应新的生产力发展要求的法家色彩的改革，内政外交都取得了不错的成绩。子产铸刑鼎是中国历史上第一次正式公布成文法，打破了"刑不可知，则威不可测"的秘密法传统，在中国法制史甚至世界法制史上具有开天辟地的划时代意义。

子产之所以进行改革，是因为当时社会急剧动荡，郑国在争霸兼并的浪潮中需要谋求发展。当时周天子势力衰退，各个诸侯国势力不断增强，进行争霸，井田制受到严重破坏。各个诸侯国为了扩大自己的势力范围，互相之间兼并达到了白热化的程度。除了外部竞争以外，郑国内部随着商品经济的发展，新兴地主阶级势力不断壮大，他们不满足于旧贵族的统治而纷纷主张自己的权利，并且奴隶和平民的反抗也给统治者带来了不小的压力。在社会变革时期，郑国在各种新旧矛盾的夹缝中艰难生存。子产就是面对这样复杂的局势，针对以上这些矛盾，进行了大刀阔斧的改革。子产的改革措施主要有"作封洫""作丘赋""铸刑书"等几个方面。通过推行这一系列治国方略，郑国的生产获得了发展，国力得到了壮大，郑国出现了中兴的局面。更重要的是，子产的改革在一定程度上推动了当时社会的转型。

子产辅佐郑国国君期间进行了卓有成效的改革，采取了一系列措施，在维护王室利益的同时对贵族的特权加以限制。通过整顿田地制度有效征税，明确划定不同等级人公、卿、士、庶的田地界限。加强对农民的管理，以什伍为单位登记在册，对私田按面积征税。制定了军赋的征收办法，按照土地和人口征收军赋。

子产执政后第一年就在郑国进行了被称为"作封洫"的田制改革，以此来应对贵族占有田地超过限度，井田制被破坏的现实情况。所谓"封"，是指田地之间的界限，所谓"洫"，是指灌溉用的沟渠，"田有封洫"，就是把原有的井田沟洫都进行重新整理，划分新的界限，兴修新的水利。该措施打破了原来井田制下对田地的划分，重新明确了各自的地界和土地所有权。田亩沟洫的界限重新划分了，那么在其上建设的房子等也发生了变化，因此户籍制也需要相应变化。于是，子产把分散的农户和居民按"伍"为单位编制起来，这便于加强管理和征收赋税。这些改革措施实施之初遭到了一些人的抱怨和反对，但是在实施三年以后，改革反倒受到了赞扬。这都充分说明了子产的改革总体上符合民心，顺应了历史发展的潮流。

公元前538年，"作封洫"五年后，子产又推出了第二项改革措施"作丘赋"。"丘"是指被征服的部落地区，原来这些地区的人不需要交军赋，现在子产要求"丘"所在地的被统治者也要缴纳军赋。"作丘赋"这项改革措施打破了当时郑国本国和被征服地区的分界线，把原来只有郑国人才需要承担的兵役扩大到了外围人群。如此这般大大扩大了士兵的来源，充实了国家的军队，为春秋末期频繁的战争做好了准备。由于这项改革取消了一部分人的特权，增加了某些人的负担，因而受到部分特权阶级的反对和阻挠。但是，子产坚定不移地推行自己的改革措施。子产还把军赋和田亩结合起来，使军赋和原来的田亩税合二为一，向之前经过田亩改革明确土地所有权的土地所有者统统征收军赋。通过这项改革也进一步确定了土地私有权的合法性。被触动利益的贵族们以"丘赋"破坏先祖的法度为由对子产进行指责，子产则回应说，"作丘赋"符合礼义，并且用"为善者不改其度"，"苟利社稷，死生以之"来表明其坚持改革的决心是不可动摇的。"作丘赋"不但有助于加强郑国的军事力量，而且可以助推封建生产关系和生产力的发展。

子产最突出的一大功绩就是铸刑鼎，他是古今中外开创公布成文法先例的第一人，这在当时产生了很大的社会震动。公元前536年，中国历史上第一部公布于众的成文法问世了，子产把刑法铸造在一个铜鼎上并公布，这比古罗马的"十二铜表法"还早近一个世纪。① 子产公布成文法引发了春秋战国时期第一次礼法之争。子产公布成文法，顺应了社会发展的需要，打破礼制传统，可以限制奴隶主贵族任意刑杀的特权，保护新兴地主阶级的利益，是当时最有效的变革措施之一，拉开了其他各国公布成文法的序幕。此后各国纷纷仿效进行变革，出现了一股颁布成文法的潮流。

刑鼎一经公布立即遭到旧势力的强烈反对。不但郑国的传统势力反对公布成文法，而且其他国家的旧势力也反对，其中晋国贵族叔向就对子产铸刑鼎进行了严厉的批评。《左传·昭公六年》记载叔向批评子产"铸刑书"说："昔先王议事以制，不为刑辟，惧民之有争心也……民知有辟，则不忌于上，……民知争端矣，将弃礼而征于书，锥刀之末，将尽争之。"意思是说，如果民众知道了定罪量刑的内容后，就会抛弃上下尊卑等级，对礼义不再尊重而去援引刑法，人们会

---

① 古罗马十二铜表法是公元前450年古罗马颁布的第一部成文法典，因其刻在十二块铜牌上而得名。

为了一点点蝇头小利纷争不断，奴隶主贵族之所以不公布成文法，就是不希望这种扰乱社会秩序的情况发生。叔向甚至把公布成文法看作亡国的先兆，并以此来警告子产。但是，最终子产也没有接受叔向的意见，他反对叔向的观点，说："侨不才，不能及子孙，吾以救世也。"这句话的意思是：我的才能有限，考虑不到子孙后代那么久远，我之所以铸刑鼎就是为了挽救目前国家危亡的迫切形势。

对于子产来说，"铸刑鼎"是为了挽救国家危亡，解决当前面临的棘手问题，但是，从中国法律史的角度来看，子产公布成文法是一件意义重大的事件。维护奴隶主贵族的"礼治"传统被打破，特权阶层任意刑杀的权力被限制，这为后来"法治"的创建奠定了基础。尽管子产所公布刑书的内容已经失传，但是借助鼎这种器具可以把法律固定下来，如果要毁坏刑法必须先毁其载体，而一个鼎要被毁坏却没那么容易，由此可见，子产的用意在于赋予法律稳定性。子产铸刑鼎的意义还在于，虽然刑书必然代表统治阶级的利益，维护统治阶级的权利，但是法条中有关权利义务的规定具有一定的客观性、指引性。民众通过已经公布的法律条文可以对自己的行为将会承担什么样的后果做出预见。同时，子产公布成文法起到了带头示范作用，其他国家在其影响下也纷纷进行变法改革，颁布成文法开始成为一股潮流，推动了国家法制的发展。

在治国方法上，子产还主张不毁乡校，愿闻庶人议政，有控制地开放言路，还提出"以宽（道德教化和怀柔）服民、以猛（严刑峻法和暴力镇压）服民"的主张。子产是首位提出用"宽猛相济"的策略统治劳动人民的人，强调对老百姓既要进行教化怀柔，又要实行严刑峻法和暴力镇压。子产用水火之间的关系做比喻，告诫继任者治理国家要宽猛相济。《左传·昭公二十年》记载，子产认为："唯有德者能以宽服民，其次莫如猛。夫火烈，民望而畏之，故鲜死焉；水懦弱，民狎而玩之，则多死焉；故宽难。"根据后来的思想史可知，

"以宽服民"主要被儒家采纳和发展，法家则沿袭了"以猛服民"的主张。子产的改革顺应了当时社会发展的方向，推动了经济社会的发展。

除了改革以外，子产在外交方面也颇有建树，同楚国、晋国等建立了良好的外交关系。子产的治国理政理念一经践行，郑国当时就出现了中兴局面。子产通过一系列改革治理措施，大大提高了郑国在诸侯国中的地位。子产的改革举措、法律思想和治国理政思想对后世有深远影响。子产是春秋时期的改革先锋，走在了时代的前列，推动了社会的发展。子产是春秋时期中原法律名人中最杰出的代表。子产死后，孔子评价其为"古之遗爱也"。

公元前522年，子产病逝，被葬在郑山（今河南新郑南十五千米处）。郑国人如同死了亲人一样，无不悲哀恸哭。人们为了表示自己的哀思，纷纷解下自己身上的玉佩和金银首饰，送到子产家。子产的儿子遵循父亲的遗嘱，拒绝接受。当地流传着这样的传说：一位满头白发的老人看着子产家门口人们送去悼念的成车的金银首饰说，子产为国为民操劳一生，我们应当把这些金银珠宝运到他的封地，倒进河里，让子产的恩德和我们对他的怀念像河水东流一样，流芳百代吧。大家都赞成老人的意见，于是大家把金银珠宝都倒进河里。河上波光粼粼、金光闪闪，这条小河因此而得名金水河，也就是今天郑州市区内蜿蜒流淌的金水河。

二 邓析

邓析（公元前545~公元前501年），春秋末期著名思想家，明辨学的创始人，是一位具有法家思想萌芽的政治家与思想家。子产执政时，邓析是郑国（今河南新郑）的大夫。邓析是个革新派，是当时新兴地主阶级的代表，和子产生活在同一时代。他具有敢于提出反对意见的勇气，是中国历史上反对"礼治"的第一人，他还反对先王的成例，指出"不法先王，不是礼义"。① 邓析还是中国历史上首位私人法律培训师。他私下里招收学生，聚众讲授法律，包括讲授法律知识和打官司的技巧。他还是中国历史上第一个律师（古代叫讼师），以律师的身份帮人打官司。

邓析和子产同处一个时代但属于不同阶层，邓析代表新兴地主阶级，子产代表新贵族，因而他们的政见也不同。邓析反对旧贵族拥有特权，同时也反对新贵族。子产是新贵族的代表，其所铸的刑书体现了新贵族的主张，继承和推崇"周礼"。

邓析为了反对子产所铸的刑书，于公元前 501 年编了一部私刑，写在竹简上，被称为"竹刑"。竹刑是新兴地主阶级意志的体现。在邓析的影响下，郑国掀起了一股革新的浪潮，对新老贵族都造成了很大的威胁。公元前 501 年，邓析因私造"竹刑"被郑国执政者驷歂处死。

有一种说法是，相传邓析著有《邓析子》一书流传后世。对此，学界通说认为，该书内容融合了多家说法，可以被认定为后人假借邓析的名义所作。《四库全书》中把该书归类为子部法家类。《邓析子》内容分为两部分，一部分是《无厚》篇，另一部分是《转辞》篇。《无厚》指的是平等对待，不厚此薄彼。该篇主要讲君臣之间的相辅相成关系，劝诫君王治国时需要平等对待臣民，归结起来就是无厚，这是一种民本思想的反映。而《转辞》篇主要是讲君王对官员的控制。

《列子·力命》记载，邓析曾"数难子产之治"，他认为子产"铸刑书"并公布成文法具有进步意义，但是由于所处社会阶级不同，他对子产的改革措施并不赞同。他批评了刑书的很多内容，并造私刑"竹刑"。竹刑的具体内容，现在已经无从知晓，只能从后人对其评价

---

① 《荀子·非十二子》记载：邓析说"不法先王，不是礼义，而好治怪说"。

来略知一二。竹刑代表了新兴地主阶级的期望和要求，具有十分重大的意义。竹刑对贵族统治者的立法权提出了挑战，他是不效法先王，不经过国君授权的私人立法行为，目的是改郑所铸旧制。由熟悉法律的人根据经济发展的需求，制定维护新兴地主阶级、商人和平民利益的成文法。法律被刻在竹子上公布，可以对是非曲直有统一的判断标准，凡事皆断于法而非奴隶主贵族的意志。竹刑对于确立法律的权威有重大意义。另外，竹刑的载体是竹子，在生产力不甚发达的古代，冶炼金属是比较难的，在竹子上刻法律比在金属器皿上浇铸法律要容易得多，并且竹子还具有便携的优点，比刑鼎更加有利于法律的传播与普及。邓析所造的竹刑是中国历史上第一部公开发布的私人所作的成文法，无论在内容上还是在形式上，均超过了官方所铸造的成文法。

邓析还打破官办教育的传统，创办私学招收徒弟进行讲学，主要讲解和传授法律知识和诉讼方法。邓析还是中国最早的律师，善于帮助别人代理诉讼，并根据案件大小和难易程度不同相应收取不同的律师费。据《吕氏春秋》记载："（邓析）与民之有狱者约，大狱一衣，小狱襦裤。民之献衣、襦裤而学讼者，不可胜数。以非为是，以是为非，是非无度，而可与不可日变，所欲胜因胜，所欲罪因罪。"大家发现干律师帮人代理案件的工作挣钱挺多，于是很多人给邓析交学费参加他办的法律培训班。史料记载，邓析特别擅长辩论，而且特别擅长打官司，请他代理案件，甚至可以达到决定官司胜负的程度。在诉讼中，他有独到见解，辩论思路清晰独特，"操两可之说，设无穷之词"。于是，当时有很多人特别敬佩他的才能。关于邓析操两可之说的辩论才能，史书中有记载。《吕氏春秋·离谓》中记载了关于邓析的一个"赎尸诡论"的故事：洧河发大水，郑国有个富人被大水冲走淹死了，其尸体被人打捞起来，打捞起尸体的人就想趁机要高价。富人的家人得知后，去赎买尸体，但是想要赎买尸体要花很高的价钱。

于是，富人家属就去找邓析帮忙出主意。邓析对富人家属说："你不用怕他要价高，安心回家去吧，打捞起尸体的人只能将尸体卖给你，别人又不会买。"于是富人家属就不再去找打捞起尸体的人买尸体了。打捞起尸体的人着急了，也跑去请邓析帮忙出主意。邓析又对此人说："你放心吧，这个富人家属除了向你买尸体，再无别处可以买回尸体了。"郑国人在邓析的影响之下，"以非为是，以是为非"，涌现出了一股新思潮，对当时的奴隶主贵族的利益及统治造成了严重威胁，一时之间郑国"大乱"。由于应付不了这种局面，郑国执政者驷歂虽然认可邓析的才能却不得不杀了邓析，但是用其竹刑。杀其人而用其法，可见其竹刑的优秀。邓析私自做竹刑，打破了立法权的官方垄断，是对"礼不下庶人，刑不上大夫"的奴隶制"礼治"的否定，在中国法律史上是难得的创举，为后来法家的形成和发展奠定了基础。

三　老子

老子（约公元前571年~公元前471年），姓李，名耳，字伯阳，谥号老聃，楚国苦县（今河南鹿邑）人，春秋末期杰出的思想家、哲学家，道家学派的创始人。史载孔子曾向老子请教关于礼的问题，老子与后世的庄子并称"老庄"。老子著有《道德经》一书，是道家学派的经典著作，《道德经》、《易经》和《论语》是在中国影响最为广泛的三部思想巨著。

老子用"道"来解释宇宙和万事万物的发展规律，在政治和法律思想方面，他提出了"道法自然"的社会理想以及"无为而治"的治国方略，还提出了以"三绝"为核心的愚民政策，同时又对仁礼、道德、法律、尚贤、兼爱等进行了详细的阐述。老子还阐述了他的民本思想："民不畏死，奈何以死惧之？"

关于老子名字的由来有不少传说。一种说法是，老子一出生就满头白发，所以叫老子。另一种说法是，老子生下来就手指李树，所以老子姓李。还有一种说法是老是德高望重的意思，子是古代对男子的美称。

《老子》一书又名《道德经》，是老子政治、法律、哲学思想的主要载体。1973 年 12 月，湖南长沙马王堆三号汉墓经过考古发掘，出土了《道德经》的两种版本。这两种版本均以《德经》为上篇，《道经》为下篇。因此，我们通常所说的《道德经》应该叫作《德道经》更为合适。《道德经》分上、下两篇，共计 5000 多字，分为 81 章，全篇用韵文写成，语言凝练，富于哲理，堪称一部哲理诗。相传，老子曾经做过周朝的守藏室史官（负责管理图书的官员），后来周朝衰败，老子辞去官职往西边走打算隐居起来。他途经函谷关（今河南三门峡灵宝市函谷关）时，遇到了函谷关关令尹喜。由于尹喜非常仰慕老子的才学，于是留老子在函谷关著书立说，因此《道德经》的创作地就是函谷关。

老子反对天命天罚的神权法思想。他认为"天"是不存在的，也不存在"神"统治和主宰宇宙万物。老子认为，所谓"天"是一种物质，它没有意志而是一种客观存在。"道"是万物生长运行的本源，而非神的意志在支配。老子提出"道法自然"的观念来规范社会秩序。老子的学说描述了"天下有道"的社会秩序理想，有"道"的关键在于要合乎"自然"。"自然"是"道"的本质，"道"是"自然"的表现。"道"是老子哲学的最高范畴，是天下万物的孕育者，是天下万物变化的本源。道是公正无私的、永恒的、普遍的存在，是世间一切秩序、规则的源泉。德、仁、义、礼都是违背"道"这个最高准则后的产物。《老子》第三十八章中说："失道而后德，失德而后仁，失仁而后义，失义而后礼。"

老子"无为而治"的思想主要体现出他反对一切违反自然的人定法，讲求顺应自然秩序，通过"无为"的方法达到"治"的目的。

"无为而治"是老子对君王治理国家的一种告诫，让君王不过分限制人民。"无为而治"并不是什么也不做，而是不过多地干预，要充分发挥人民的能力。"无为"不是无所作为，而是不妄作为，不违背客观规律。只要你遵循"道"，遵循客观规律，就可以无所不为，什么都可以做。老子认为，"天道"在人类社会直接体现为"圣人之道"。《老子》第二章中说，圣人最理想的治理方法是"圣人处无为之事，行不言之教"。"圣人之道"是圣人认识与效法天道的结果，天之道则在自然无为。① 老子认为，人为制定的法令有违自然之"道"，是百姓困顿的重要原因之一，"无为"方是自然之道，治理之道在于顺应自然。《老子》第三十七章中说，"道常无为而无不为"。他认为，"无为"是手段，"无所不治"才是最终目的。

《老子》在治国理政方面，反对违背"道"的恣意妄为。《老子》第六十章中说"治大国若烹小鲜"，意思是治理大国就像煎小鱼，切不可乱翻。也就是说，治理国家要谨慎为政，不可多事扰民，不可朝令夕改。老子的这句话曾被美国前总统里根在国情咨文中引用，以阐述治国方略，并在当时的美国引起了一阵学习研究老子的热潮。

老子认为，为政只有能够做到宽厚而非严苛，才能使民风淳朴，圣人的治理之道在于不极端、不奢侈、不过分。老子反对苛刑，《老子》第五十七章中说："法令滋彰，盗贼多有。"《老子》第七十四章中说："民不畏死，何以死惧之？"意思是说，刑杀并非有效遏制犯罪的手段，反而使盗贼泛滥。老子还反对一些肉刑，认为黥、劓能损害人体的刑罚是对自然天道的违背。

总之，"无为而治"思想作为一种治国之术，对后世安邦治国影响很大。老子的思想对秩序的思考存在某种消极因素，但是在消极中又有积极因素。汉初用老子的这种思想来治理国家，成就了文景之

---

① 李光灿、张国华主编《中国法律思想通史》，山西人民出版社，2001。

治。唐初，道教成为举国奉行的国教，唐太宗曾经两次注释《道德经》，把《道德真经》列为科举策试的经典之一，推行垂拱而治①，唐朝出现了"贞观之治"。明初推行"休养生息"，出现了"仁宣之治"。中国历史上的几个大太平盛世，都直接或间接吸收了道家思想的精髓。

老子主张奉行愚民政策，以保持自然秩序。老子认为统治者无为而治，百姓才能避免欲求所带来的纷争。尚礼乐、事征伐，是民不聊生的重要原因。要想保持顺其自然的社会秩序，应防患于未然，使民无为。民无为首在民无欲，无知方能无欲，使民愚昧无知、浑浑噩噩是理想状态。所谓"虚其心，实其腹；弱其志，强其骨"。《老子》第十二章中说："五色令人目盲，五音令人耳聋，五味令人口爽，驰骋畋猎令人心发狂，难得之货令人行妨。"老子认为，一切外在诱惑都将扰乱人心。《老子》第十九章中说："绝巧弃利，盗贼无有。"老子认为，世俗所追捧的稀罕之物、利益所在，正是盗贼盛起之根源。老子以"三绝"为核心的愚民政策中的"三绝"是指"绝圣弃智，民利百倍；绝仁弃义，民复孝慈；绝巧弃利，盗贼无有。此三者，以为文，不足。故令有所属：见素抱朴，少私寡欲，绝学无忧"。意思是：绝聪明智巧，人民可以得到百倍的好处；绝仁义，人民可以恢复孝慈的天性；绝巧诈和货利，盗贼也就没有了。圣智、仁义、巧利这三者全是巧饰，作为治理社会问题的法则是不够的，所以要使人们的思想认识有所归属，就要保持纯洁朴实的本性，减少私欲杂念，抛弃圣智礼法，才能无忧。老子认为，国家之所以难以治理，是因为统治者干涉太多，太有为。法令越多，人民越陷入贫困。武器越多，国家越陷入征战，人们的技术越精巧，越引起反常的情况，法令越多，盗贼反而不断。政府无为，人民才能顺应自然，变得朴实，自然会富裕

---

① "垂拱而治"是指垂衣拱手，什么都不做就天下大治。魏征在《谏太宗十思疏》中说："文武并用，垂拱而治。何必劳神苦思，代百司之职役哉？"垂拱而治比无为而治更加生动形象。

起来。

老子认为，百家争鸣各个学派都认为自己的学说有道理，其实不过是能言善辩压制对方，把自己的观点强加于人。老子认为，春秋各国征战的状况无非"窃钩者诛，窃国者侯"。仁义礼智信不过是窃国大盗获取政权后维护自己利益的工具而已。老子对社会秩序的批判和反思对于寻求自然秩序中的平衡有一定积极意义。

四　孔子

孔子（公元前551年9月28日～公元前479年4月11日），子姓，孔氏，名丘，字仲尼，祖籍宋国栗邑（今河南夏邑县），生于春秋时期鲁国陬邑（今山东省曲阜市），中国著名的思想家、教育家、政治家，儒家学派的创始人。

孔子继承和发展了西周的"礼治"和"明德慎罚"思想，以恢复周公的"礼治"为理想，改造了西周之"礼"，使"礼"与"仁"谐调成为统一的整体，建立了儒家法律思想的理论基础，他的思想是为当时的各级贵族服务的。在"礼崩乐坏"的时代，孔子提出了以"仁"为核心的思想，倡导"仁者爱人""克己复礼"，为统治阶级提出了比较系统的治国理政思想。孔子推崇"礼治"和"德治"的法律思想，成为中国古代法制思想的核心内容。孔子与弟子周游列国十四年，晚年修订六经，即《诗》《书》《礼》《乐》《易》《春秋》。孔子的儒家思想渗入中国人的生活、文化领域，同时也影响了世界上其他地区的大部分人近2000年。孔子被联合国教科文组织评为"世界十大文化名人"之首。

孔子50多岁时曾任鲁国的中都宰，掌管中都所有事务，相当于现在的一市之长。一年后升任司空，掌管建设事宜，之后一路官运亨通，升任大司寇，掌管公检法司。很快又升任代理宰相兼管外交。孔子政绩卓著，执政三个月，鲁国的内政外交就有很大提升。社会秩序也有很大改善，史称"路不拾遗，夜不闭户"。由于孔子的政治才能十分突出，把鲁国在短时间内就治理得很好，这让临近的齐国倍感压力。齐国设计给鲁哀公送良驹、美女，希望鲁国国君沉湎酒色而变得昏庸无道，想通过这个计谋排挤孔子。果然，不久后，孔子不被重用，离开了鲁国。孔子周游列国，到处推行自己的治国理念，然而孔子的治国理念和当时各国急功近利的"霸道"不吻合，所以当时他并不受重用。

孔子在政治上不得志，转而发展教育事业。孔子举办私学，深入研究和教授礼仪，崇拜"制礼作乐"的周公，属于有文化知识、懂得礼仪、从事教育的"儒"。因此，孔子所创立的学派被称作"儒家"学派。孔子继承和发展了西周"礼治"思想和周公"以德配天""明德慎罚"思想。具体来讲，孔子的"礼治"法律思想主要内容是"为国以礼"，用"礼"来治理国家。对于孔子来说，最理想的社会是西周的"礼治"社会。孔子认为"礼"是天、地、人的总规则，是先王"承天之道""因人之情"而创制的人类社会的根本大法，是行为规范，是治理国家的最好方法。

孔子最先提出"正名"，以此来维护君臣、长幼尊卑的等级秩序。所谓"名不正则言不顺"，"正名"实际上是主张用法律严格规定君臣父子的等级名分，以维护长幼尊卑的社会秩序。孔子之所以说春秋时期是"礼崩乐坏"的时代，是因为这一时期到处都呈现出与周礼不相容的问题和局面。为了结束这种以卑犯尊、以贱犯贵、以幼犯长、以下犯上的混乱局面，孔子在《论语·颜渊》中首次提出了"君君、臣臣、父父、子子"的"正名"主张。"正名"就是要纠正各种违反周礼所规定的宗法等级名分的现象，使君主、大臣、父亲、儿子各自有各自的位子，各自做好各自应该做的事情。"正名"实际上是孔子实行"为国以礼"主张的具体内容之一，是实行"礼治"的必要前提。在礼与法的关系上，孔子认为，礼是法的本源和精神内核，礼的地位和效力高于法。法必须和礼精神相一致，不能反映礼治原则的法不但毫无价值，而且可能成为天下大乱的根源。

孔子反对公布成文法，目的也是维护上下尊卑的礼法制度。孔子极力反对晋国铸刑鼎。孔子认为，西周以来确立的贵贱尊卑等级制度，是奴隶制国家的立国之本，即所谓"刑不可知，威不可测"。孔子认为，公布成文法以后，宗法等级差别就会被打乱，导致贵贱无序、国将不国。成文法的公布，确立了"事断于法"的法治原则，把法律作为评判是非功过和进行赏罚的最重要标准。这摧毁了旧贵族对法律的垄断，与罪刑相适应的刑罚体系得以建立，罪与非罪以及对犯罪的处罚都有了比较明确而固定的标准，这就大大限制了奴隶主贵族任意刑杀的特权，打破了旧贵族的"礼治"传统，限制了他们的等级特权。因此，孔子对成文法持否定的态度。

"仁"是孔子法律思想的核心。孔子纳"仁"入"礼"，主张法律体现"孝"和"忠"的精神。孔子关于"仁"的学说，体现了人道精神，仁者爱人是人类永恒的主题，适用于任何社会和任何时代。孔子的"仁"主要包括四方面内容：一是美好的品德，二是"志士仁人"的行为，三是爱人和泛爱众，四是实现仁的方法。西周礼治的精神原则是"亲亲"和"尊尊"，核心是"孝""忠"精神。孔子全面继承了西周的"礼治"精神，对其进一步发展，提出了"仁者爱人"。把"仁"纳入"礼"之中，就是用"仁"所代表的伦理道德观念去充实和完善"礼"所代表的社会等级规范和制度。通过德治，让人们遵守"礼"所代表的法律制度。孔子认为，有品行的仁义之士必然不会违反以"礼"为核心内容的法律。不忠不孝的"不仁"之辈，必然会践踏"礼治"。

孔子主张奉行"中庸"的法学方法论。他认为，采用宽猛相济的方法，既重视教化，也保持刑罚的威慑力，德与刑交替使用。孔子主张敛从其薄、刑罚适中，这些都体现了中庸方法论。孔子主张"为政以德"，治国的手段和方法需要以德治为主。德治的核心要义是"仁政"，反对暴政。施行"仁政"最首要的就是道德教化，道德教化不起作用再用刑罚，此所谓先富、再教、后刑。德主刑辅的观点认为，德治和法治从使用效果来看，动用刑罚不如实施道德教化，刑罚只能在犯罪之后进行补救，但道德教化可以防患于未然。因此，在使用顺序上，要先教后诛、先德后刑。

孔子以"孝""忠"思想为核心，提出了一系列人们必须遵守的道德和法律准则。孔子的这种以"孝""忠"为核心的"礼治"思想所反映出的权利义务承担与分配方式，对以后中国封建社会的法律制度有深远的影响。后来封建法制中的"准五服以制罪""良贱同罪异罚""十恶"等有关规定，都受到了孔子"礼治"法律思想的影响。

孔子主张"亲亲相隐"的诉讼原则。孔子主张"为尊者讳"、"父子相隐"、"大义灭亲"、为亲复仇。"为尊者讳"，这是儒家以"孝""忠"为核心的礼治思想在司法上的表现。为尊者讳是古代避讳的一种，原指古人在取名或者说话时，避开能代表尊者的字或号。作为孔子法律思想内容之一的为尊者讳，是指臣下对君主或上级的违法犯罪行为要隐匿，不可议论和声张。据《史记·仲尼弟子列传》记载，鲁昭公违背"同姓不婚"的周礼原则，曾娶同姓吴女为妻，对此，孔子不仅不议论鲁昭公的违礼行为，反而严守"臣为君讳"的原则，硬把鲁昭公的违礼说成是"知礼"，并且当别人责问时，乐意承担责任，承认自己说了假话。孔子主张"臣为君讳"，并且亲身实践了这一原则。孔子还认为，"父为子隐，子为父隐"符合正直之道。孔子认为法律源于伦理道德，孝道是高于法律的。孔子的这种观念延续几千年之久，直到今天仍然在社会中占据相当大的比重。孔子之后，汉、唐、宋、明、清时期，"父子相隐"一直是一项重要的诉讼法律原则。

孔子从国家利益的角度出发，倡导"大义灭亲"的司法原则。孔子认为，当国家利益和个人利益发生冲突时，"大义灭亲"是一种司法正直。孔子所主张的"亲亲相隐"不是无条件的，当与国家根本利益发生冲突时，必须以国家根本利益为重，不能"亲亲相隐"，而必须做到"不隐于亲"和"大义灭亲"。孔子的这一理论为以后封建社会法律关于"亲亲相隐"与"十恶不赦"法律原则的辩证有机统一提供了思想基础。

孔子认可复仇这一体现"孝"的法律思想和制度。孔子主张杀父之仇、兄弟之仇、交游之仇必报，用道德、伦理取代了法律。孔子肯定和鼓励亲属复仇的理论，主张"孝"高于法律，这是人治思想的典型表现。孔子尤其是以孝为标准作为判断罪与非罪、罪轻与罪重以及是否惩罚和惩罚轻重的理论，这都是以"仁孝"的思想为理论基础的。在中国法制史上对复仇进行认可和宽宥，逐渐成了一项不成文的原则。这种做法，对于从氏族社会同态复仇到后来中国法制史上一直存在的复仇问题产生了深刻的影响。时至今日，仍有"张扣扣为母复仇"这样的在社会上引起广泛关注与争论的复仇案件发生。

孔子主张"人性本善"，确立了"德治"法律思想的人性基础。孔子持人性本善的性善论，认为性相近、习相远。后来孟子在此基础上发展了一套完善的性善论，明确提出了"人之初，性本善"。孔子认为，人和人之间从一出生就有比较接近的本性，人本性都是好的，之所以后来犯罪是后天被社会上恶的东西沾染了的缘故。因此，人只要从道德上完善自己，就可以不沾染上后天社会赋予人的各种恶行，成为一个品德高尚的人，而品德高尚的人是不会故意违法犯罪的。

孔子还主张"无讼"，通过道德教化达到"以德去刑"，最终实现"无讼"，这构成了孔子法律思想的崇高理想。关于道德教化的内容，孔子主张"道之以德、齐之以礼"和"重义轻利"。孔子主张通过消除贫困以预防犯罪。"先富"截断了违法犯罪产生的经济根源，再加上道德教化，人们就会愿意遵守礼义法度。孔子反对暴政，主张

"先教后刑"。孔子认为，只有道德教化不起作用的时候才可以动用刑杀。孔子也认识到了道德教化的刚性不足，没有刑罚那样的威力可以在短时间内取得显著效果。但是，孔子认为如果可以长期坚持、持之以恒，道德教化也能发挥作用，并且发挥更加深刻持久的作用。

孔子的主要贡献还在于教育方面，他兴办私学，招收弟子，培养为当时统治服务的"士"。孔子的政治理念不被采纳，这反而促使他发展教育事业，成为后世尊崇的老师。孔子开学校收弟子，传授六艺。相传跟孔子学习的徒弟有 3000 多人，其中有贤人 72 个，其中不乏子路、颜回这样有名的弟子。孔子死于公元前 479 年，享年 73 岁。他的弟子非常爱戴他，为他守丧 3 年。子贡为了哀悼自己的老师，为孔子守了 6 年坟。孔子回顾自己的一生，说："吾十有五而志于学，三十而立，四十而不惑，五十而知天命，六十而耳顺，七十而从心所欲，不逾矩。"

孔子的功绩除了教育方面，还有文化方面。孔子的政治生涯结束后，他开始整理、修订文化典籍，六经即为孔子主持修订编辑的。当晋国公布成文法时，孔子曾极力反对。孔子周游中原列国，更是为世人所称道。孔子死后，他和弟子之间的对话被其弟子进行整理编辑，这就是儒家经典之一《论语》。《论语》所阐述的思想影响了中国后世几千年。孔子是当时最博学的人之一，由于他在教育文化方面的卓越贡献，被人们尊称为"孔圣人"，被看作万世师表。其儒家思想和卓有成效的教育成就深深地影响了中华民族的历史。

孔子有许多流传至今的名言语录，譬如：三人行，必有我师焉；知之为知之，不知为不知，是知也；敏而好学，不耻下问；学而不思则罔，思而不学则殆；小不忍则乱大谋；三军可夺帅，匹夫不可夺志也；道不同，不相为谋；己所不欲，勿施于人；君子和而不同，小人同而不和；择其善者而从之，其不善者而改之。《诗》三百，一言以蔽之，曰：思无邪；温故而知新，可以为师矣；乐而不淫，哀而不伤；朝闻道，夕死可矣；君子喻于义，小人喻于利；见贤思齐焉，见不贤而内自省也；朽木不可雕也；知之者不如好之者，好之者不如乐之者；君子坦荡荡，小人长戚戚；不在其位，不谋其政；后生可畏，焉知来者之不如今也；三军可夺帅，匹夫不可夺志也；君子成人之美，不成人之恶；克己复礼为仁；非礼勿视，非礼勿听，非礼勿言，非礼勿动；学而时习之，不亦说乎。

总而言之，孔子所处的时代在中华上下五千年的中间，他的思想起到了总结以往和开启以后的作用，即所谓承上启下。孔子之前中国古代社会大约经历了 2500 年，孔子成为这 2500 年中华文化的一个集大成者。孔子吸取、总结前人的思想，形成了儒家思想。法家学说治天下在秦国得以实施，西汉武帝之前黄老"无为而治"思想被用来治国。到了汉武帝时，董仲舒提出"罢黜百家，独尊儒术"，把《六经》奉为经典。至此，孔子的思想成为中华文化中的核心思想。宋代大儒朱熹曾感叹说："天不生仲尼，万古如长夜。"（《朱子语类》卷九十三）国父孙中山在《三民主义》中说："这才是真正的民生主义，就是孔子所希望之大同世界。"国学大师柳翼谋认为，孔子是"中国文化之中心"，"其前数千年之文化，赖孔子而传，其后数千年之文化，赖孔子而开，无孔子，则无中国文化"。著名历史学家钱穆也认为，"孔子作为中国历史上的第一圣人，当之无愧。中华上下五千年历史进程中，对中国文化有最深影响、最大贡献者，无人能与孔子相比"。孔子的学说不仅影响了中国，而且辐射到了周边地区和国家。朝鲜、韩国、日本、越南等均受到孔子思想的影响，形成了东亚儒家文化圈。甚至对欧洲也有影响，莱布尼茨、白晋等尊称孔子为"世界科学始祖"和哲学圣哲。

第三节　战国时期河南法律名人

战国时期（公元前 475 年 ~ 公元前 221 年）是中国古代重要的历

史时期之一，也是中国历史上分裂对抗最严重、最持久的时代之一。战国时期上承春秋乱世，以三家分晋为结局，奠定了战国七雄的格局。战国时期百家争鸣，各种社会思潮涌现。战国时期是中国历史上从列国争战到逐步走向一统的大变革时期，最终开启了大秦帝国的序幕。这一时期周王室统治瓦解，各诸侯国之间经常发动战争，为了治国救世出现了百家争鸣的景象。其中，法家是"诸子百家"的重要组成部分，法家思想的核心内容是，用法巩固封建土地私有制，建立君主专制国家，实行严刑峻法。法家中有三派：慎到重"势"、申不害重"术"、商鞅重"法"。战国早期的李悝是法家的创始人，主张变法和以法治国；申不害主张运用权术；慎到以讲势（权力、权威）为主；战国中期的商鞅改法为律，主张重法；战国晚期的韩非子集法家之大成，主张法、术、势并重；李斯作为法家思想的践行者，运用法家学说辅助秦王，为大秦帝国的统一立下卓著功勋。战国时期的法家代表人物中河南法律名人尤其多，而且个个都大名鼎鼎。李悝、申不害、商鞅、韩非、李斯等都是河南人。李悝是今河南濮阳人，申不害是今河南荥阳人，商鞅是今河南内黄人，韩非是今河南新郑人，李斯是今河南上蔡人。

一　李悝

李悝（公元前455年～公元前395年），嬴姓，李氏，名悝，一作克，战国初期魏国（今河南濮阳）人，战国时期的政治改革家，法家重要代表人物。曾任魏文侯相，主持变法。

魏国是战国初期最早开始变法改革的诸侯国。李悝主持的变法涉及政治、经济、法律等诸多方面，他在法律改革方面成就突出，制定了中国历史上第一部具有完整体系的封建制法典《法经》。春秋以来，各诸侯国纷纷公布成文法，《法经》吸取了这些法律的优点，在此基础上结合魏国的实际情况做出调整。《法经》成为后世封建立法参照的蓝本。

据说李悝早年习儒，曾是子夏弟子曾申的学生，随后在执政治军的实践中，由儒家转变为法家，被认为是法家最重要的代表人物之一，是法家学派的创始者。

战国初期，魏国的魏文侯是一个有才能的君主，他重用人才进行改革，李悝便是他任用的人才之一。李悝先任中山相，后又被任命为上地守。上地在河西，地处今陕西省北部的黄河以西一带，为魏秦两国交界地区，魏秦两国在此长期拉锯交锋。正是李悝在上地郡治理得非常出色，魏文侯开始更加重用他，让他做宰相，并支持他进行大刀阔斧的改革。李悝担任宰相的十年间，在魏文侯的大力支持下，主持变法。李悝的变法措施主要有：鼓励耕作，平抑粮价，让农民播种多种粮食作物，以防天灾，国家购买余量，荒年也不加价；奖励军功，废除贵族世袭特权，按照军功和才能分配土地、权力和地位。通过变法，魏国的国力大增，成为战国初期的强国之一。司马迁在《史记·平淮书》中说："魏国李悝，尽地力，为强君，自是以后，天下争于战国。"

李悝反对"礼制"，重视法制。按照"礼制"旧贵族等级森严，垄断了政治经济利益，并且世代世袭。李悝主张打破旧贵族的垄断，要按照军功和才能分配官职和土地等。他认为这种理念的新法才公平，以维护旧贵族特权为主要目的的"礼制"是不公平的，严重阻碍了经济社会发展。

为了打破世袭，推行变法，李悝主张"不法古，不循今"。李悝具有勇于变革、锐意进取的精神，反对保守、复古思想。李悝认为，社会不断向前发展，任何保守、复古的思想都是和历史的发展方向背道而驰的，因循守旧阻碍社会的发展进步，因此过去的法律和制度需要随历史的发展而变革。

李悝的法律思想对法律的功能进行了阐述，其功能有二：一是法律能够"定分止争"。通过制定法律，明确物之归属，也就是我们今天所说的所有权，明确权利、义务、责任的承担，则可以让人各得其所。法家代表人物之一的慎到曾经用经过闹市的兔子来打比方，以讲明法律"定分止争"的功能。慎到说："一兔走，百人追之。积兔于市，过而不顾。非不欲兔，分定不可争也。"这段话的意思是，在野外，一只兔子跑时，大家都会去追。但是你再看看集市上的那么多兔子，大家从那里经过却没人惦记着。这不是因为大家不想要兔子，而是在集市上兔子是有主的，兔子的所有权是明确的，所以大家就不争抢了。李悝认为法律的第二个功能是"兴功惧暴"。法律明确立战功的人应该获得什么样的奖励，以此鼓励人们发展生产、为国杀敌。同时，法律规定违反法律要受到怎样的惩处，以此让不法之徒感到惧怕。

李悝的法律主张建立在他所认同的"趋利避害"的人性论基础之上。李悝认为人的本性是趋利避害的，有了利益的驱使，人们就会朝着有利的方向行事。如果这样做会招致坏处，人们就会避免这样的行为。关于"趋利避害"，管子曾经打比方进行阐释。他说，由于有利可图，商人哪怕日夜兼程赶上千里的路也不觉得远；渔夫为了多打鱼赚钱，不畏风雨在水中顶风航行上百里也不畏惧。基于"趋利避害"人性论，法家的代表人物商鞅也下论断，说："人生有好恶，故民可治也。"

李悝还汇集当时各国法律编成《法经》。《法经》在中国法制史上具有重要的法律地位，是我国历史上第一部系统的封建成文法典。虽然《法经》的原本已经失传，但是，在历史典籍中对其有记载。这些古书是我们了解《法经》的重要依据和载体。桓谭著有《新论》，其中有关于《法经》内容的简要介绍。这条介绍保留在明代董说所著的《七国考》之中。《晋书·刑法志》中也有类似的记载。据记载，《法经》分为盗法、贼法、囚法、捕法、杂法、具法，共六篇，其中盗法、贼法位列六篇之首。因为李悝认为，"王者之政，莫急于盗、贼"，也就是说，当时国君治理国家最紧迫的就是打击盗、贼。紧随其后的囚法、捕法则是用来惩办盗贼的法。杂法是对其他各种违法犯罪惩处的法。最后一篇是具法，相当于我们今天法律的总则和序例，其中规定了刑罚的种类，以及加重和减轻处罚的规则。我们现在的法律通常把总则和序例放在开头，《法经》则是放在了最后。《法经》不是单纯的刑事法律，而是一部诸法合体的综合性法典。其内容以刑法和刑事诉讼法为主，也包括其他法律如民事法律等。《法经》的六篇体例是立法体例的雏形，后世立法的篇章结构无出其右，只是对先后顺序进行了调整，有些法律把总则放到第一而已。《法经》是后世立法的蓝本和样板，在中国法制史上影响深远。《法经》在魏国实施以后，人人依法守法，治罪处刑，"不别亲疏，不殊贵贱，一断于法"，奴隶主贵族的违法行为被遏制。

李悝的变法思想和"法治"思想，一经提出就对当时各国产生了很大震动，对后世的历史更是有着深远的影响。作为政治家，他的变法思想在当时引领潮流。其他国家的君主看到魏国变法后国力增强，也纷纷效仿。楚国有吴起变法，韩国有申不害变法，秦国有商鞅变法。中国历史上第一次轰轰烈烈的变法热潮由李悝变法引发，为奴隶制向封建制的过渡铺平了道路。作为法家重要的代表人物，其学说后来被商鞅、韩非等进一步发扬光大。《晋书·刑法志》说："是时承用秦汉旧律，其文起自魏文侯师李悝。"这充分说明了李悝的学说具有深远的影响力。

二 申不害

申不害（公元前385年～公元前337年），别称申子，郑国京邑（今河南荥阳市东南）人，战国时期著名的政治家、思想家，是法家创始人之一，是百家争鸣的代表人物之一。《史记》中说，申不害专攻黄老之术，在先秦法家中其法律思想的核心是重"术"。申不害著有《申子》一书，该书今已失传。对申不害的法律思想仅存部分记载，可窥其核心思想。

韩国灭掉郑国后，韩昭侯重用申不害为丞相，支持其在韩国主持改革。申不害在韩为相 15 年，对内改革，对外应对诸侯，推行法和术，韩国的君主专制得到了加强，内部政局稳定，贵族特权受到限制，百姓生活逐渐富裕。公元前 337 年，申不害卒于韩国的都城，今河南新郑。

申不害原为郑国小吏，周烈王元年（公元前 375 年），郑国被韩国所灭，遂成为韩人，并做了韩国的低级官员。申不害的学术经历及其相韩 15 年的相关事迹，史料记载很少。《史记·老子韩非列传》仅附带提及他："申不害者，京人也，故郑之贱臣。学术以干韩昭侯，昭侯用为相。内修政教，外应诸侯，十五年。终申子之身，国治兵强，无侵韩者。申子之学本于黄老而主刑名。著书二篇，号曰《申子》。"但作为前期法家，申不害的学术贡献和政治影响是很大的。

申不害在韩国的变法，推行以"术"为主的法制。他吸收并改造了道家的学说，认为君主应不从事任何具体工作，应当"无为"，并不露声色地用"术"去领导臣民。《韩非子·定法篇》有关于"术"的阐释，即"因任而授官，循名而责实，操杀生之柄，课群臣之能"。这句话的意思是，国君必须把权力集中在自己手中，对于各级大臣、官员要牢牢把控，"见功而与赏，因能而授官"，并且严格监督、考核，明确奖惩。申不害运用"术"辅佐韩国君主，主要在整顿吏治和整合军队、严肃军纪方面进行革新。当时韩国的君主是韩昭侯，申不害向韩昭侯请命，主动要求担任将军整合军队。把贵族私人建立的亲兵统一合并到国家军队里面，并进行严格的训练，大大提升了韩国军队的战斗力。申不害对土地问题有独到的看法，指出法制得以推行需要有经济基础。《申子·大体编》中记载，申不害说："四海之内，六合之间，曰：奚贵？土，食之本也。"又说："昔七十九代之君，法制不一，号令不同，而俱王天下，何也？必当国富而粟多也。"为了鼓励农耕，对多开荒种地的百姓给予奖励。申不害对于发展手工业也十分重视，韩国的手工业在当时比较发达，尤其在兵器制造方面最为发达。战国时期最重要的手工业是金属的冶炼，韩国的冶铸业在当时闻名天下，有"天下的宝剑韩最出众""天下的强弓劲弩皆出自韩国"的说法。

申不害用"法"治、"术"治辅佐韩昭侯改革内政，前后达 15 年。对内，老百姓的生活安定，对外，其他诸侯国无人敢侵犯韩国。韩国处于被其他强国包围的危急状况之中，但是由于申不害的变法，使韩国最终和齐、楚、秦、燕、赵、魏并称为战国七雄。确切来说，申不害的"术"主要是一套加强君主权力的君主集权理论，由于缺乏法令将其固定下来，容易随着君主的改变而改变。如果君主本人有才能，善于用"术"，则国家兴旺；反之，则国家会倒退。这就是所谓用"术"有余，而"定法"不足。要解决根本问题需要用法制使政令具有连续性，否则人死政息，国家马上又会衰落。

三　商鞅

商鞅（约公元前 390 年～公元前 338 年），又名公孙鞅、卫鞅，因获封商地，号为商君，故称之为商鞅，战国中期卫国（今河南省安阳市内黄县）人，著名政治家，法家代表人物。商鞅"少好刑名之学"，青年时投魏国，曾在魏国做过小官，敏而好学，对李悝、吴起曾在魏国推行的变法理论与实践颇为熟悉，在此基础上完善了自己的法家理论。

秦孝公时，为了富国强兵，下令求贤。商鞅携《法经》入秦，说服秦孝公变法图强，主持过两次变法，前后长达 21 年，进行了比较彻底的改革。商鞅变法是当时各国法家中成效最显著的，因此秦国也成为当时最强大的国家。商鞅变法前后进行了两次，第一次从公元前

359 年开始，持续了将近十年。此次变法的主要内容，第一，仿照《法经》的体例，根据秦国当时的需要对秦国的成法进行修订和补充，制定《秦律》并公布。商鞅改法为律，有利于法律的稳定，强调法律适用的普遍性，厉行法治。第二，规定"有军功者，各以率受上爵，为私斗者，各以轻重被刑"，奖励军功，禁止私斗；爵位依军功授予，并根据爵位规定占有田宅、奴婢的数量标准和衣服等次。这实际上剥夺了王公贵族的特权，取消了爵位和俸禄世袭。第三，奖励耕田织布，以增强国力，重视农业生产，限制商业发展，避免产生新的富裕阶层以影响王权。公元前 350 年，开始更加彻底、力度更大的第二次变法，主要内容有，第一，废井田、开阡陌。商鞅主持废除井田制的意义，在于确立了封建土地私有制。第二，推行郡县制。通过此项改革，打破了分封制下的地方割据形势，全国各级官员都由国君直接任免，加强了中央集权。第三，统一度量衡。第四，改革税制，按户口征收军赋，鼓励和奖励开垦荒地。

商鞅变法推动秦国的土地制度发生了根本性的变革，从封建领主制改革为封建地主制。旧贵族势力被削弱，新兴地主的势力发展壮大，中央集权得以加强。秦国的农业生产得到了大发展，耕地扩大，粮食满仓，人民安居乐业，政府财政收入增加，国家军事力量增强。这些改革措施，推动了生产力的发展，秦国一跃成为战国时期兵力强大，各个诸侯国都畏惧的经济、军事强国。

作为秦国变法成功的最大功臣，商鞅将一个贫穷落后的弱秦蜕变成当时最强大的国家。但是在秦孝公死后，商鞅却难逃被车裂、灭族的悲剧，难以逃脱封建社会人亡政息的局限性。公元前 338 年，任用商鞅进行变法的秦孝公死了，商鞅紧接着就受到旧贵族的迫害。商鞅变法的很多内容触动了旧贵族的利益，其中奖励军功就严重动摇了宗亲皇室的利益，这意味着他们的世袭身份被打破，如果不奋勇杀敌，就很有可能失去原来的尊贵身份。因此，许多大贵族、皇亲国戚都暗中反对商鞅变法。有记载说，商鞅变法措施颁布一年多之后，秦国有1000多人说新法不便于实施，大家对新法不熟悉，不知道该如何执法。商鞅变法损害了旧贵族的根本利益，因此旧贵族对他恨之入骨，在秦孝公死后，他们对商鞅处以车裂刑。商鞅被五马分尸而死，并且株连九族。

　　商鞅的治国理念主要见于《商君书》，该书共29篇，这是后人对商鞅思想的归纳、整理，现存24篇，收录在《汉书·艺文志》中，这是研究商鞅法律思想最重要的文献。商鞅的法律思想主要有以下几个方面。一是改"法"为"律"，参照《法经》制定了秦律。二是提出"不法古，不修今"。为了推行变法，商鞅提出，仿效过去则不合时代潮流，固守现状则不进则退。三是认为推行法治需要做到三个方面：法、信、权。法就是国家权衡利弊后给人们的行为指南，可以做什么、不可以做什么，倡导做什么、反对做什么，皆有预期。信指的是信赏和惩罚要兼备，有赏有罚，赏罚分明。权则是指国君拥有至高无上的权力。四是提出法律的起源问题，认为制定法律最初就是为了确认土地和财物的所有权。五是主张重刑主义，其中最为著名的说法是"以刑去刑"，要求刑多而赏少，先刑而后赏，加重轻罪的刑罚。

第三章　秦汉至隋唐时期河南法律名人

秦汉至隋唐，中国社会进入一个长期的相对稳定时期。虽然朝代依然在更迭，但是历代王朝的治国理政思想和法律制度均无较大变化，主要是承袭因循秦制。自秦始皇统一中国，建立秦朝后，其所开创和奠定的君主专制和中央集权的政体影响了中国整整2000多年。对此，毛泽东曾说过："百代都行秦政法。"韩非是先秦法家的集大成者，李斯也是法家学派的代表人物。从汉朝开始，法律领域最大的变化是出现律学。所谓律学，就是把法律作为一门学科、一门学问，进行解释、研究和应用。在春秋战国时期就有人办学教人研习法律和诉讼技巧，律学后来又经历了商鞅变法，兴起于汉代，经过魏晋的丰富与积淀，在隋唐臻于成熟，宋元时期又进入衰微状态，到明清时期又有所复兴，直到清末西方法学的引入。汉朝时，张苍、张释之等是律学家的杰出代表。并且律学还具有家学的特征，出现了南阳杜氏、颍川郭氏等律学世家。律学世家，通常一个家族里几代人都研习律学，形成传承。南北朝时期局势动荡，却出现了一批律学家，如钟繇、陈群、张斐。隋唐时期，中国封建社会达到鼎盛。法律制度逐步完备和定型，法学研究繁荣，法律名家辈出，有郑译、长孙无忌等。

第一节　秦朝时期河南法律名人

秦朝始于公元前221年，到公元前207年止，是中国历史上首个多民族融合的中央集权的大一统王朝。秦朝的前身是战国时期的秦国，秦人的祖先大费是黄帝之孙颛顼的后裔，舜赐其嬴姓。秦穆公时，任贤使能，虚心纳谏，灭国十二，开地千里，国力日盛。公元前361年，秦孝公继位，重用商鞅两次变法，使秦国的经济得到发展，军队战斗力不断加强，发展成为战国后期最富强的诸侯国。在此基础上，秦王嬴政先后灭韩、赵、魏、楚、燕、齐，完成统一大业。公元前221年，秦王嬴政称帝，史称"秦始皇"。秦朝在中央的官员设置是三公九卿，在地方实行郡县制，取代分封制。秦朝统一文字、统一度量衡，所谓"书同文、车同轨"。中央集权制度的建立，奠定了中国2000余年政治制度的基本格局，奠定了中国大一统王朝的统治基础，故称"百代都行秦政法"。春秋战国以来，诸侯分裂割据长达500多年。秦朝终结了这种分裂局面，建立了一个统一的国家，对中国历史产生了深远影响。秦始皇希望自己创立的基业可以传千秋万代，结果只经过二世而亡。秦始皇在沙丘（今河北省广宗县西北）巡游时病亡，其子胡亥于公元前210年即位，史称秦二世。秦王朝虽在历史上拥有巨大影响，但滥用民力，统一仅十余年。公元前209年，陈胜、吴广斩木为兵，揭竿而起，天下响应，刘邦、项羽起兵江淮共同抗秦。公元前207年，秦亡。

秦始皇任用李斯为相，继承和发展了商鞅、韩非等法家的法律思想，竭力奉行先秦法家"以法治国"的主张，强调以法律手段治理国家，要求凡事皆决于法。李斯是法家代表人物之一，贯彻重刑主义，帮助秦朝统治者获得绝对的权威。

一 秦始皇

秦始皇（公元前259年~公元前210年），姓嬴，名政，秦庄襄王之子。出生于赵国都城邯郸。秦始皇13岁就继承了王位，在位37年。在他39岁那年，他兼并了六国，完成了统一大业，建成了中国历史上第一个中央集权的大一统国家。尽管秦始皇出生于今河北省邯郸，但是秦始皇是首次统一华夏的皇帝，华夏的中心在中原。因此，秦始皇带兵打仗、治国理政活动的中心也在中原。并且，他重用的大臣李斯是河南上蔡人。

秦始皇是驰名中外的著名历史人物，是一个铁腕政治家，也是个战略家、改革家。他是统一的封建专制主义中央集权制的政治法律制度的创立者，建立了首个多民族的中央集权国家。为了加强专制主义统治，提高君主的法律地位，秦始皇从"三皇五帝"中抽出"皇""帝"二字，组成皇帝一词，用来指称一个国家的最高元首，并且自称为"始皇帝"，意思是自己是大一统国家的创始者，是历史上第一个称皇帝的人。并且，在古今中外历史上，秦始皇的确是第一个称皇帝的封建王朝君主。秦始皇在中央设立三公九卿官职，管理国家大事，要求所有人维护皇帝的绝对权威，其中包括不得叫皇帝的名字，皇帝所下的命令具有法律效力。秦始皇让李斯做宰相，奉行商鞅变法以来的法家政策，继承和发展了商鞅、韩非的法律思想。在地方上秦始皇废除分封制，用郡县制取而代之。全国被分为 36 个郡，各个郡设郡守掌管全郡事务。秦国以前的法律通行于统一后的大一统国家，整个国家施行的法律一致，即"海内为郡县，法令由一统"。并且全国使用统一的文字和度量衡。在军事方面，秦始皇在北方修筑万里长城以阻挡匈奴，向南征服南越。秦始皇的一系列改革和建章立制的措施，奠定了中国封建王朝的基本政治格局。他不但在中国历史上被誉为一代伟人①，而且在世界历史上也是著名君主的典型代表。

嬴政是非常认同法家思想的。早在他称帝以前，就十分欣赏韩非的《孤愤》《五蠹》等名篇。韩非子作为法家思想的代表人物之一，其思想符合嬴政加强中央集权的政治需要，韩非子的主张和嬴政称霸

---

① 秦始皇被明代思想家李贽誉为"千古一帝"。

天下、一统江山的雄图大略不谋而合。嬴政认为韩非能帮助他尽快完成统一大业。但是，嬴政最终却没有重用韩非，这是因为李斯在背后射暗箭。韩非被投入监狱，被李斯威逼，服毒自尽。

韩非虽然已死，但是秦王嬴政仍然奉行韩非的法律思想，最终统一了六国。秦始皇提出"法令由一统""法出于一"的思想，即统一立法权，统一法令的内容，统一人们的思想。全国实行统一的法律，否则难以确立国家的权威。[①] 而且最高立法权属于皇帝，《史记·李斯列传》说："明法度，定律令，皆以始皇起。"秦始皇规定"命为制，令为诏"，法就是他的"命"和"令"的代名词，"朕言即法"。专制与独裁是秦朝法制的特点。

秦始皇在"事皆决于法"的思想指导下，加强封建立法，做到凡事"皆有法式"。秦始皇统一六国之前，秦国的法律就已经比较完备了。在秦孝公时，商鞅就以李悝的《法经》为蓝本，制定了秦律。嬴政继位后，继续沿用秦国原有的法令，并根据中央集权和大一统的需要，制定颁布了新法。统一六国之后，原来六个国家的法律各有不同，秦始皇改变了战国时期律令异法的局面，统一法律，又制定了很多新的法律。根据考古发现的云梦秦简可以知道，在这些竹简上记载的秦朝法律的内容包罗万象，涉及政治、经济、军事、工业、农业等各个方面，在官吏任免、市场、交通、货币、审理案件等方面均有相关法律。1975 年 12 月，在湖北省云梦县城关睡虎地 11 号墓，挖掘出大量秦简，大部分记载秦朝的法律和公文。11 号墓主人叫"喜"，生前担任过县里的令史，参与过"治狱"，这些竹简是墓主人对秦律的抄录。云梦秦简数量不少，有 1155 枚，其中主要内容包括《秦律十八种》《效律》《秦律杂抄》《法律答问》《封诊式》。《效律》详细规定了秦朝时候管理国库物资以及账本的有关制度，特别是对军事物资

---

① 《史记·秦始皇本纪》记载："今天下已定，法令出一。"

如铠甲、兵器、皮革的管理有极为严格的规定。《效律》还详细规定了度量衡制度，甚至对于测量时候的误差应该精确到什么程度都做了明确的规定。《法律答问》是用问答的形式对秦律中的某些条文、术语以及律文的意图所做的解释，相当于后世的司法解释。《封诊式》主要规定了法律文书的格式以及审判时要遵循的原则和程序，类似于后世的程序法。还规定了对案件如何进行调查、勘验和审讯，以及对涉案物资的查封程序等方面。《封诊式》中还收录了一些案例供断案时参考，类似今天的人民法院案例汇编。

二　韩非

韩非（约公元前 280 年～公元前 233 年），战国末期韩国（今河南省新郑市）人，战国七雄韩国公子（战国末期韩国君主之子），先秦法家学说的集大成者，也是诸子百家争鸣中所产生的最后一位非常重要的思想家和理论家。他的理论建立在之前的法家思想基础之上，把"法、术、势"结合起来，积极倡导加强中央集权。由于韩非和秦始皇、李斯有交集，其法律思想为秦王实现统一大业提供了支持。因此，虽然韩非于大一统的秦朝建立（公元前 221 年）之前已经去世，本书仍然把他放在秦汉至隋唐这一章节里面。

韩非拜荀卿为师，但是他的观念却与荀卿大不相同，他没有承袭儒家的思想，却"喜刑名法术之学"。申不害主张君主当执术无刑，因循以督责臣下，其责深刻，所以申不害的理论被称为"术"，而商鞅的理论被称为"法"，这两种理论统称"刑名"，所以称为"刑名法术之学"，"归本于黄老"（指韩非的理论与黄老之法相似，都不尚繁华，清简无为，君臣自正）。韩非继承并发展了法家思想，成为战国末期法家之集大成者。韩非备受秦王嬴政赏识，但遭到李斯等人的嫉妒，最终被下狱毒死。韩非被誉为得老子思想精髓最多的二人之一，另一人为庄周。韩非的法律思想特别务实，极其唯物，讲求实际效益。韩非的理论还包括加强君主专制和中央集权的理论，主要是帮助国君把权力牢牢地掌握在自己手中，限制贵族的特权，改变过去分封制时候地方诸侯势力过大的弊端。

史书记载，韩非因为口吃说话不利索。他青年时期和李斯是同学，都是荀况的学生。荀况是儒家学说的代表人物之一，但是韩非并没有持儒家学说，他更加喜欢刑名法术之学。韩非的身份是韩国公子，是韩国国君的儿子，他眼见韩国在战国七雄这七个国家中处于弱小的地位，心中十分着急，曾多次向韩王上书进谏，希望韩王励精图治，变法图强。但韩王置若罔闻，始终都未采纳，这使他非常悲愤和失望。于是，韩非埋头写书，认为一定有识才的明君会赏识他。他写成了《孤愤》《五蠹》《内储说》《外储说》《说林》《说难》等作品。当时还没有统一六国当上"秦始皇"的秦国国君嬴政，在看过《孤愤》《五蠹》等文章后，对韩非大加赞赏，感叹道："寡人得见此人与之游，死不恨矣。"① 于是秦攻韩求韩非，公元前 233 年韩非入秦。韩非的昔日同窗李斯自知才识不如韩非，生怕韩非得势，自己将受到排挤，于是进谗言说韩非是韩国的贵族子弟，恐怕他最终是为了韩国的利益而非秦国。秦王虽然十分赏识韩非的才华，但是因为韩非的韩国公子身份，秦王始终对他心存疑虑、敬而远之，李斯的话也加重了秦王的疑心。韩非最终不但没有得到秦王的重用，而且因为被怀疑是韩国派来的奸细被投入监狱，在李斯的威逼下服毒自杀。《史记·老子韩非列传》记载，秦王嬴政在欣赏韩非的才华和害怕他是奸细的矛盾想法中犹豫再三，曾经下令赦免韩非，但是韩非最终仍被逼服毒身亡。韩非死后，其著作被后人收录编辑成集，命名为《韩非子》。韩非的法律思想集中了法家思想的精髓，又加入了"法、术、势"，是一套较为完备的法律思想体系。后来，韩非虽然死了，但是他的理论

---

① 《史记·老子韩非列传》。

被秦王在实际中采用，完成了建立大一统国家的伟大基业。

韩非法律理论中的"法、术、势"是一个有机整体，"法"指的是成文法，是统治阶级意志的体现，除了君主以外所有臣民都必须遵守。法作为赏罚的依据，要被严格执行。韩非提出了最早的法律面前人人平等的观念，这种平等是相对的平等，是除了君主以外其他人在法律面前平等。在法律面前臣与臣平等、臣与民平等，打破了刑不上大夫的等级制度。"术"是权术，是国君管理各级官吏和百姓的权力之术。只有法不运用术，则君主的权力会被越来越膨胀的大臣势力挤压。但是用权术没有法律也无法维护君主的统治。"术"主要包括两个方面的含义：一是知人善任，二是运用阴谋诡计和残酷的手段驾驭臣下的权术。除此之外，还需要有"势"。韩非所说的"势"，就是君主的权势，必须充分认识到政权的重要性。一国之君必须有权势、用霸道，才能公布成文法、废除分封制，法和术才能被付诸实践，帝王成就大业必须法、术、势并行。

韩非法律思想的核心内容，就是用一切办法加强中央集权的君主专制。对他来说，实行"法治"的最终结果是国家治理达到"事在四方，要在中央；圣人执要，四方来效"的效果。韩非提出的"以法治为本"，法、势、术相结合的"法治"思想，标志着法家思想理论的成熟。韩非继承和发展了唯物论、性恶论和历史进化论，批判改造了老子的无为思想，发展了无神论思想，为法治思想架了一座由礼治到法治的桥梁。韩非的法律思想以务实、唯物、严刑、峻法为显著特点，从此法家在诸子百家中占有了相当重要的一席之地。

战国末期七雄割据，各国都想在竞争中占有优势，都想谋求发展。在这种形势之下，韩非的法治思想别具创新精神，打破陈规、反对守旧势力，成为新兴地主阶级利益的集中代表，为封建专制皇权搭建了理论构架，对推动社会发展、历史进步起到了积极作用。其理论观点明确、体系完备、论证有据，在公元前能有这样的理论、达到这样的高度，是人类历史上尚不曾有过的。中国封建社会虽然中间也经历过多次改朝换代，但是社会发展相对稳定，延续了几千年，这和统治理论的发达也有很大的关系。

韩非不但是法学家，而且还是著名的文学家，著有《韩非子》一书。其文章构思精巧，思辨性强，逻辑精妙，语言于平实中见奇妙，具有耐人寻味、警策世人的艺术效果。韩非子善于用浅显的寓言故事说明抽象的道理。在《韩非子》一书中，有很多寓言故事，生动形象，成为脍炙人口的成语典故，至今仍然为人们广泛传颂和运用，如自相矛盾、讳疾忌医、智子疑邻、郑人买履等。

三　李斯

李斯（约公元前284年～公元前208年），字通古，战国后期秦朝初期楚国上蔡（今河南上蔡县西南）人，奉行法家学说，是法家理论的践行者。李斯是秦朝的政治家，辅佐秦王嬴政统一六国，建立了大一统的封建中央集权国家。建议秦王嬴政统一文字、统一货币、统一度量衡、统一车轨。李斯是个颇具争议的历史人物，毒杀韩非以及焚书让人们对他有不少负面评价。而且他一方面成就了秦王统一六国建立了秦朝，另一方面又勾结赵高陷害忠良，最终又葬送了秦国，而且自己也落得个被腰斩于市、满门抄斩的结局。

李斯最初拜荀况为师学习儒家思想，和韩非是同一师门下的同学。战国末期，李斯从楚国来到秦国，最开始做了吕不韦的门客，后来向秦王嬴政献灭六国之计，制定和实施对六国各个击破的战略，受到秦王的赏识，被秦王嬴政重用，遂拜为长史、客卿。公元前237年，秦宗室贵族提出"逐客"主张，李斯写下著名的《谏逐客书》予以劝阻，为秦王采纳，并升任廷尉。李斯为在秦国实行商鞅和韩非的理论做出了诸多努力，并在实践中有不少创新，是法家学说的重要践行者。李斯的事迹主要集中于《史记·秦始皇本纪》《史记·李斯列传》等文献之中。公元前 210 年，秦始皇死，受赵高的威胁与引诱，李斯与其合谋，伪作秦始皇诏书，逼迫始皇长子扶苏自杀，立少子胡亥为二世皇帝。公元前 208 年，即秦二世二年，李斯为赵高所忌，被诬以谋反罪，腰斩于咸阳，灭三族。

李斯在法家理论方面并没有多大建树，却是一个名副其实的实践派。终其一生，李斯在各个方面实践着法家思想。他因为有着卓越的治国才能和远见而被秦始皇重用，成为秦国发动统一战争时最坚实的后盾。秦王能够统一六国，李斯功不可没。秦始皇统一中国后，李斯被升为秦朝的丞相，作出了一系列的卓越贡献。李斯的法律思想主要是接受商鞅、慎到、申不害的法家学说，并深受韩非思想的影响。统一六国后，李斯力排众议，建议秦始皇废除分封制，实行郡县制；建议秦始皇独擅天下，法自君出。皇帝的命、令成为法律的渊源。李斯在文字、书法方面造诣很深，他建议秦始皇统一文字，认为只有全国上下使用同一种文字才能加强凝聚力，巩固中央的集中统一领导。除此之外，他还建议统一法律、统一货币和度量衡，并且在全国修筑统一标准的车轨，车也按照统一的尺寸进行制造，方便交通物流。他还主张进行思想文化专制。除秦记、医药、占卜、种树之书外，焚烧民间收藏的《诗》、《书》、百家语，禁止私学，防止有些人不师今而学古，以古非今，或者以私学来否定官方的理论。要求大家学习法家思想，拜官吏为师。李斯主张"重刑主义"，他认为，君主要想有权威，就要绝对霸道，以严刑峻法来治理臣下，这样就没有人欺上瞒下了。李斯采用的一系列措施，都是对法家思想的实际操作，目的都在于加强中央集权和君主专制。李斯施政卓有成效，并且影响和奠定了中国2000 多年政治制度的基本格局。

李斯逐渐将法家的思想在政治上推向了极端化，"繁法严刑而天下震"，使"天下苦秦久矣"。他推崇极端的君主专制主义思想，让君主对臣下严格"督责"与"重罚"。李斯帮助秦始皇推行暴政，用严刑峻法镇压人民。他提出"以法为教，以吏为师"的主张，将法律扩张至各个领域，使法学教育成为官学，并强迫民众接受统治阶级的法律观念。以李斯为代表的秦朝统治者为了实现国家统一，建立中央集权制封建国家，作出了伟大的贡献，其"法治"思想在中国古代法律史上占有一席之地，成为中国法律制度的重要组成部分。但是，过分迷信法律、崇尚暴力，也会让残暴统治很快出现，导致国家迅速灭亡。

李斯作为河南法律名人，关于他的遗址有两处。一处是在上蔡老城东门东西大道路北，坐落于现在河南省上蔡县第一中学附近。另一处是上蔡县城西南边大约 5 千米处有一座李斯楼。相传，李斯被腰斩后，他的幼子得以逃脱，就藏在李斯楼。现在，李斯楼成了一个村子，名字就叫李斯楼村，这里的乡亲们都姓李，都认为自己是李斯的后代。李斯墓位于河南省上蔡县蔡国故城的西南部，属于李斯故里的一部分，在李斯楼的东南角，墓碑上刻有"秦丞相李斯之墓"字样。李斯墓西边不远的地方有李斯跑马岗和李斯饮马涧，传说李斯曾在那里骑马、饮马。

李斯也是一个造诣颇高的文学家和书法家，存世文章有《谏逐客书》《论督责书》《言赵高书》等，书法刻石作品有《泰山封山刻石》、《琅琊刻石》和《峄山刻石》等。为了统一文字，李斯亲自创作了《仓颉篇》作为学习书写的课本。全书共有 7 章，每 4 个字为 1 句，供人临摹。李斯在程邈（秦国的一个小官吏）创造的一种紧凑的字体基础之上，改变了小篆弯曲回环的书写结构，形成了隶书，成为中国四大书体之一。

第二节　两汉时期河南法律名人

汉朝（公元前 202 年～公元 8 年，公元 25 年～公元 220 年），是继秦朝之后的大一统王朝，主要分为西汉、东汉时期，一共经历20多位皇帝，大约400年。汉朝的法律指导思想前后分为两个阶段。前一个阶段是汉朝建立之后70年，主要是反思和吸取秦二世而亡的教训，奉行黄老道家学派的无为而治政治法律观，与民休养生息。后一个阶段从汉武帝时期到东汉末年，主要奉行德主刑辅的儒家法律思想。汉朝私学发达，无论是官方还是民间都十分重视学习律令。这一时期河南出现了一批较有影响的法律名人。这其中，有世代研习法律的法律世家。西汉时期有以张苍、杜周等为代表的法家私学。汉武帝时期，杜周（大杜）和他的三儿子杜延年（小杜），是当时的律学大家。到东汉时，有传习小杜律的著名律学家郭弘、郭躬父子等，郭躬子承父业，精通小杜律，听他讲课的弟子就多达数百人。颍川郭氏家族是著名的律学世家，东汉时期前后历时约200年。此外，还有法律世家河南的吴氏家族等。

一　张苍

张苍（公元前256年～公元前152年），阳武县（今河南省原阳县）人，西汉丞相，秦朝时当过御史。西汉初年著名的政治人物，曾封北平侯，出任御史大夫，汉文帝时任丞相，司马迁所著《史记·张丞相列传》、班固所著《汉书·张周赵任申屠传》和《汉书·刑法志》等都记载了张苍的生平事迹。

张苍也是荀况的学生，和李斯、韩非是同学，在同一门下求学。张苍在秦朝当过御史，对秦始皇的严酷统治深有体会。他为人正直，好打抱不平，不时发表一些针砭时弊的议论。于是，当刘邦起义时，张苍就跟随刘邦打天下。西汉建立后，张苍在汉朝做官，辅佐过代王、赵王。汉高祖刘邦在清除燕王臧荼叛乱时，受到张苍的协助，因此封张苍为北平侯。萧何任丞相时，张苍因"明习天下图书计籍，又善用律历"，被提升为计相，主持郡国上计。汉文帝时灌婴去世后，张苍接任丞相一职，在丞相的位置上干了 15 年，汉文帝后元元年（公元前 163 年）因政见不同而自动引退。张苍的门生中最有名的是洛阳人贾谊。

张苍是西汉初年重要的立法者，《史记·张丞相列传》中记载，张苍帮助刘邦"比定律令"，"故汉家言律历者，本之张苍"。

张苍是中国历史上第一位主张废除肉刑的政治家。据《汉书·刑法志》记载，张苍做宰相时，协助汉文帝废除了沿袭上千年的肉刑，为刑罚轻缓化作出了重要贡献。肉刑是奴隶制刑罚体系的主体内容，让犯罪的人承受肉体上的痛苦。随着社会的发展进步，文明程度不断提高，肉刑这种刑罚体系便成为野蛮残忍的代名词，遭到人们的强烈反对。张苍在中国历史上首倡废除肉刑，具有进步意义。肉刑也正是在无数有识之士的推动下最终被废除。公元前 167 年，汉文帝下诏废除肉刑，开始进行刑制改革。此时，张苍是汉文帝的丞相。此次刑制改革的直接原因是因为一个事件，这个事件就是缇萦救父。据记载，曾任齐国的太仓令的淳于意犯了罪要被处以肉刑，他没有儿子，只有五个女儿。他的小女儿缇萦于是陪同父亲来到了京城长安。缇萦向文帝上书，说自己愿意去做官奴，以此作为交换条件赎父亲的肉刑。汉文帝深受感动，就让丞相张苍和御史大夫冯敬着手商议改革刑制。此次刑制改革改变了原来的奴隶制五刑，把原来要执行的墨刑、劓刑和斩左、右趾改成了笞刑和死刑。刑制的改革并非一帆风顺，最开始执行笞刑的时候，因为规定的数量较多，因此有人在受笞刑后依然丧了命。于是有人就评论说，虽然名义上进行了刑制改革，减轻了刑罚，结果实际上被杀的人比原来更多。汉景帝即位后，继续对刑制进行改革。他曾经两次颁布诏书，把肉刑的数量进一步大幅度减少，并且对于刑具的长短薄厚以及受刑的部位等都做出了详细具体的规定，并且规定行刑中间不许换人等，旨在把刑制改革落到实处。这次改革是中国古代刑制从野蛮到文明的转折点。直到南北朝时期，肉刑才逐渐被废除，到北齐时期封建五刑开始出现雏形，到隋唐时期封建五刑确立定型。

张苍还是一位律历家和数学家，他为西汉王朝制定历法与度量衡程式，删补校正《九章算术》，把算学研究成果直接运用于国计民生，在我国数学发展史上有重大贡献。张苍还强调"劝农立本"，发展农业生产，在"文景之治"的盛世中起过重要作用。

张苍活了有100多岁，卒于汉景帝五年（公元前152年）。张苍墓位于今河南原阳城关镇东北2千米的谷堆村，目前是河南省重点文物保护单位。张苍墓东西长40米，南北宽30米，高1～2米，墓周围是一片茂密的槐树林。张苍墓前有清朝康熙年间所立的石刻。张苍墓碑圆形的碑首上，镌刻着云龙图案，墓碑上刻的字为"汉丞相北平侯张公讳苍之墓"。另有"张苍纪念堂"可供参观。

二 贾谊

贾谊（公元前200年～公元前168年），又称贾太傅、贾长沙，亦称贾生，河南洛阳（今河南洛阳市）人，西汉初期著名的政治家和文学家，法家代表人物。贾谊的法律思想结合了儒家的性善论和道家的虚无论，首倡礼法结合、礼义为先。贾谊继承和发展了先秦法家的唯物论和辩证法思想，充分肯定了商鞅变法的作用，高度评价了秦始皇统一中国的功绩。

贾谊少有文采，18岁即以文章闻名于地方，被文帝召为博士。后来因受到一些守旧大臣的诋毁和排挤，被贬谪到湖南，做长沙王太傅。后又被召回国都，做梁怀王太傅。梁怀王是汉文帝的小儿子，后来怀王骑马坠落而亡，贾谊非常自责，认为是自己没有尽职尽责管好怀王，一年多后，贾谊郁郁而死，年仅33岁。贾谊的性格和遭遇与屈原很类似，《史记》中二人的传记合记为一篇，后世把他与屈原并称，受到历代人的赞颂和高度评价。贾谊的政论文风格扑实，读起来酣畅淋漓，传世名篇有《过秦论》《论积贮疏》《陈政事疏》等。

　　贾谊继承了儒家的思想，吸收了法家的法治观点，其思想也在一定程度上受到道家人生观的影响，"颇通诸子百家之书"，但一般把贾谊列为法家。司马迁在《史记·太史公自序》中说："自曹参荐盖公言黄老，而贾生、晁错明申、商。"贾谊曾受学于李斯的学生吴公和荀况的学生张苍。他在出任博士、太中大夫后，满怀政治热情，从西汉初期的实际出发，对国事提出了一系列主张和建议。

　　贾谊通过政论文《过秦论》深入分析了秦兴起、灭亡的原因，鲜明地提出了"仁义不施而攻守之势异也"的思想，为汉文帝的政治改革提供历史借鉴。《论定制度兴礼乐疏》则批评汉初以来礼义的废弛，提出天下太平了，应该及时改正朔、定官名、兴礼乐、易服色。他还亲自草拟了各种仪法，崇尚黄色，遵用五行之说，创设官名，完全改变了秦朝的旧法。这一思想影响了中国 2000 多年，以后历代王朝鼎革都首重改正朔、易服色。贾谊在《论积贮疏》中主张重农，强调以农为本，重视发展农业生产，强调"驱民而归之农"。他积极拥护中央集权制，提出应"众建诸侯而少其力"，要求"定经制""定地制"。他还提出礼法结合、以礼为本的法治思想，为汉武帝以后确立"德主刑辅""霸王道杂之"的法律政策提供了理论基础。在《上都输疏》中贾谊提出封为王侯者要回到封国去，以减轻各封地百姓向京城长途运输物资的辛苦，结果大大得罪了当朝的一大批实权人物，包括自己的恩师张苍，最后被排斥出都城长安。贾谊丰富的法律思想很多没有来得及施行，但对后世仍有较大的影响。鲁迅曾评价说，贾谊和晁错的文章，"皆为西汉鸿文，沾溉后人，其泽甚远"。①

　　贾谊主张"礼法结合"的法律思想。贾谊是一个十分有洞见力的政治家，他能够敏锐地观察到当时的社会现实，并提出颇有见地的政

---

　　① 鲁迅：《汉文学史纲要》，载《鲁迅全集》（第九卷），人民文学出版社，1981。

治主张。贾谊的著作颇丰，多为政论文章，后人把他的文章整理成《新书》十卷，其中广为后世流传的著名政论文章就是《过秦论》和《论积贮疏》，其中包含了贾谊的法律思想。

汉文帝时期，贾谊针对当时的社会现实，首先倡导"礼法结合、礼义为先"，主张治理国家要礼法并用。贾谊的思想为董仲舒所继承，董仲舒提出"罢黜百家、独尊儒术"的主张并为汉武帝所采纳，儒家思想成为统治思想。东汉章帝时，为了统一人们对"五经"的认识，在白虎观举行了一次大讨论。讨论内容由班固进行整理，编辑成《白虎通德论》（《白虎通义》），它是东汉王朝的国宪，继承了董仲舒的神权论思想，对我国封建法律制度有着深刻的影响。

贾谊提出"因时而变"的治国理念。贾谊生活在盛世，当时是"文景之治"时期。汉初实行休养生息，在宽松的政策下，经济社会取得了很大的发展。当时的国君是汉文帝，文帝重用宰相陈平，过度奉行黄老的无为而治思想。整个统治阶层大都还沉浸在朝代建立之初一片太平盛世的景象之中。贾谊认为天下万物千变万化，盛世之下潜藏着危机，要居安思危。贾谊作为一个政治家具有很强的敏锐性，从汉初的社会现象中看出了端倪，预见性地提出了"因时而变"的治理方案。

贾谊沿袭法家重视改革的思想观念。汉室兴起20余年，他主张变更历法，统一官制，大兴礼乐。贾谊在《过秦论》中用秦朝的发展壮大又迅速衰败为例进行了分析说明，指出秦国在七国争霸时先把仁义放在后面，用诈力夺得了天下。但是秦统一天下后，就从争霸状态转为守天下状态。此时，需要行仁政、去刑戮、轻税赋。但是，秦朝在盛世时候丢失了变革精神，死守立国时候曾经立下功劳的"法治"，民怨积累，最终陈胜、吴广揭竿而起，秦朝仅仅二世而亡。贾谊在《过秦论》中说："秦王足己而不问，遂过而不变。二世受之，因而不改，暴虐以重祸。"贾谊的意思，简言之就是汉初用黄老思想是合时宜的，但是汉文帝时，已经建国 20 多年了，社会已经发生了变化，和西汉刚建立时的形势有所不同了，需要因时而动，采用新的治国方式。贾谊这个主张经过了严谨的论证而得出，建立在吸取秦朝灭亡教训的基础之上，建议统治者审时度势，不断调整治国策略，使国家长治久安。

贾谊的治国思想中还包括"以民为本"的爱民、重民思想。这继承自儒家学派的观点，《荀子·王制》中说："君者，舟也；庶人者，水也。水则载舟，水则覆舟。"后来唐太宗李世民也赞同这种观点，也说过水能载舟、亦能覆舟这样的话，以说明重视人民的重要性。儒家代表人物孟子也说过"天时不如地利，地利不如人和"，孟子还说过"民为贵，社稷次之，君为轻"。贾谊对儒家思想的继承丰富了他的治理理论。贾谊在分析秦亡的教训时也深深地认识到人民的力量，认识到民心向背对国家的重要性。贾谊还给出了"安民"的一系列措施，他认为首先要让人民富裕，过上好日子，他引用管子的话说："仓廪实而知礼节，衣食足而知荣辱。"贾谊在《论积贮疏》中指出要安民，就要让人民积蓄粮食，有足够的粮食吃，要鼓励发展农业生产，减轻税赋。要吸取秦亡的教训，在守业的时候减少严刑峻法，重视"礼"的教化和引导作用。应该根据百姓的意见选拔和任用官吏，把是否爱民作为选拔、任用官吏的标准。能够任人唯贤的是明君，能够爱民的官吏是忠臣。

贾谊主张把礼与法结合起来，认为在盛世要礼为先、法在后，这是一种德治和法治相互配合的综合治国方式。关于治国方式早就有争论，先秦时期的"礼法之争"在儒家和法家之间展开。儒家倡导"为国以礼"，而法家主张"为国以法"。综合考察历史上历朝历代的更迭和盛衰，我们可以发现，只用礼或者法都不能取得良好的治理效果，最理想的是把礼法结合起来。在战国七雄争霸时期荀子最先提出"礼法合流"的主张，是礼法结合理论的先行者。贾谊继承并发展了这一思想，他指出"礼法结合"的具体办法，就是礼的制度化和法律化，以礼入法，从而让礼固定下来上升为国家意志，实现礼法的统一。

贾谊认为礼在治理国家中占据主导地位，解决社会矛盾最好的方法就是实行"礼治"，把礼所确定的君臣上下、长幼尊卑作为调整社会关系的规范。道之以德，齐之以礼，有耻且格，能使人向善，从源头上杜绝人们犯罪。作为社会规范的礼不同于一般的礼义，而是要对礼进行制度化，赋予强制力，这样人们才会遵守。并且秦朝过分倚重法，这种功利主义导致人们重利轻义，引发严重的社会问题，所以秦很快就灭亡了。贾谊认为缺乏礼义廉耻就会"四维不张"，因此要张四维、兴教化、讲礼义。

贾谊认为需要制定一套君臣之间的规章制度，以此遏制诸侯僭越。其主张在本质上就是把礼制度化、法律化，把荀子所主张的礼法从理论变为现实，建立起地主阶级占统治地位的封建等级秩序。可以说，荀子的"礼论"思想是贾谊构建社会秩序的基本指导思想。①

贾谊还用历史事实为论据，论证了实行仁政、进行道德教化的重要性。凡是统治能长久的王朝都是施行仁政，讲究礼义的，凡是短命的，都是暴虐无道的。他以秦朝灭亡为例，认为专任刑罚是其王朝短命的主要原因。严刑峻法只能一时压制民众，只有礼义教化才能改善社会风气，引导人们积极向善。贾谊的法律思想为后世"礼"的发展指明了方向。

贾谊虽然重视"礼"的重要性，但是他并不完全否定"法"的作用。他充分肯定了秦国的变法是卓有成效的，承认秦国变成当时最强大的诸侯国其中"法"发挥了重要作用。"礼义"制度化、法律化的根本思路还是走法治化的道路，只是兼顾"礼"。他认为统治者要根据不同的情况审时度势，该用仁义时用仁义，该用法治时用法治，

① 金春峰：《汉代思想史》，中国社会科学出版社，1997。

当礼义教化无效时，必然要用严刑峻法。

总的来说，贾谊的主张是礼法并用、礼义为先的综合治理观念，重视预防，惩戒在后，二者相辅相成才能达到长治久安的目的。当然，他更偏重"礼"的地位，认为礼是根本，法是防患于未然，处于补充地位。贾谊的思想是对先秦儒家思想的继承和发展，又是中国正统法律思想的先声。他主张用"礼"纠正人性中的"恶"，用"礼"限制人性中不正当的欲望，用"礼"引导社会风气，都取得了良好的效果。

贾谊的法律思想继承并发展了先秦儒家思想，特别是对荀子学说的进一步发展。同时，他结合法家学说，提出了礼法结合、礼义为先的法律思想，成为正统封建法律思想的先声，对后世影响深远，特别是对董仲舒的法律思想有启发作用。贾谊的礼法结合治理模式之所以有长久的生命力，是因为他的学说符合中国传统文化和社会发展实际，他为以后如何处理"礼"和"法"的关系指明了一条道路，那就是"礼"的制度化和法律化。贾谊法律思想最有创新的点就在这里，把"礼"明确为一种行为规范，用法的形式固定下来，让行为有明确的规范做指引，并且有国家强制力保障实施。"法"注入"礼"的内容，就可以弱化"法"的暴力色彩，给"法"注入道德基础。纵观贾谊之后历史发展的过程，社会法律制度基本是按照这个路子进行的，此后法律的儒家化成为潮流。

三　晁错

晁错（公元前 200 年~公元前 154 年），颍川（今河南禹州市）人，西汉初年名臣、政治家，汉文帝时的智囊之一。文帝时，晁错任太常掌故，后历任太子舍人、博士、太子家令。景帝即位后，晁错任内史，后迁至御史大夫。晁错年轻时在轵（今河南济源东南），师从张恢学习法家学说，因此主张以法治国，维护中央集权。

晁错文学造诣和理论水平很高，被汉文帝选任为太常掌故，负责保管朝廷的文书和典籍，研究国家的典章制度。后来因为才华出众，又被任命为太子刘启（后来的景帝）的老师。太子对他的老师晁错非常欣赏，认为晁错理论水平很高，而且有非凡的辩论才能，因此景帝即位后，提拔晁错当御史大夫，把晁错尊为"智囊"，为其治国理政出谋划策。《史记》中说晁错为人严厉、刚直，经常说话毫不客气、一针见血。晁错还写了《论贵粟疏》《言兵事疏》《说景帝前削藩疏》等政论文章。

《汉书·艺文志》把晁错归类于法家，记录晁错有31篇文章，但是多数已经佚失。只有散见于《汉书》中的部分资料，可供管窥晁错的法律思想。

根据《史记·袁盎晁错列传》记载，晁错早年曾"学申商刑名于轵张恢先所，与洛阳宋孟及刘礼同师"。"申商刑名"指的是申不害和商鞅所主张的法家思想，是法家的同义语。张恢是西汉时期河内轵人，精通申商刑名之学，隐居教授，其他事迹均不详。晁错就学张恢研习申不害、商鞅的法家学说。汉文帝时，晁错还从伏生学习《尚书》，因此其思想中杂糅儒、法各家思想，但从他的实践来看，仍以法家为主。由于秦始皇焚书坑儒，大量典籍失传。文帝时只有一个叫伏生的懂《尚书》，他原是秦朝的博士。但是此时伏生年过九旬，于是晁错让伏生口述《尚书》，自己进行了学习和整理。

根据《汉书·爰盎晁错传》记载，晁错曾表示"窃愿陛下幸择圣人之术可用今世者，以赐皇太子"。在治国问题上，他主张君主集权、任人唯贤，提出要加强中央的实力，打击地方分权和分裂势力，为加强皇权专制提供了理论支撑。文帝在位时，虽然是文景之治的盛世，但是却暗藏危机。外有匈奴不时来犯，内有各诸侯王势力不断增强并与中央抗衡。晁错主张把内地的游民迁到边塞定居种田，这样比常年派遣军队要省力和有效。

　　针对地方诸侯割据势力日渐强大的问题，早在文帝时期，晁错就大胆提出了削藩和更定法令的建议，这必然招致统治阶级内部的阻挠和不满。文帝迫于压力没有采纳。后来景帝即位后，支持晁错进行改革，积极着手削藩。此举招致整个朝野震动，各个诸侯王对晁错怀恨在心，下决心要伺机铲除他。晁错的父亲眼见这场改革会给儿子带来杀身之祸，于是从颖川老家一路赴京劝说晁错放弃改革以求自保。但是晁错不为所动、不改初衷。改革进行得异常艰难，汉景帝虽然欣赏晁错的才华，但是由于诸侯王势力强大，景帝一时间未能下定决心进行彻底的改革。景帝即位第三年，也就是公元前154年，以吴王刘濞为首的"七国之乱"爆发，晁错上书主战，而景帝优柔寡断迟迟不敢出兵，坐失良机。七国主张"诛晁错，清君侧"，朝廷内部素来与晁错不和的有窦婴、袁盎，此时也出来陷害晁错。在内外逼迫之下，景帝听信谗言杀了晁错以救时局。《汉书》记载了晁错被杀的情况：景帝让中尉传召晁错，骗他到行市，朝服未脱就将其腰斩于东市，晁错当时46岁。

　　晁错的政治思想和活动，有利于当时的国家统一和中央集权，在一定程度上推动了汉朝的政治和社会发展。晁错在其代表作《论贵粟疏》《言兵事疏》《说景帝前削藩疏》中，重点论述了巩固中央集权、重农抑商、抵御外敌入侵的一系列理论。在劝景帝削藩的《削藩策》中说："今削之，亦反；不削之，亦反。削之，其反亟，祸小；不削，反迟，祸大。"指出无论是否削藩，诸侯王迟早会造反，不如及早下手，下手越迟危害越大。他建议先铲除异姓王，再铲除同姓王，先对势力强大的王下手。此外，晁错还认识到经济基础对于上层建筑的基础性作用，他在《论贵粟疏》中说，一个国家最宝贵的就是粮食，粮食是国之根基，粮食不仅是经济问题，而且是政治问题。在对待匈奴的问题上，晁错反对当时占据主流的和亲派，主张用武力保卫国家。

　　晁错在当时的官场是一股力主变法图强的清流，他拒绝退缩和自保，和顽固守旧势力进行坚决的斗争。虽然献出了宝贵的生命，但是他的思想被后世的统治者所采纳，对巩固中央集权、促进社会繁荣发展作出了贡献。

晁错墓位于河南许昌市，呈圆形土丘状。墓冢南面有一块石碑，上书"汉御史大夫晁公之墓"，赵体行楷，圆润秀美。石碑上刻有墓志铭，曰："公讳错，颍川人，才大而气雄，早受知遇，临事敢言，史称为峭直深刻，以此受戮然，当时冤之……"。落款为："乾隆三年戊午冬至日许州府教授苏门孙用正谨。"

四 张释之

张释之（生卒年月不详），字季，南阳堵阳（今河南南阳方城县）人，西汉大臣，著名的循吏，曾事汉文帝、汉景帝二朝，官至廷尉，以执法公正不阿闻名。当皇帝的诏令与法律发生抵触时，张释之仍然能够坚持守法，因其严格执法、守法，时人称赞他说："张释之为廷尉，天下无冤民。"司马迁的《史记》将其与冯唐合立《张释之冯唐列传》，冯唐也是以为人正直无私、敢于进谏、不徇私情而著称。

汉文帝元年（公元前179年），张释之捐官出仕为骑郎，也就是花钱买了个侍卫的官，长期默默无闻，有十年不曾升迁，后来曾一度想要辞官回家。袁盎知道他有才能，于是推荐他担任汉文帝的谒者（负责接待和传达）。他借机会向汉文帝讲秦汉兴亡的道理，受到汉文帝的赏识，补任为谒者仆射，累迁公车令、中大夫、中郎将等职。在用人问题上，张释之主张重实际能力，而非能言善辩的空谈。

张释之在依法办事方面有不少事迹。他被任命为公车令（掌管殿门和司马门）后，有一次太子（后来的景帝）和梁王坐车到司马门不肯下车。依据当时的规定，凡乘车出入殿门和司马门都需要下车，以显示对皇帝的恭敬。张释之并未因其是太子和王而徇私枉法，坚决弹劾二人。汉文帝摘下帽子向薄太后回禀，说自己教子不严，应该承担责任。薄太后下诏赦免了太子和梁王，张释之才允许二人进宫。

张释之升任廷尉后，更加严格执法。《汉书·张释之传》中记载，张释之提出"法者，天子所与天下公共也"，也就是说，皇帝以个人意志随意修改法律，"是法不信于民也"。一次有个人冲撞了汉文帝的马车，张释之依法处以罚金。文帝大怒，说他冲撞了我的马车，你却只判了他罚金，这也太轻了吧。张释之说，依据现在的法律只能判罚金，若随意加重刑罚，陛下您颁布的法律就会形同虚设，无法取信于民了。张释之已经有了法律面前人人平等的观念，即使是冲撞了皇帝的马车，他认为也不应该加重处罚。当然，他的这种平等是有局限性的，并不是说皇帝一概受到法律约束，他依然认为皇权是最大的。张释之还说，皇帝你当时如果下令杀了他也就杀了，既然你交到我这个廷尉这里让我按照法律判决，那我就要公正执法，廷尉是"天下之平"，如果执法有轻有重，标准不统一，则老百姓就不信任皇帝你了。皇帝的命令和法律相抵触时，张释之的做法在当时皇权至上的情况下，实属难能可贵。

还有一个案件，说明了张释之依法量刑。有一个人盗高祖庙前的玉环，张释之判决依律弃市。汉文帝大怒，认为他判决太轻，应该行连坐法，诛其九族。张释之摘下乌纱帽对文帝说，按照法律规定应该就这样判决，犯罪要区分程度不同而量刑。要是盗高祖庙前的玉环就要株连九族，那么如果以后有人盗高祖的陵墓，又该如何判决呢？经过一番据理力争，文帝认为有道理，便接受了张释之的判决。

通过对一系列案件的秉公处理，严格依法办事，张释之为后世的司法官吏树立了一个"循吏""清官"的形象。张释之坚持严明执法，不畏权贵，敢于坚持自己的正确主张，其司法事迹对于我们今天仍有借鉴意义。景帝即位后，因自己当年是太子时被张释之因入宫到司马门不肯下车一事弹劾过，所以对张释之一直耿耿于怀，就贬官张释之任淮南相，后来张释之年老病死。

五 南阳杜氏

南阳杜氏是西汉第一个法律世家。《汉书·杜周传》对南阳杜氏家族有较为详细的记载,其中包括对杜周以及他的儿子杜延年,孙子杜缓、杜钦以及他的玄孙杜业等人事迹的记述。南阳杜氏家族以杜周和杜延年两人在法律方面的成就最大、最为著名。杜周和杜延年对汉律进行了解释,其解释被称为"大杜律"和"小杜律",构成了最早的律学派别。南阳杜氏研习、注释法律,对两汉以及三国两晋等朝代的法律产生了重大影响。

杜周(? ~公元前95年),字长孺,南阳杜衍(今河南南阳市西南)人。汉武帝时期,以执法严苛著称的,除了张汤以外,以杜周最为突出。杜周为张汤的属吏,张汤对其颇为赞赏,后杜周官至御史中丞。杜周被安排负责查办沿边郡县因匈奴侵扰而损失人畜、甲兵、仓廪的问题。在查办过程中,杜周执法严格,很多人被判死罪。鉴于他严格执法,武帝对其也很赏识,对其加以重用,命其任御史中丞十多年。杜周成为当时有名的酷吏。杜周是杜氏家学的最早开创者,对汉律进行研习和注释,其后代子孙皆以律学为家学,大多成为高官。

杜周是皇权的坚决维护者,奉行"法自君出"理论。杜周办案,不以法律条文为准绳,而是揣摩皇帝的旨意。他认为,法律必须以皇帝的旨意为准。在执法过程中,要对皇帝的旨意唯命是从。杜周公开支持皇权干预、主导司法,他的这种思想历来受到批判,对其少有肯定的评价,大多是讥讽他"从谀",专门以秉承上意邀功以猎取高位。

杜周执法办案非常严苛,任廷尉时秉承汉武帝的旨意,诏狱增加。廷尉和京师各官府所属的监狱关押的罪犯多达六七万人,加上执法官吏任意株连,罪犯甚至多达十万多人。受"李陵事件"牵连,史学家司马迁下狱后,案子就是落在杜周手上,最终杜周秉持圣意,司马迁被处以宫刑。天汉三年(公元前98年),杜周升任御史大夫,太始二年（公元前 95 年）病死。杜周出身舞文弄墨的小吏，最终却位列三公，的确有过人之处。

杜周任御史大夫对汉律进行了整理和解释，并且自成一家，被称为"大杜律"。并且自杜周开始他的子孙都相继研习律例成为高官。范晔在《后汉书》中曾评价杜周的子孙功业繁盛，超过了汉初的元勋功臣和后世的大儒。

杜延年（？～公元前 52 年），南阳杜衍（今河南南阳市西南）人，字幼公，杜周的第三个儿子。杜延年出身法律世家，自小受家学影响通晓法律，并且为法律作注释，传授弟子。杜延年所作的"小杜律"和其父亲杜周所作的"大杜律"均传世。东汉时候传习大杜律的有冯绲、苑镇，传习小杜律的有著名律学家郭弘、郭躬父子。南阳杜氏律学在中国古代法律形成家学的过程中产生了很大的影响。

杜周有三个儿子，杜延年为幼子。长子杜延寿、次子杜延考皆为执法严苛的酷吏，都官至太守。唯独小儿子杜延年，为人宽厚安和，主张法尚宽大，并且最终成为西汉后期一位著名的法律家。杜延年原是大将军霍光的下属，霍光持刑罚严，而杜延年辅之以宽。杜延年参与审理多起涉及谋反之类罪行的大案件，在司法过程中，他不用严厉苛刻的做法，而是采取了宽厚平缓的立场，每每使得论议持平，朝廷和谐，汉宣帝非常信任为人宽厚的杜延年。杜延年善于处理各项政务，长期主管朝政，汉宣帝出则让他陪奉车驾，入为给事中。杜延年位居九卿之位十多年。

六　桑弘羊

桑弘羊（公元前 155 年～公元前 80 年），洛阳（今河南洛阳）人，西汉大臣，著名政治家、经济家，汉武帝的顾命大臣之一。桑弘羊出身当时名扬天下的商业大都会洛阳的一个商人家庭，耳濡目染，对商业十分精通。汉武帝时期，年仅 13 岁的桑弘羊就入宫侍奉汉武帝左右。

武帝在位期间，桑弘羊参与主持制定了多项改革措施，有盐铁官营、算缗令和告缗令、统一币制、均输平准等政策。这些措施颇有经济法、税法的意味，大大增加了国库，为汉武帝成就一番事业奠定了物质基础。洛阳以前是西周的都城"洛邑"，这里居住了许多商朝贵族，这些人几代经商，使洛阳形成了商业传统。到西汉时，洛阳就成为一个富裕的商业大都市，人口众多，有30多万人。桑弘羊所进行的改革第一项就是盐铁专营。秦自商鞅变法以来，原已实行盐铁官营，但是汉朝以后，纵民自由经营，直至汉武帝时，经营盐铁的富商积累了大量财富，成为能够与中央分庭抗礼的分裂势力，如发动"七国之乱"的吴王刘濞。于是，桑弘羊主张颁布律令实行盐铁专营。因为盐铁利润巨大，许多诸侯王和工商业者激烈反对甚至破坏盐铁官营。汉武帝采纳桑弘羊的意见，以严刑峻法惩治违反律令的不法之徒。

桑弘羊还颁布了算缗令、告缗令。西汉初期，实行自由放纵的政策，工商业者赚到很多钱，但是却拒绝与中央政府合作。甚至在七国之乱时，公然以胜负未卜为由，拒绝给参加平叛的军队钱，这促使汉武帝下定决心打击工商业者。桑弘羊积极主张颁布算缗令、告缗令。算缗令就是规定工商业者必须向政府申报自己的财产并依据财产的多寡向国家缴纳高额的财产税。此令规定，商人资产每二千钱抽一算即一百二十钱，手工业者的资产每四千钱抽一算。另外，商贾还需缴纳车船税，每辆车交二算，船五丈以上交一算。工商业者对于如此高的税费极为不满，大都隐匿不报或自报不实，故桑弘羊又建议汉武帝颁布告缗令。告缗令是鼓励知情人检举工商业者隐瞒财产的法令。只要揭发属实，没收被告的全部财产，没收财物的一半奖励给告发者。

桑弘羊进行了统一币制的改革。西汉初年，任人自由铸钱。有奸民在铜钱中杂以铅钱，获取暴利。另外，钱币不统一，不利于商品流通。早在汉文帝时，贾谊就已洞悉此种弊端，建议将铸币权和发行权收归中央，但是汉文帝没有采纳他的主张。桑弘羊统一币制的建议则受到了汉武帝的重视，于公元前113年下令禁止私人和地方政府铸币，由中央政府专门设立铸币机构"上林三官"，这就断绝了诸侯王、地方豪强、富商大贾牟利致富的一条途径。同时，上林三官的铸币质量较高，"重如其文"，故行用数百年而不废，促进了社会经济的发展。

桑弘羊竭尽全力辅佐汉武帝，汉武帝也十分欣赏这位精明能干的大臣，临终前擢升桑弘羊为御史大夫，命其与其他三位大臣一起辅佐太子。后来，桑弘羊与大将军霍光之间产生了矛盾，桑弘羊参与了试图罢免霍光的密谋和活动，后来在统治阶级争权夺利的斗争中，被霍光以谋反的罪名诛杀。

七　黄霸

黄霸（公元前130年~公元前51年），字次公，淮阳阳夏（今河南太康）人，是西汉时期的著名大臣，辅佐了汉武帝、汉昭帝和汉宣帝三位皇帝。黄霸从小开始攻读法律，年少时候就有大志向。汉武帝末年，通过捐官出仕，历任河南太守丞、廷尉正、扬州刺史、颍川太守等地方官职。汉宣帝时（公元前55年），黄霸入中央担任丞相，总揽朝纲社稷。黄霸在地方为官时，把郡县治理得很好。黄霸为官清廉、外宽内明，文治有方，政绩突出，后世通常把黄霸和龚遂作为"循吏"的代表，合称为"龚黄"。

黄霸少习律令，后来因为政见不同下狱，在狱中曾经跟随经学家夏侯胜学习《尚书》，通晓经术。公元前72年，汉宣帝为了说明自己是汉武帝的正统嫡孙，下诏颂扬汉武帝的功绩，并且让群臣讨论汉武帝的"尊号"和"庙乐"，群臣没有不赞成的。唯独长信少府夏侯胜持反对意见，认为汉武帝对百姓没有恩泽，因此不能给他另立庙乐。

时任丞相长史的黄霸支持了夏侯胜的观点，拒绝在弹劾夏侯胜的联名书上签字，后来二人都被捕入狱。在狱中，黄霸就提议跟夏侯胜学习经术，夏侯胜拒绝了他，说咱俩已获了死罪，还学这些做什么。黄霸则引用《论语》中的话说："朝闻道，夕死可矣。"夏侯胜觉得他说得很有道理，于是就教他学习《尚书》。

黄霸在治理地方的时候政绩卓著，是封建循吏的代表。"循吏"一词最早见于《史记·循吏列传》，篇中有言："太史公曰：法令所以导民也，刑罚所以禁奸也。文武不备，良民惧然身修者，官未曾乱也。奉职循理，亦可以为治，何必威严哉？"据司马迁之意，所谓循吏，简言之即"奉职循理"，能够治理好国家和地方的官员。《史记》里的《循吏列传》后来为《汉书》、《后汉书》直至《清史稿》等历代正史所承袭，成为史书中记述那些贤良官吏的固定体例。黄霸主张德治和宽厚爱民。在严刑峻法和酷吏之道大行其道的时候，黄霸断案和主流相反，他崇尚仁政，反对酷刑，对疑案坚持从轻处理，主张对犯罪实行外宽内明。

黄霸主张教化为先，然后才用刑罚，注重预防犯罪。黄霸在颍川担任太守时，曾经多次颁发刑律公告于民，达到家喻户晓的程度，颍川的犯罪率大大降低。同时他还制定出详细的安民条款，规劝人民遵章守法，勤事农桑，节约资财，并安排年长的人率领伍长，把这些安民条款颁布施行，用以教化民众。黄霸为官，受到了老百姓的拥护，也获得了朝廷的赞赏，他的下属也感到心悦诚服。后来在黄霸77岁时，接替丙吉到中央出任丞相。在丞相任上政绩一般，功名比在地方治理时有所下降。因此，黄霸更加擅长治理地方民众。

史书记载了一个争夺孩子的案件，说明黄霸在审理案件时注意观察当事人的表情动作以辅助断案。颍川郡有一富庶的人家，两兄弟没有分家生活在一起。兄弟二人的媳妇都怀孕了。哥哥的媳妇生了个死胎，却隐瞒了实情。弟弟的媳妇生了一个男孩，哥哥的媳妇就生了抢夺孩子的恶念。她把弟弟的孩子强夺过来说是自己生的。双方各执一词，论争了三年不能决断。时任颍川太守的黄霸听闻此事后，命人把那个孩子抱到法庭中间，然后让妯娌二人上去争夺，说如果谁能抢到孩子，就把这个孩子判给谁。哥哥的媳妇争夺孩子不管不顾，用力很猛，对疼得大哭的孩子无动于衷。弟弟的媳妇则显出十分纠结的样子，既想争回孩子，又担心会伤到孩子而不敢使劲儿，表情十分悲伤。通过这一番仔细观察，黄霸心中顿时明白了事情的真相。他斥责哥哥的媳妇说："你只想争夺儿子，根本不会顾虑到孩子会受到伤害。这个孩子是谁所生，这件事我已经非常明白了。"随即把孩子归还给了弟弟的媳妇，哥哥的媳妇只好认罪。

八　侯霸

侯霸（？～37 年），字君房，河南密县（今河南新密市东南）人。侯霸的事迹，见于《后汉书·伏侯宋蔡冯赵牟韦列传》。侯霸于东汉初年在朝为官，汉成帝时任太子舍人，后来因为侯霸剿匪有功，升任执法刺奸，后又升任淮平郡太守。光武帝时侯霸任尚书令，后任大司徒。侯霸的才能被光武帝认可，深受其信赖与器重。

王莽改制后，侯霸在随县任县令，他除盗贼有功绩，被升任为执法刺奸，负责监察官员贪腐。侯霸在面对有权有势的人时，毫无畏惧，秉公执法，之后又任淮平郡太守，政绩斐然。王莽失败后，侯霸仍保住了全郡，受到淮平百姓的爱戴。

侯霸是东汉初期著名的立法者和法律改革家，也是东汉前期国家法制的主要奠基人之一。《后汉书·伏侯宋蔡冯赵牟韦列传》记载，建武四年（28 年），光武帝刘秀建立东汉政权不久，国家的法令制度都不健全。朝廷里很少有人懂典章法令。得知侯霸通晓典章制度，刘秀召侯霸去京师和自己相会于寿春，任命侯霸为尚书令，命他收集整理前代有益的法令政策和被遗漏的文献，逐条奏呈，并以旧法旧制为依据，制定出适合当时社会情况的新法，后大多被刘秀采用和实施。侯霸给刘秀出谋划策，建议他一年四季根据时令多次发布善政，每年春天发布赦免罪犯的诏书，鼓励老百姓加强农桑。建武十三年（37年）正月初一日，侯霸去世，刘秀很悲伤，亲自前去吊唁，并下诏书说："只有侯霸行善积德，保持清廉。"

九　班固

班固（32～92年），字孟坚，扶风安陵（今陕西咸阳东北）人，东汉著名的思想家、史学家和文学家。虽然班固祖籍不是河南，但是他16岁进入洛阳的太学学习，此后长期居住在东汉的都城洛阳，其工作生活、建功立业的主要地方是河南洛阳。班固在法学理论方面的成就主要见于他编辑整理的《白虎通义》，该书是经学集大成之作，把经学理论化、系统化、法典化。班固在历史方面也有很深的研究，所著《汉书》是《史记》之后和《史记》齐名的不朽史书。班固的文采很好，是汉赋四大家之一，所作《两都赋》是文学史上的名作。

班固出身书香门第，他的父亲班彪、伯父班嗣都是著名学者。班固天资聪颖、勤奋好学，9岁时就能够写文章、吟诗作赋。16岁来到国都洛阳，入太学学习，读遍了当时所能看到的书籍，尤其对于儒家经典可以信手拈来。除了儒家学说以外，他对其他学说也喜欢钻研对比，不轻易得出结论，也不固守某一学派的观点。建武三十年（54年），其父班彪去世，班固在洛阳的求学生涯由于缺乏供养而终止。从京城回到老家扶风的班固并没有因为这件事而受到打击一蹶不振，而是立志把父亲还没有完成的《史记后传》继续编撰和完善起来，班固利用自家的藏书开始编撰《汉书》。永平五年（62年），班固在撰写《汉书》的过程中并不顺利，被人以私修国史的罪名告到皇帝那里。当时的皇帝汉明帝让扶风郡逮捕了班固，其书稿也被查抄。班固的弟弟班超立即骑马穿过华阴县和潼关，赶到洛阳为班固申冤。汉明帝召见了班超，以查明事实。班超把自己父亲和哥哥两代人苦心孤诣编修史书的事告诉了汉明帝。汉明帝令扶风郡守把书稿送到洛阳，汉明帝读罢，认为班固写得非常好，对其才学颇为赏识，惊叹他所写的史书是一部奇书。于是，汉明帝下令释放了班固，而且把班固召进都城洛阳，任命他为兰台令史，专门管理和校定皇家图书。班固任职京师后，他的弟弟班超与母亲也随他定居洛阳。

东汉章帝时期，为了进一步解决国家在建设中的一系列问题，在思想上解决今文学说和古文学说、儒家经典和谶纬学说等矛盾，在洛阳白虎观召开了一次大的学术会议，讨论"五经之异同"，以统一人们的思想。班固以史官身份出席会议，会议记录由班固进行整理，编辑成《白虎通义》。《白虎通义》继承了董仲舒以后今文经学神秘的唯心主义思想。它以神秘化了的阴阳、五行为基础，解释自然、社会、伦理、人生和日常生活的种种现象，对宋明理学的人性论产生了一定影响。《白虎通义》大部分为复述董仲舒的学说及其基本观点并有所发挥，对我国封建法律有一定的影响。

《白虎通义》中包含的法律思想有：认可君权神授论，认为天是一切事物的源头，君主是上天派来管理人间的代表，解释了君主权力来源具有秉持天意的正当性，以此来说明君主权威不可侵犯。《白虎通义》还论述了区分长幼尊卑的"三纲六纪"所确立的社会秩序。对"三纲六纪"逐条进行了解释，用阴阳五行对"三纲六纪"进行了阐释。"三纲"调整主要社会关系，"六纪"调整次要社会关系，"三纲六纪"构成了一张社会关系的大网。依据"三纲六纪"所确立的不同权利和义务，社会秩序就能井然有序，国家也能稳定有序。《白虎通义》认可儒家的德主刑辅原则，强调先德后刑。《白虎通义》由皇帝钦定，内容包罗万象，在政治、思想、伦理等诸多方面为人们规定了行为规范。

十 颍川郭氏

东汉时期，以律学为家学全家几代研习律学的风气更盛。此时，河南最著名的律学家族是颍川郭氏。秦朝设置了颍川郡，地处河南中南部郑州和许昌一带，禹州是其中心。东周以来，郭氏家族开始在此聚居，两汉时成为当地的名门望族。其中，一门七廷尉的郭氏家族最为显赫。郭氏家族中，郭弘习小杜律，此后数代都研习法律。《后汉书·郭陈列传》记载，郭氏自郭弘后，数世皆传法律，郭氏子孙中有1人官至公，7人官至廷尉，3人官至侯，官至刺史、侍中、中郎将的有20余人，担任御史等其他官职的就更多了。

郭弘（生卒年代不详），大约生活于汉光武帝刘秀时期，颍川阳翟（今河南禹州市）人，东汉时期著名的法律学家，出身颍川名门望族。《后汉书》记载，郭弘从小研习"小杜律"，精通刑律法例，能言善辩，曾专司一郡法律事务。郭弘审判案件30多年，遇到疑难案件，他都能秉公执法、公正严谨地处理好。诉讼双方当事人经他断案后都能心悦诚服，没有怨言。郭弘研习法律数十年，享年95岁。他的最大功绩在于从他开始，颍川郭氏家族数代通过掌握"小杜律"而将律学作为家学进行传承，以此掌握了获取相当一部分法律解释类别的官职的机会，在这些官职上获得了有一定垄断性的代代相传的资格。

郭躬（1~94年），字仲孙，颍川阳翟（今河南禹州市）人，东汉官吏，郭弘之子。郭躬少年时就从父业，讲授法律，跟他学习的人有数百人。后来郭躬当了郡吏，在审理案件时主张定刑从宽从轻。

郭躬执法严明，从不阿附。他在朝廷参与讨论案件时，严格依据法律的规定，极力反对众多大臣的法外加刑。《后汉书·郭陈列传》曾记载，永平年间，奉车都尉窦固出兵攻打匈奴，骑兵都尉秦彭做副帅。秦彭在别处驻扎而常按法杀人，窦固奏称秦彭专权，请求杀掉他。显宗于是引公卿朝臣评定秦彭的罪科。郭躬因为明白法律，被召入朝参加评议。议论的人都同意窦固所奏，郭躬独自说："在法律上，彭该斩首。"帝说："军队出征，校尉一统于都督。彭既无斧钺，可以专权杀人吗？"郭躬答道："一统于督，是讲部曲。今彭专军别将，和这些不同。兵事很紧迫，如人之呼吸一般，不允许事先关照督帅。况且汉朝的制度，蠡卓戈就是斧钺，在法律上不算有罪。"皇帝听从了郭躬的意见。还有兄弟一起杀人的，而罪行不好归在谁身上。皇帝认为兄不管教弟，所以诏定兄宜重判而弟减死罪。中常侍孙章在宣读诏书时，误言二人都是重罪，尚书发现后，奏称孙章假传旨意，罪当腰斩。帝又召郭躬来问，郭躬答道："孙章应罚金。"皇上说："孙章假传诏书杀人，怎么说只罚金？"郭躬说："法律上有故意杀人和误杀人之分，孙章传达命令的错误，属于误杀，误杀人在条文上就轻些。"皇上说："孙章与囚犯同县，疑他是故意。"郭躬说："君王以天为法，刑不可以委曲生意。"

元和三年（86年），郭躬任廷尉。郭躬家世代掌握法律，务求宽平。郭躬还积极参与朝廷修改法律，汉章帝时曾奏请修改律令41条，皆改重刑为轻刑，被采纳颁布施行，救活了不少罪犯。

郭躬的儿子郭晊，也明习法律，官至南阳太守，政有名迹。郭躬的侄子郭镇，字桓钟，从小受家族影响，也精通法律，因此被征任太尉府，又迁升为尚书。后因平孙程叛乱有功，被封为定颖侯，食邑二千户。郭镇之子郭贺，少修家业，官至廷尉。郭贺死后，顺帝追思郭镇和郭贺以法治国的功绩，追赠郭镇谥号为"昭武侯"，追赠郭贺谥号为"成侯"。郭贺的弟弟郭祯，以能法而被选拔为廷尉。郭镇另一侄子郭禧，从小习法而兼儒学，亦征为廷尉，后晋升为太尉。郭禧之子郭鸿，以明法律传家，官至司隶校尉，封城安乡侯。河南颍川郭氏，从郭弘开始，后数代皆传习法律，成为赫赫有名的法律世家，在中国法律史上有着显赫的地位。

十一　河南吴氏

以律学传家的河南吴氏始于吴雄。《全梁文》卷 26 中说："汉代律书，出乎小杜。吴雄以三世法家，继为理职。"

吴雄（生卒年不详），字季高，东汉时期河南原武（今河南原阳县）人。《后汉书·郭陈列传》记载，吴雄少时家境贫寒，他的母亲死后，无钱办丧事，只能选了一处挖好又放弃不用的墓穴把母亲葬了，被人们讥笑。吴雄自小发奋读书，终成大器。汉顺帝时，以明习法律、审理案件公平而著称。到了汉桓帝元嘉元年（151 年），吴雄升任司徒，位列三公。吴雄和他的儿子吴䜣、孙子吴恭，"三世廷尉，为法名家"。程树德在其所著《九朝律考》中也指出："东汉中叶，郭吴陈三家，代以律学鸣。"①

十二　应劭

应劭（约 153～196 年），字仲瑗，汝南郡南顿县（今河南项城市南顿镇）人，东汉末年著名法学家、学者。应劭出身官宦世家，他的父亲应奉是汉桓帝时的名臣，官至司隶校尉。应劭年少好学，汉灵帝时举孝廉，后来还担任过泰山郡太守。后依附袁绍，任军谋校尉。

应劭是东汉末年著名的法学家，在立法和法律注释方面均有成绩。应劭认为国家的重要事情都应当明确记载在典籍中，以此可以明定是非、决定赏罚。在这种认识的基础上，应劭对汉律做过一次较大的整理和修订，整理、润色了《春秋断狱》等 250 多部法律典籍，使之所表达的义理清晰，汉献帝对此给予了肯定。应劭在立法方面，制定了律令为汉之礼仪，还对当时的律令做了注解，写了《律本章句》《廷尉板令》等著作。应劭还著有兼有礼仪和历史地理学方面内容的

---

① 程树德：《九朝律考》，中华书局，2003。

《风俗通义》。

应劭在量刑方面主张罪刑要适应，刑罚要适当，反对没有依据乱施刑罚，对随意减轻、赦免也持反对态度。应劭在讨论案件的时候，始终坚持严格依法论处的法律原则。《后汉书·应劭传》记载：安帝时，河间人尹次、颍川人史玉犯了杀人罪当死。尹次的哥哥和史玉的母亲到官府请求代尹次、史玉受死，并自缢身亡。尚书陈忠看到这种情况，欲轻判尹次和史玉。应劭对此持反对意见，他认为，"杀人者死，伤人者刑"，这是很明确的法律，如果感动于他们两人的亲人为救他们的命而代其受死而轻判尹次、史玉，这是动了一时的仁义之心，对法律其实是一种败坏。应劭是东汉最后一位律学大家，著作颇丰，成就卓著。

第三节　三国两晋南北朝时期河南法律名人

东汉末年群雄争霸，经过多年的兼并战争最终形成了魏、蜀、吴三足鼎立的局面。三国时期曹操在诸侯争霸中脱颖而出，"挟天子以令诸侯"，以河南许昌为中心，逐渐统一了中国北方。曹操的法律思想是典型的"术兼名法"，以务实高效为中心，以人才和法术为主要内容。三国两晋南北朝时期，政权更迭频繁，但在律学方面却有着较高的成就，涌现出一批律学家。律学得到全面深刻的发展，它不再依附于经学，而是发展成为一门独立的学科，并随之产生了一些著名的律学家，如钟繇、陈群、高柔、张斐等。这一时期私学发达，波及律学领域，表现为引经注律，经学家用儒家经义解释法律，甚至在司法实践中引经决狱，由此开启了中国法律儒家化的漫长进程。魏晋南北朝是中国历史上一个大分裂、大动荡的时期，割据政权很多，政权更迭频繁。北方出现了少数民族政权，但他们的法制落后于汉族，出于巩固政权的需要，因此能够注意接纳汉族早期的立法经验并有所创新，重用了一批汉族律学家，法制建设尤其是立法方面取得了超越前代的成就，为隋唐时期法律的成熟和稳定奠定了基础。

一　曹操

曹操（155～220年），字孟德，小名阿瞒，沛国谯县（今安徽省亳州市）人，东汉末年杰出的政治家、军事家、文学家和书法家。曹操从20岁通过举孝廉开始出仕，在东汉末年的豪强混战中，挟天子以令诸侯，消灭了二袁、吕布、刘表等割据势力，以河南许昌为中心，逐渐统一了中国北方，实行一系列政策恢复经济生产和社会秩序，奠定了曹魏立国的基础。

曹操的法律思想是典型的"术兼名法"。"术兼名法"是汉魏之际形成的一种独特的思想，一般认为它是以名学为中心，援引名、法、儒等思想因素形成的一种政治法律思想。这种法律思想务实高效，以如何任用人才和使用法术为主要内容。曹操一开始当官的时候就想用严格的法律改变当时权贵横行的状况。但由于祸害根子在中央，曹操无法施展自己的抱负。自己掌握政权以后，曹操开始使用法制去治理。曹操说："夫刑，百姓之命也。""拨乱之政，以刑为先。"

曹操在用人方面唯才是举，不论出身。曹操用人打破世族门第观念，网罗地主阶级中下层人物，抑制豪强，加强集权。210～217年，曹操先后下了三次"求贤令"，选拔和任用有才能的人，并且打破仁义孝悌等道德方面的标准，对于不符合封建等级社会要求的道德标准的人也注意提拔。

作为一位杰出的军事家，曹操治军严整，法令严明。一次在行军途中，曹操传令不得使战马践踏麦地，如有违犯，一律斩首。士兵皆下马步行，唯恐踏坏麦苗。可曹操的战马因受惊吓踏了麦田，他即拔剑割下自己一撮头发，以示处罚。曹操还制定了一系列军事法规，主要有《军令》《败军抵罪令》《步战令》《船战令》等。军法制定了严格的赏罚标准，极大地提高了将士的积极性。

曹操在文学、书法、音乐等方面也有很深的造诣。他的文学成就，主要是开创了建安文学，他的诗歌和散文也很有特点。曹操还是一位书法家，笔墨雄浑，雄逸绝伦。

二　钟繇

钟繇（151～230年），字元常，颖川长社（今河南许昌市长葛东北）人，曹魏初期著名的政治家、书法家。历任尚书郎、黄门侍郎等职，助汉献帝东归有功，封东武亭侯。后被曹操委以重任，任司隶校尉，镇守关中，功勋卓著。魏国建立后，任大理，又升为相国。曹丕称帝，为廷尉，进封崇高乡侯。后迁太尉，转封平阳乡侯。与华歆、王朗并为三公。明帝继位，迁太傅，进封定陵侯。太和四年（230年）卒，谥曰成。

钟繇生长于律学世家，其曾祖父钟皓曾以《诗》、律传授学生，前来学习的人有1000多名。程树德曾有"东汉以律世其家者，吴、陈二家之外，当推钟氏矣"。① 曹操执政时，钟繇受到曹操的赏识。当时需要增加人口发展生产，钟繇便在洛阳招集流民以充实户籍，使洛阳的生产逐渐得到恢复，因此受到曹操的赏识。曹丕时期，钟繇任廷尉，后来官至丞相、太傅，进封侯爵，位列三公，世称"钟太傅"。钟繇还有出色的军事才能，在与匈奴的战争中胆识过人。官渡之战后，匈奴来犯，钟繇率军围歼，活捉匈奴单于，曹军大获全胜。

钟繇是曹操的得力助手，在曹魏政权中德高望重，在国事百废待兴之际，鞠躬尽瘁，尽心辅佐，被评价为"百官效法，堪为楷模"。建安五年（200年），曹操在官渡与袁绍相持，钟繇送去两千匹马供给军用。曹操在给钟繇的信中说："得到送来的马匹，很是应部队的

---

① 程树德：《九朝律考》，中华书局，2003。

急需。关右地区平定，朝廷没有西顾之忧，都是足下的功勋。当年萧何镇守关中，粮草充足，以至大军获胜，也不过与您的功劳相当。"

因为连年战争而使人口骤减，钟繇向曹操建议恢复肉刑以替代死刑，以此减少人口损失。曹操认为这是"非悦民之道"而没有采纳。曹丕称帝后，钟繇再次提议恢复肉刑代替死刑。对此曹丕很重视，下诏说："大理卿打算恢复肉刑，这确实是圣王的法度，众卿家应该好好讨论。"然而，仅仅这么一说，还没来得及商议就又因打仗而搁置。后来，曹叡（魏明帝）即位，钟繇第三次上书请求恢复肉刑，参加这次讨论的有 100 多人，结果被以司徒王朗为代表的反对意见所推翻。肉刑是一种残酷的刑法，曹魏以前已不复使用，钟繇主张恢复肉刑，只是增加人口的权宜之计，毕竟不合法律发展的大势所趋，最终未能得以实施。

钟繇多次出任廷尉、大理之职。在长期的执法实践中，钟繇能够秉公执法、用刑适中。《三国志·魏书·王朗传》称，在执行法律时，王朗"务在宽恕，罪疑从轻；钟繇明察当法，俱以治狱见称"。

此外，钟繇在书法上造诣很深，他是楷书的创始人。钟繇对各种书体都很精通。东汉末年，隶书已经发展得非常成熟。钟繇在隶书的基础上在结构、运笔的顿挫上进行改造，创造出楷书，形成了古朴质雅、茂密幽深的独特书法艺术风格。后来王羲之就是学习钟繇的书法作品又加入了自己的创造，成为一代书法大师的。书法史上把钟繇和王羲之并称为"钟王"。

三　陈群

陈群（？～237 年），字长文，颍川许昌（今河南许昌东）人，出身于当时的名门望族颍川陈氏，著名政治家，是三国时期魏国的重臣。陈群创立了选拔官吏的"九品中正制"，是曹魏律法《新律》的创始人。

陈群历仕曹操、曹丕、曹叡三代，以其突出的治世之才，竭忠尽职，为曹魏政权的礼制及其政治制度的建设，作出了突出的贡献。陈群尚幼时，祖父陈寔便认为此子奇异，向父老乡亲说："此儿必定兴旺吾宗。"陈群为人机敏有谋略，早年被刘备辟为豫州别驾。后归曹操，辟为司空西曹掾属，后又转任参丞相军事。历任柘县令、萧县令、赞县令、长平县令、御史中丞、司徒掾、参丞相军事、御史中丞、侍中等职。曹丕即位称帝后，加封为昌武亭侯，改任尚书，后又升为尚书仆射加侍中、尚书令、司空等职，进封颍阴侯，食邑一千三百户，掌管朝政大权，成为魏国位高权重的大臣。237 年初病逝，谥号靖侯。

延康元年（220 年），曹丕即位，封陈群为昌武亭侯，徙为尚书。其间，陈群创建了九品中正制，是为历史上有名的选官用人制度。陈群所定"九品官人法"，规定各州郡选用有声望的"贤有识鉴"之人兼任"中正"（官职名，无品级、无俸禄），按"才能"、家世把士人分为上上、上中、上下、中上、中中、中下、下上、下中、下下九品，加上评语，朝廷据此授官。该制度的推行剥夺了州郡长官自选僚属的权力，将官吏的选拔任免权收归中央，有利于加强中央的权力。

陈群是主张恢复肉刑的，但由于忙于战争以及顾及有大臣反对而被搁置。建安十八年（213 年），魏国建立后，由于连年战争人口减少，曹操命群臣商议恢复肉刑代替死刑以减少人口下降的问题。陈群关于恢复肉刑有这样一套论说：臣下的父亲认为汉朝废除肉刑而增加鞭打、杖击，本意是出于仁恻之心，想减轻对犯人的刑罚。但是，没有想到死去的人却越来越多。正所谓名义上减轻刑罚，而实际上却加重了。因为名义上减轻了刑罚，老百姓容易忽略而犯罪，这样实质上却加重了刑罚，老百姓也更容易受到伤害。《尚书》说：只有敬畏、慎用五刑，才能养成三种德。《周易》上也记载着割鼻、断足、砍脚趾的刑罚。古代适用五刑的犯罪行为有 3000 多种，虽然不能全部恢复，但是像奸淫者下蚕室、偷盗者刖其足这样的刑罚，可以仿效，首先施行。按照汉朝法律，对于罪大恶极的犯人应当斩首，这是不能顾及所谓仁义的。但是对于其他勉强够得上死刑、可杀可不杀的犯人，就可以施以肉刑。这样，所受之刑与所犯之罪就可以相抵了。钟繇对陈群的议论表示同意，而王朗及其他人则多持反对意见。

陈群在法律方面的贡献还有创制《新律》。陈群等删约旧科，旁采《汉律》，定为魏《新律》18篇、《州郡令》45篇、《尚书官令》《军中令》合180余篇。① 魏文帝时，鉴于汉末律令繁杂、刑罚苛重，尚书陈群等人被诏令参酌《汉律》，制定了《新律》18篇。这次修律对秦汉以来相沿的旧律进行了重大改革。在法典体例上，把《汉律》中规定刑法原则的"具律"改为"刑名"，首次冠于律首，改变了过去具有总则性质的内容"既不在始、又不在终、非篇章之义"的状况，使法典的体例更为科学合理，被后来历代封建法典所沿用，这是我国古代法典编纂史上的一次重大进步。

四 高柔

高柔（174～263年），字文惠，陈留圉县（今河南省杞县西南于镇）人，三国时期曹魏大臣，以善于治法而闻名。景元四年（263年）卒，享年90岁，谥号元侯。高柔仕于曹操及曹氏五位皇帝，几乎横跨整个曹魏历史，见证了曹魏政权的兴衰。

高柔是曹魏时期著名的法律家，初任曹操手下的仓曹属，从小吏任起，20年后官至九卿，任廷尉23年后，升任太常，72岁时出任司空，随后仕途高升，在高平陵之变时支持司马懿，据曹爽大营，以假节行大将军事，数年后荣升太尉，进爵安国侯。

高柔主张废除不合理的法律。曹丕执政初，魏实行"妖谤赏告之

① 《晋书·刑法志》。

法"，即所谓"妖言者必戮，告之者辄赏"。① 曹丕即位后，因为诽谤言辞多，曹丕下令要处死说者而赏赐告发者，但这个法令让很多人互相诬告，高柔于是建议取消这项法令以免无辜之人受害，但曹丕不立刻听从，而下令要以诽谤之罪惩处诬告的人。高柔则审查每一个告发案件，查明虚实，稍稍犯法也只是轻判罚金了事。

高柔在 20 多年的廷尉生涯中，认真办案，秉公执法。黄初七年（226 年），曹丕因对御史中丞鲍勋有宿怨，借有小过失而要枉法诛杀他，高柔坚决不从，曹丕干脆调离高柔，直接指令廷尉执行诏令。高柔在法律思想上也有精辟的见解，他主张处刑宽平、轻缓，主张君主应当与臣民一起共同遵守法律。

五　张斐

张斐，生卒年不详，长期生活在洛阳，西晋时期著名律学家，与杜预齐名。晋武帝时曾在廷尉（秦汉至北齐最高司法审判机构）任明法掾，曾为《泰始律》作注，著有《律解》20 卷、《杂律解》21 卷等，原书均已佚失，现仅存《律注表》。

张斐是当时为数不多的专事法律的律学家。晋初的法律言辞过分简约，实施中需要进一步出台司法解释以明确和统一法条的含义，以免产生歧义。张斐和杜预分别为律作注，"兼采汉世律家诸说之长，期于折衷至当"。② 张斐、杜预所作的《律解》受到当时皇帝的赏识，后经晋武帝下诏批准颁行天下，其法律效力和《晋律》等同，一并作为国家法律使用。经张、杜二人注解后的《晋律》，也被称为"张杜律"。东晋一代，继续沿用"张杜律"，未进行新的立法活动，可见其影响极为深远。

《律注表》是张斐在注释《泰始律》之后向晋武帝说明其要点的

---

① 《三国志·魏书·高柔传》。
② 程树德：《九朝律考》，中华书局，2003。

上奏书，载于《晋书·刑法志》。《律注表》概述了《泰始律》的基本精神与特点，并吸取前人的注律成果，对一些重要的法律概念、术语做了新的解释，还对封建审判活动应遵循的原则作了阐述。张斐对故、失、谩、诈、不敬、斗、戏、贼、过失、不道、恶逆、戕、造意、谋、率、强、略、群、盗、赃20个法律术语做出了比较精辟、科学的解释，丰富了我国古代的法学理论。其中不少解释是非常准确、精辟的。如"知而犯之谓之故""意以为然谓之失""违忠欺上谓之谩""背信藏巧谓之诈""二人对议谓之谋""取非其物谓之盗"等。显然，注释者注意到，在具体案件中，行为人的主观动机是有区别的，对其做出准确的界定，对于区分罪与非罪以及此罪与彼罪很有现实意义。后来唐朝的长孙无忌所作《唐律疏议》就是受到了张斐的启发和影响。

现存《律注表》中集中反映了张斐的法律思想。他认为，法律应当体现出"礼"的精神，由国君统一制定、颁布，臣民应无条件地遵守奉行。"礼"是封建伦理道德观念和封建等级制度的体现，因而，他认为"礼"是法律的灵魂，法律是实现"礼"的工具和保障。张斐十分注重"理"对审判活动的指导意义，认为适用刑罚应当体现出法律中所包含的封建纲常伦理精神。张斐主张断狱应当弄清犯罪者的目的、动机，因而必须详细了解案情，从各方面收集信息，进行综合分析。适用刑罚当慎重、准确，不可任意伤害无辜。张斐还认为，论罪须以理审情，执法当变通循理。张斐认真研究法律的结构，定义了大量的法律概念，他为中国古代法律体系和法学理论的完善和发展作出了贡献，是一位专业法律人才。

六 拓跋宏

拓跋宏（467～499年），后改汉名元宏，北魏孝文帝（北魏第7位皇帝），是杰出的少数民族政治家、改革家。拓跋宏迁都洛阳，进行了一系列的改革，改汉姓，学习汉族的语言、文字、服饰等，鼓励和汉族通婚，修订典章制度，推动了北魏在各个方面的发展，加强了北方民族的融合。

拓跋宏是北魏献文帝拓跋弘的长子，其母为李夫人，拓跋宏5岁被立为太子时其母被赐死。拓跋宏于499年病逝，享年33岁，谥号"孝文"，因此又被称为孝文帝。拓跋宏改革对促进各族人民融合及政权的稳定发挥了极大的作用。他死后被葬于洛阳北邙山长陵。

拓跋宏一生致力于进行各项改革以促进发展。拓跋宏对北魏法律建设也作出了贡献。他建立了一整套比较完备的官制法，太和八年（484年），颁俸禄制，申明俸禄以外贪赃满一匹绢布的处死。次年颁行的均田令中，又规定地方守宰可以按官职高低给予一定数量的俸田。所授公田不准出售，离职时移交下任。官俸制颁行不久，拓跋宏又开始推行爵禄制。官、爵是统治阶级两大系统，与北魏官制相比，北魏的授爵更加宽松，战乱时期多向部落贵族、军功贵族授爵。实行考绩之法，使有才能的汉族庶族地主有更多的参政机会。

拓跋宏运用法律手段推行汉化，下令改革鲜卑族旧俗，仿魏晋制度统一官制，禁止胡服，以汉语为官方用语，改姓氏祖籍，定族姓等。下令废除鲜卑族原有的残酷的法律，使法律更加文明、进步。把原来的车裂、腰斩、斩首、绞四种死刑改为枭首、斩首、绞三种，废除了连坐。

在礼法关系上，拓跋宏主张以礼来指导立法和司法活动，"齐之以法，示之以礼"。在其执政的20多年时间里，拓跋宏四次亲自参加立法修律的工作，强调法律是治国的根本，并率先遵纪守法。他曾亲自听狱断讼，并能不别亲疏，不避权贵，严格执法。

七　蔡法度

蔡法度，生卒年不详，南朝齐梁时济阳（今河南省兰考县东北）

人，为家传律学家，曾任尚书删定郎。在《梁书》中无传，其事迹主要见于《隋书·刑法志》《隋书·经籍志》《唐六典》等文献。

南朝时战争多，很多前朝法律以及有关的注释都佚失了，导致法制混乱。梁武帝萧衍因律令不一、弊端丛生，下诏重议新律。蔡法度因为家传律学，能背诵王植把张斐、杜预旧律合在一本书中所作的集注，于天监元年（502 年）被任命为尚书删定郎，制定律令，以为《梁律》。第二年，蔡法度把《梁律》20 卷、令 30 卷、科 40 卷上呈梁武帝，帝任命蔡法度为廷尉卿，颁行新律于天下。

蔡法度修定的《梁律》对庶民严格，对权贵宽宥，加剧了阶级矛盾。尽管如此，南朝的宋、齐仅沿用《晋律》，在法律方面没有新的发展，到梁才有了《梁律》。蔡法度作为南朝时硕果仅存的律学家，能够根据前朝旧律的损益制定新律，对当时的法制还是作出了一定贡献的。《梁律》在中国古代法制史上也占有一定的地位。

八　王弼

王弼（226~249 年），字辅嗣，生于山阳（今河南焦作），经学家、哲学家，魏晋玄学的主要代表人物及创始人之一。其法律思想主要是玄学哲学思想，主张名教本于自然的法哲学观。王弼 23 岁时就染病而死，他虽然人生短暂，但是学术成就却非常卓著，他的玄学哲学思想被认为是"正始之音"。

王弼出身官僚世家，其曾外祖父是东汉末年号称"八俊"之一的刘表。祖父是建安七子之一的著名文学家王粲的族兄，其父王业官至尚书郎。王弼自幼聪明过人，十几岁时便能言善辩，喜好谈论老子，常有惊人之语。王弼的思想主要体现在《老子注》《老子指略》《周易注》《周易略例》《论语释疑》《周易大衍论》中，其解释往往有精妙之处。王弼吸收了儒家、道家思想，他用《老子》解释《周易》，并阐发自己的哲学观点，在学术上开一代新风——玄学。王弼对易学玄学化的批判性研究，尽扫先秦、两汉易学研究的不足，其本体论和认识论中所提出的新观点、新见解对以后中国思想史的发展具有深远的影响。

魏晋之际，思想界发生了关于"名教"和自然关系的争论。名教指的是儒家关于君臣父子的纲常礼教，后来董仲舒归纳出"三纲"之名分划分方法。自然，主要来源于老子的天道自然，认为天地万物、政治秩序都要符合自然天道。玄学来源于《老子》一书中所说的"玄之又玄，众妙之门"。《老子》、《庄子》和《周易》这三本书被称为"三玄"。玄学在实质上是一种研究自然界和人类社会一般规律的理论，是一种哲学。魏晋时期的官僚和知识分子研究玄学的目的是把这种哲学所阐释的社会政治理论运用于社会治理。玄学是当时社会占主流地位的政治理论。玄学表面上研究形名、本末等人与自然的关系，本质上是讲天道和人事的关系，也就是礼法和法律以及其他政治制度之间的关系。玄学的论证思路是用老庄的道法自然学说阐释儒家礼法学说，玄学是在道法自然的基础上儒道结合的统治思想。[①]

魏晋时期，玄学内部还分为不同的流派，根据对"自然"和"名教"关系的论证不同，进行学派划分，其中河南研究玄学的以王弼和阮籍为代表。王弼主张"名教本于自然"，阮籍主张"越名教而任自然"。王弼一方面提倡道家老子倡导的无为而治，另一方面又主张用儒家的顺应天意的等级制度维护君臣父子、长幼尊卑的名分。王弼认为尊卑等级名分是依据天道自然而产生的，因此自然是本，名教是末，此所谓"名教出于自然"。

王弼提出"名教本于自然"比董仲舒提出的"天人合一"更加有说服力。董仲舒用神学来解释儒学，使儒学难以让人信服。董仲舒

---

① 参见杨鹤皋主编《中国法律思想史》，北京大学出版社，2004，第199页。

之后的人赋予儒学"三纲五常"的内容，严重压抑了人性。如此这般，儒学就衰退了，因为人们对儒学产生了质疑。王弼的玄学理论把名教从神学中解脱出来，为恢复礼治奠定了基础。王弼的论证思路比董仲舒高明就在于他找到了一条恰当的思维进路，就是儒道结合、援道入儒，以此为名教提供新的哲学论证。

王弼继承了老子无为而治的思想。道家主张效法自然，自然的特征就是无为而治。王弼继承了老子的这一观点，认为"名教出于自然"，统治者治理国家就应该顺应自然，实行"无为而治"。王弼反对严刑峻法，他认为礼法同样是出自自然，必须顺应自然无为之道。王弼甚至主张不用刑罚，表现出了一种法律虚无主义倾向。

九　阮籍

阮籍（210~263 年），字嗣宗，陈留尉氏（今河南尉氏县）人，魏晋时期著名的玄学家。阮籍少年成名，为"竹林七贤"之首。阮籍早年崇尚儒家思想，志在用世，后来发生魏晋禅代的政治动乱，由于对司马氏篡位弑君违背忠孝仁义的现实失望，以及深感生命无常，因此采取了蔑弃礼法名教的激愤态度，转到以隐世为旨趣的道家思想轨道上来。阮籍是魏晋玄学中的重要人物，他曾写过两篇著名的论文《通老论》和《达庄论》。

阮籍出生于汉建安十五年（210 年），3 岁丧父，由母亲把他抚养长大。父亲死后，家境清苦，阮籍勤学而成才，天赋异禀，8 岁就能写文章，终日弹琴长啸。他少年时期好学不倦，酷爱研习儒家的诗书。《晋书·阮籍传》说其"容貌瑰杰，志气宏放，傲然独得，任性不羁，而喜怒不形于色。……博览群籍，尤好《庄》《老》"。阮籍主张"自然"，排斥名教，想建立道家所说的"无为""无君"的社会。

阮籍的法律思想之一是认为"刑教一体，礼乐内外"。他认为"礼"和"刑"都是维护社会秩序、治理国家的手段，需要二者并用。并且，阮籍更加重视"礼"的作用，"礼"又通常和"乐"联系在一起。"礼"代表规范和制度，"乐"代表精神和情感。"乐"使生硬的"礼"具有了深入人心的柔软度，"礼"则使"乐"有所依托。

阮籍的法律思想后来随着历史的变革而发生了较大变化。当时司马家族对曹魏政权十分觊觎，我们今天常说的"司马昭之心路人皆知"即源于此。司马氏弑君篡位使阮籍认为"名教"作为以正名位为核心的封建礼教成了政治斗争的工具，于是开始接受王弼的玄学思想并付诸行动，蔑视礼法，追求虚无放诞，主张"越名教而任自然"。关于此，有一个"白眼"的典故。我们常说对不喜欢的人给他个"白眼"就来源于阮籍。阮籍不经常说话，却常常用眼睛当道具，用"白眼""青眼"看人。对待讨厌的人，用白眼，对待喜欢的人，用青眼。据说，他的母亲去世之后，嵇康的哥哥嵇喜来致哀，但因为嵇喜是在朝为官的人，也就是阮籍眼中的"礼法之士"，于是他也不管守丧期间应有的礼节，就给嵇喜一个大白眼；后来嵇康带着酒、夹着琴来，他便大喜，马上由白眼转为青眼。阮籍甚至在为母亲服丧期间喝酒吃肉以示对"礼法"的蔑视。但是实际上，阮籍在母亲去世的时候"举声一号，吐血数升"。他其实是非常孝顺的，其叛逆行为是对表面遵守儒家礼制、实际违背忠孝原则的一种不满和反抗。

阮籍还是一个诗人，是建安以来第一个全力创作五言长诗的人，其《咏怀诗》把82首五言诗连在一起，编成一部庞大的组诗，以抒情言志，具有深厚的思想内容，并塑造了一个悲愤诗人的艺术形象，为五言诗的发展奠定了基础。后来晋陶潜的《饮酒》、唐陈子昂的《感遇》和李白的《古风》等诗篇，就是对阮籍所开创的五言长诗体例和风格的继承和发展。

第四节　隋唐时期河南法律名人

隋唐时期，中国封建社会达到了最高峰，被称为隋唐盛世。在经历了五胡乱华和南北朝长达几百年的分裂战乱之后，隋唐两个大一统的王朝，在政治、经济、军事、文化、经济、科技以及对外交往等方面均达到了从未有过的高度。盛世必有明君、名相，治世之道也达到前所未有的水平。中国封建法制也达到了鼎盛，儒家法律思想被列为正统。唐朝统治者重视法律，先后制定了《武德律》《贞观律》《永徽律》《开元律》等。其中，尤以《贞观律》编纂修订的时间最久，长达 11 年。唐高宗李治即位后，广泛召集能够解释唐律的人。长孙无忌担此大任，率领一批律学家对唐律的条文逐条逐句进行解释，最终编订而成《唐律疏议》。后经唐高宗批准，疏和律一并使用，具有同等的法律效力。《唐律疏议》的问世，标志着中华法系的成熟。《唐律疏议》最具有创造性的地方在于，在法律条文之后附上注疏（类似于今天的司法解释），这种"疏在律后，律以疏存"，实属举世罕见的神来之作。《唐律疏议》是中国古代法制最高水平的代表，是保存至今最为完整和严谨的中国古代法律。隋唐时期，儒家经义与法律融为一体，法律的儒家化过程基本完成，形成了"礼法合一"的法律体系。

隋唐时期河南法律人才辈出，最具代表性的长孙无忌是河南洛阳人。科举考试对法律人才的选拔起到了重要作用。隋唐的科举中设有明法科，律令是其考试内容，对律学人才的选拔更加科学化，并且有固定方式定期进行。此时，官方开始重视律学教育，沿袭魏晋继续设置"律博士"，其职责是讲授法律，培养司法官员。隋唐时期，统治阶级政治清明，社会经济文化繁荣，法律思想自由发展。唐都长安是当时世界上熠熠生辉的国际化大都市，在这里，波斯商人和欧洲使者的身影都可觅得。隋唐盛世，律学也得到了长足的发展，达到鼎盛。

一　郑译

郑译（540～591年），荥阳郡开封县（今河南开封市）人，是中国北朝和隋朝官员，太常郑琼之孙，司空郑道邕之子，出自荥阳郑氏洞林房，参加了隋《开皇律》的编纂。

北周末，郑译曾出任内史上大夫，因与杨坚交善，周宣帝病危时，与刘昉等密谋引杨坚入宫辅政，形成篡夺北周政权的形势。隋建国后，郑译历任隆州（今四川阆中）、岐州（今陕西凤翔）刺史等职。起初，杨坚与郑译有同学之谊，且郑译助其夺权成功，杨坚给他高官厚禄。但是郑译生性浅薄，不管政务，贪赃求货，于是杨坚悄悄地疏远了他。但是因其有定策之功，杨坚后来又诏郑译回京师和高颎等一起编纂法律。郑译虽因贪图权势名利、趋炎附势，受到世人的轻视和批评，但其作为隋初著名的立法者，参加了隋《开皇律》的编纂工作，这方面还是值得肯定的。

另外，隋文帝杨坚又诏郑译参加讨论制定音律的事。郑译在音乐方面有过人的天赋和才能。他为隋朝修定音律，名为《乐府声调》，总共8篇，上奏给杨坚。他前后所论音乐之事，都记在《音律志》里。《隋书·郑译传》记载，隋文帝杨坚曾对郑译说："律令则公定之，音乐则公正之。礼乐律令，公居其三，良足美也。"

二　长孙无忌

长孙无忌（594～659年），河南洛阳人，唐初宰相、外戚（唐太宗长孙皇后之兄）。永徽年间，长孙无忌在《贞观律》基础上主持修订《唐律疏议》。

长孙无忌数次跟从李世民征讨立下战功，还参与策划了"玄武门之变"。之后，历任吏部尚书、尚书右仆射。贞观二十三年（649

年），太宗去世，受遗命与褚遂良一起辅佐高宗李治即位，执掌政事。永徽六年（655年），因坚决反对高宗立武则天为皇后而得罪武氏。显庆四年（659年），受诬谋反罪而被赐死，上元年间平反。

长孙无忌是唐初著名的立法者和法律注释学家，对唐代法和法学发展贡献巨大。贞观初年，他曾与房玄龄等一起，对《武德律》进行修改，于贞观十一年（637年）撰成《贞观律》，后来又编撰完成《永徽律》。之后，鉴于《永徽律》过于简约，使用起来不便等，长孙无忌和于志宁等一起，编纂完成了《唐律疏议》，于永徽四年（653年）颁行天下。《唐律疏议》继承了魏晋南北朝以来的立法成就，创造性地在律条之后附上注疏，使得"疏在律后，律以疏存"，是中国法制史上的立法典范。《唐律疏议》立法宽平，顺应历史潮流，促进了唐初经济社会的发展，对后世立法也产生了深远影响。《宋刑统》《大明律》《大清律例》等都基本承袭了唐律。

三　戴胄

戴胄（？～633年），字玄胤，相州安阳（今河南省安阳市）人，唐朝宰相，性格刚正，有才干，明习律令。隋大业末年任越王杨侗署给事郎，因阻止王世充篡夺帝位而被其调为郑州长史。后归降李世民，任秦王府士曹参军。唐太宗即位后，拜兵部郎中，后迁大理少卿。贞观四年（630年），出任宰相，后病死家中。戴胄是唐初为数不多的学习法律出身的官吏。戴胄的事迹，见于《旧唐书·戴胄传》《贞观政要》。《旧唐书·戴胄传》记载，戴胄"性贞正，有干局，明习律令，尤晓文簿"。

戴胄在唐初法制建设方面的贡献，主要表现在出任司法官大理少卿之职时。他坚持秉公执法，与唐太宗的法外用刑行为抗争，维护了法律的尊严和权威。例如，有一次戴胄根据法律规定驳斥了尚书右仆射封德彝，而且这个案件的当事人还是长孙无忌。贞观元年（627

年），时任吏部尚书的长孙无忌入宫时带着佩刀，违反了禁律。尚书右仆射封德彝根据律令判定，负责守门的校尉失职，罪当处死；长孙无忌因为一时疏忽带着佩刀入宫，依律罚铜二十斤。戴胄对此判决给予了反对，他说："校尉和长孙无忌都是疏忽。皇帝念及长孙无忌有功，所以对他的疏忽行为从轻处置，这不是司法机构该管的。但是如果依法处理这件事，仅仅罚铜二十斤，则不合法。"唐太宗说："法律是天下人都要遵守的，不能因为长孙无忌有功而不严格执行。"唐太宗让对此案重新商议定罪。封德彝仍然坚持最初的处理意见，戴胄则为守门的校尉据理力争，说："校尉是因为长孙无忌才犯的罪。根据法律，应当从轻处罚。他们两人都是因为疏忽，过错一样，为何一个仅仅罚铜二十斤，另一个却判死罪？"戴胄坚持要对校尉给予改判。太宗最终听从了戴胄的意见，免除了校尉的死罪。

　　对于资历造假的官员，唐太宗有令说，不主动交代的，如果一旦被查出来，就要判死罪。结果，仍然有官员被查出来资历造假，戴胄判这些人流放。唐太宗说："我下的令结果也不按照我说的执行，只判个流放，这不是让我失信于民吗？"戴胄对皇帝说："皇帝您自己下诏将这些人处死，臣下我管不了，这是皇帝的君权。但是如果您将这些人交给司法机构处置，那我就必须依法办案。依据大唐的律令，应该判这些人流放。"太宗进一步问戴胄："你倒是严格执法了，你要把我置于失信的境地吗？"戴胄进一步直言："律令是国家深思熟虑后制定并公布于天下的，而皇上您下的诏令仅仅是凭自己当时的情绪说出来的，依据一时气愤所说的话而判人死刑，这才是失信于民呀。按照国家颁布的法律处以他们流放，这是忍住一时的气愤而获得了天下人的信任。"听了戴胄的一番话，唐太宗不但没有怪罪他，反而认为他说得对，说："我执行法律不当，能够有你这样的大臣直言不讳给我纠正，我就不用担忧了。"《旧唐书·戴胄传》称，戴胄曾经多次因为要严格依照法律办案而触犯龙颜。他所判的案子没有冤假错案。

贞观六年（632年），大理寺少卿位置空却，唐太宗认为，大理寺作为司法机关掌握着生杀予夺的权力，必须选一个清正廉洁、秉公执法的人才能担此重任。他觉得戴胄就是最合适的人选，于是任命戴胄为大理少卿。是年，右仆射封德彝病逝，戴胄又升任尚书右丞，因他善于审理案件，被公认为开国以来最适合这个职位的丞相。不久，戴胄升任尚书左丞，当时尚书省不设尚书令，左、右仆射之职又暂缺，政务全由戴胄和魏征两人处理，戴胄"处断明速"。未几，戴胄又兼领谏议大夫，与魏征轮流帮助太宗检点朝政之得失。戴胄犯颜执法，"所论刑狱，皆事无冤滥"。

为解决灾年粮荒，戴胄于贞观二年（628年）春上疏朝廷，建议仿照隋朝建立粮仓，太宗采纳了他的意见，同年四月，"诏天下州县，并置义仓"。贞观三年，戴胄进拜民部尚书。太宗还让他和魏征一同担任谏议大夫，检点朝政得失，兼检校太子左庶子。贞观四年二月，太宗命戴胄检校吏部尚书，代替病逝的杜如晦。不久，戴胄晋爵为郡公。贞观五年九月，唐太宗命人重修宫殿，戴胄进谏劝阻说，如今军队需要增加，人口短缺，大修宫殿会招致百姓怨恨。唐太宗采纳了他的劝谏，对戴胄大加赞赏，说"戴胄和我没有血缘关系，却总是把国家的事当成自己的事，忠心耿耿、公正无私。我一定得给他晋升以回报他的忠心"。贞观七年六月，戴胄生病去世。唐太宗下令停止上朝三天，举国哀悼，给戴胄谥号"忠"，追封其为"道国公"，让人专门造庙堂祭拜他。

四　姚崇

姚崇（651~721年），陕州硖石（今河南三门峡东）人，唐代著名政治家。历任武则天、睿宗、玄宗三朝宰相。在职期间，鼓励农业，捕杀大蝗，奖励群臣劝谏，是开元时期的名相。后因不肯依附太平公主，被贬为刺史。

姚崇在多年担任宰相期间，对当时的法制建设提出了许多见解。如圣历（698～700 年）初，武则天谓侍臣曰："往者周兴、来俊臣等推勘诏狱，朝臣递相牵引，咸承反逆，国家有法，朕岂能违。中间疑有枉滥，更使近臣就狱亲问，皆得手状，承引不虚，朕不以为疑，即可其奏。近日周兴、来俊臣死后，更无闻有反逆者，然则以前就戮者，不有冤滥耶？"姚崇对曰："自垂拱已后，被告身死破家者，皆是枉酷自诬而死。告者特以为功，天下号为罗织，甚于汉之党锢。陛下令近臣就狱问者，近臣亦不自保，何敢辄有动摇？被问者若翻，又惧遭其毒手，将军张虔勖、李安静等皆是也。赖上天降灵，圣情发寤，诛锄凶竖，朝廷又安。今日已后，臣以微躯及一门百口保见在内外官更无反逆者。乞陛下得告状，但收掌，不须推问。若后有征验，反逆有实，臣请受知而不告之罪。"武则天感其真诚，不仅不降罪，反而大悦，曰："以前宰相皆顺成其事，陷朕为淫刑之主。闻卿所说，甚合朕心。"这段话的意思是：武则天曾与侍臣谈论起周兴、来俊臣主持刑狱，朝臣反逆案件颇多一事，怀疑其中是否有冤狱。姚崇进言道："自陛下听政以来因谋反罪被处死的人，大多都是由于周兴等罗织罪名，以便自己求取功劳造成的。陛下派亲近大臣去查问，这些大臣也不能保全自己，哪里还敢动摇他们的结论！被问之人如果翻供，又惧怕惨遭毒刑，与其那样不如早死。如今酷吏诛除，我以一家百口人的性命向陛下担保，今后朝廷内外大臣不会再有谋反的人。若是稍有谋反之实，我愿承受知而不告的罪责。"最后，武则天大悦，说："以前的宰相都顺从周兴等人，使酷吏得逞，让朕成为滥用刑罚的君主。听到你说的话，很合朕心意。"

姚崇回答武则天的这一段话，表明他对武则天任用酷吏、任意用刑、滥杀无辜做了严肃的批评。开元元年（713 年），当姚崇再次被任命为宰相时，他向唐玄宗李隆基提了十条建议，其中有三条都是法制建设方面的，即改严刑酷法为仁政，近亲宠臣犯法必须依法处置，杜绝赋税之外的进献。对此，唐玄宗都表示同意。

五　吴兢

吴兢（670～749年），汴州浚仪（今河南开封）人，唐朝中期著名史学家，对法律也有许多研究，编撰了《贞观政要》。通过此书，可以了解当时的政治、法律等。吴兢耿直敢于犯颜直谏，颇有建树，由于他直言敢谏，被认为不愧是一代诤臣。

吴兢在武周时入史馆，修国史，迁右拾遗内供奉。中宗时担任过右补阙、起居郎、水部郎中等职。玄宗时任谏议大夫兼修文馆学士，历任卫尉少卿兼修国史、太子左庶子等，居史馆任职30多年。吴兢是唐中期著名的史学家，他所编撰的《贞观政要》详细记述了贞观年间的政治、经济、军事、文化、礼仪、教育等方面状况，有对话、诏诰、奏表，有事件描写，有经验总结，较系统地反映了贞观年间的施政方针和实践效果，是历史上对贞观之治记载最为周详的著作。

吴兢对法律发展的贡献，主要集中在他所编撰的《贞观政要》一书中。《贞观政要》分类编辑了唐太宗与臣下讨论治国理政时的争议、劝谏、奏议等。通过这些内容，世人可以了解唐初李世民统治集团法律思想的整体面貌。通过《贞观政要·论政体》《贞观政要·论刑法》等记载的一些事例，可以看到当时唐太宗与魏征、房玄龄等人的法律见解。

《贞观政要·论君道》记载，贞观初，太宗谓侍臣曰："为君之道，必须先存百姓，若损百姓以奉其身，犹割股以啖腹，腹饱而身毙。若安天下，必须先正其身。未有身正而影曲，上治而下乱者。"《贞观政要·论刑法》记载，贞观元年（627年），太宗谓侍臣曰："死者不可再生，用法务在宽简。"《贞观政要·治仁义》记载，贞观二年（628年），太宗曰："是以为国之道，必须抚之以仁义，示之以威信，因人之心，去其苛刻，不作异端，自然安静。"这些话表达了传统的儒学法学世界观中德主刑辅的基本思想。《贞观政要·论政体》记载，贞观六年（632年），太宗谓侍臣曰："朕比来临朝断决，亦有乖于律令者，公等以为小事，遂不执言。凡大事皆起于小事，小事不论，大事又将不可救，社稷倾危，莫不由此。"这段话，刻画了唐太宗严于律己、努力依照法律办事的精神境界，间接地表达了君主的态度是法律能否执行的关键。《贞观政要·论赦令》记载，贞观十年（636年），太宗谓侍臣曰："国家法令，惟须简约，不可一罪作数种条。……数变法者，实不益道理，宜令审细，毋使互文。"这些话表明了唐太宗对明刑慎罚、用法宽简，法律必须划一稳定，不能朝令夕改的重视。

《贞观政要·论刑法》记载，贞观十六年（642年），太宗谓大理卿孙伏伽曰："朕常问法官刑罚轻重，每称法网宽于往代，仍恐主狱之司，利在杀人，危人自达（通过危害他人而使自己达到显贵），以钓声价。今之所忧，正在此耳。深宜禁止，务在宽平。"

人们熟知的君与民的关系理论"水能载舟，亦能覆舟"也出自《贞观政要》。《贞观政要·教戒太子诸王》记载，贞观十八年（644年），太宗谓太子曰："舟所以比人君，水所以比黎庶，水能载舟，亦能覆舟。"生动地表明了唐太宗李世民以民为本，以身作则，顺应民心、民意治理国家的思想。《贞观政要·论仁义》记载，贞观元年（627年），太宗曰："朕看古来帝王，以仁义为治者，国祚延长；任法御人者，虽救弊于一时，败亡亦促。"

六　韩愈

韩愈（768～824年），字退之，号昌黎，河南河阳（今河南孟州）人，唐代杰出的文学家、思想家、哲学家、政治家。贞元八年（792年），韩愈进士及第，后来担任过监察御史，宪宗时，担任刑部侍郎。韩愈曾因谏阻宪宗奉迎佛骨被贬。穆宗时，韩愈担任吏部侍郎，著有《昌黎先生集》。

韩愈是唐朝中期著名的文学家和思想家，对法律也有许多研究。韩愈的法律思想继承儒家正统思想，提出了"道统论"，反对佛道学说，并且对儒家的"法礼"关系做出了新的阐释，还阐释了民本思想。在法律的起源方面，韩愈认为法律是由"圣人"顺应天意而设刑。令由君出，官员负责执行君令，庶民则要劳作，否则就要受到令的处罚。韩愈所奉行的道统论认为，法律是"道"的体现，源于圣人依据天意制定的礼乐刑法，可以让人民免除纷争，维护社会秩序的稳定。

在法和礼的关系上，韩愈继承了儒家所倡导的"德礼为先，而辅以政刑"的德主刑辅理论。他十分看重道德教化的作用，认为在道德教化不起作用时方可使用刑罚。韩愈所倡的"道统论"，其核心就是儒家的仁义道德。在"礼""法"发生冲突时，韩愈认为"礼"应该超越"法"。凡遇到执行"法"会和"礼"抵触的时候，要优先适用"礼"，而非严格执行司法程序。

韩愈赞同并细化了"性三品说"，区分了"性"与"情"，把"性"与"情"分为上、中、下三品，把人性划分为"性"与"情"两个部分。所以韩愈的性三品说理论更恰当的说法应该是"性情三品论"。韩愈认为，"与生俱来"的"性"包括仁、义、礼、智、信五种成分，谓之"五常"，是人生来就有的。他还特别指出，"五常"之性在每个人中是不一样多的，上品之性具有仁而行于其余四者；下品之性反于仁而违背其余四者；中品之性仁有不足，其余四者也杂而不纯。因此人大体上可以分为上、中、下三品，"性之品有上、中、下三，上焉者，善焉而已矣；中焉者，可导而上下也；下焉者，恶焉而已矣"。韩愈认为"情"包括喜、怒、哀、惧、爱、欲、恶七种表现，是人接触外界以后才产生的。韩愈说"上者可教而下者可制也"，是说用软的一手对上品人进行管理，即对他们进行教育、引导、肯定和鼓励，而用硬的一手对下品人进行管理，即给他们划定不能逾越的红线，一旦踩线越线，即行严惩。

韩愈一方面关心人民疾苦，主张减轻税负，建议用法律打击与民争利的盐铁专卖等情况；另一方面，在民权与君权的关系上，韩愈主张对人民用法来加强管理和镇压。如果民不劳作，不出粟米丝麻财货供奉君主，就要以"法"诛之。

我们一般更加熟知的韩愈是一个伟大的文学家，是唐中期古文运动的主要倡导者，位居唐宋八大家之首，但他还是一个在刑部、吏部工作过的政治家。韩愈反对君王供奉佛骨而被贬谪一事在当时曾引起轰动，说明韩愈敢于直言纳谏。元和十四年（819 年），信奉佛教的宪宗派人入法门寺迎接佛骨入宫中供奉。据说，此骨是释迦牟尼的一节指骨，可以让"人安岁丰"。韩愈作《论佛骨表》上书劝谏，直言东汉以来，有君主供奉佛骨并不长寿，甚至国家大乱，宪宗看到奏章大怒，命处死韩愈，后经人求情韩愈才被免死罪，被贬谪到广东潮州做刺史。

七　白居易

白居易（772～846 年），字乐天，出生于河南新郑，是唐朝时期著名的诗人，曾任刑部尚书。他晚年居住在洛阳，与香山僧人如满结社，自称"香山居士"。白居易精通儒学，对道家、佛家思想也多有涉猎，其思想表现出以儒为主，兼采其他诸家思想的特点。

在法的起源上，白居易认为由于统治的需要而产生了法，法的目的是让人们尊"礼"，维护社会秩序，维护皇权。在礼法关系上，白居易认为"礼"是核心，"法"是崇"礼"的途径。但是针对不同的情况，对于"法"和"礼"各有侧重，可以叠相运用，以调和"儒""法"。白居易对德主刑辅的儒家理论有所突破，他主张"礼""刑"相辅相成，"礼"和"法"没有冲突的时候，以"礼"为先，发生冲突时，他主张"法"优于"礼"。

白居易坚决反对恢复肉刑。在其所写的《论肉刑》一文中，他认为肉刑是"五虐之刑"，是苗人最先使用的，但是因为过于暴虐，结果是上天都不容忍，大禹奉天命征讨，苗人被打败了，整个部落也被迁到了遥远的南疆。秦朝时又滥用肉刑，结果是"天下亦离心"。汉文帝废除肉刑，结果"刑罚以清"，本朝的太宗废弃肉刑不用，"而人用不犯"。

白居易还针对贵族"有罪无刑"的法律特权进行了批驳，体现出他对法律面前一律平等的追求。另外，白居易还认真研究了犯罪的原因，指出生活贫困和犯罪之间的关系，打破了当时儒家以人性来解释犯罪原因的唯心主义犯罪观。在此基础上，白居易提出了预防犯罪需要让人民富裕，并且进行礼义教化，这样才能让他们遵守礼义和法律。此所谓"仓廪实而知礼节，衣食足而知荣辱"。白居易的思想，综合儒、佛、道三家，以儒家思想为主导。孟子说的"穷则独善其身，达则兼济天下"是他终生遵循的信条。

我们通常熟知的白居易是唐代伟大的现实主义诗人，是中唐时期影响极大的大文学家，他的诗歌通俗、写实，在中国诗史上占有重要的地位，有"诗魔"和"诗王"之称。此外，白居易做过司法官员，以刑部尚书致仕。846年，白居易在洛阳去世，葬于香山。有《白氏长庆集》传世，代表诗作有世人熟悉并广为流传的《长恨歌》《卖炭翁》《琵琶行》等。

第四章　宋元明清时期河南法律名人

宋元明清时期，传统法律继续发展，律学受理学的影响更加体系化和缜密化。宋代多明法之君，很多皇帝尊崇法制。直到近代受到西法冲击之前，中国传统法律长期独立成长，形成了独具特色的"中华法系"，在历史上曾对东亚各国都产生过重要的影响。① 清代作为中国传统律学的最后发展阶段，在传承明代律学的基础上，官私注律均异常发达，形成了律学家群体。本章的时间从北宋建国（960 年），到清朝道光二十年（1840 年）第一次鸦片战争时期。之所以未包括晚清这一时间段，是因为第一次鸦片战争后，清朝受到列强的冲击，整个社会处于转型时期。其中法律体系、法律制度也在求改革，晚清和民国交替时期出现了跨越两朝的法律名人。有些是之前在晚清为官，后来又在民国资政，这些人物具有新旧交替转型的特点，故此另设一章。

第一节　宋元时期河南法律名人

宋朝是一个以武开国、以儒立国的朝代，但是在治国理政的具体实践过程中，统治阶级极其重视法制、推崇法治。中国法制史专家徐道邻对宋朝的法制进行评价，认为宋朝皇帝比中国之前和之后其他朝

---

① 杨鸿烈：《中国法律在东亚诸国之影响》，商务印书馆，2015。

代的皇帝都更加懂得运用法律治理国家。[1] 宋朝整体来说沿袭了唐律，并且律学在宋朝开始有所衰退，被逐渐兴起的理学占了风头。北宋时，在科举考试中，明法科被逐渐取消，到南宋时科举考试则不再考明法科，取而代之的是理学兴起，宋朝的学风开始从务实向务虚转变，理学成为显学，律学备受冷落。苏轼曾经说过："读书万卷不读律。"由此可见，当时读书人对律学的态度冷淡以及律学衰落的情况。律学虽然没有唐朝那么繁荣，但是这一时期律学也在缓慢发展，法律典籍中以傅霖所著的《刑统赋》最具特色。《刑统赋》用诗词歌赋的体裁，将《宋刑统》的法律条文进行了编辑，形式新颖，读起来朗朗上口，方便记忆和传播。在此期间，还出现了一批对上能够秉承君意，对下能够顺应民意，清正廉洁、秉公执法的清官廉吏，后世史家称之为"循吏""廉吏""清官"，其中开封府包拯最为家喻户晓。他们施政的主要特点是兴礼义、重教化，在执法过程中注意贯彻儒家"为政以德""为政以礼"的精神，我们把这类人物中的佼佼者，也归为法律名人。

一 赵匡胤

赵匡胤（927~976 年），河南洛阳人，出身军人家庭。960 年，他在陈桥发动兵变，黄袍加身，建立了宋朝。在位期间，励精图治，实行文人治国，开创了中国的文治盛世，被后世与秦皇汉武相提并论。其治国理政思想和方针对宋朝影响甚大，对促进理学的发展起着重要的作用。宋太祖赵匡胤的法律思想主要是"崇文抑武，儒法兼用"。

赵匡胤立国靠的就是打仗，他骁勇善战，屡建战功，这和他的出身有一定关系。赵匡胤出身军人世家，《宋史·太祖本纪》记载，他的曾祖父赵朓"历藩镇从事，累官兼御史中丞"，他的祖父赵敬是

---

[1] 徐道邻：《中国法制史论集》，志文出版社，1975。

"营、蓟、涿三州刺史",他的父亲也是一生戎马,曾任检校司徒。赵匡胤于显德元年(954年)柴荣即位后执掌禁军,屡建战功,配合柴荣打仗,成为当时帝王最信任的军队统帅。显德三年(956年)春天,赵匡胤跟随柴荣征伐淮南,首战在涡口打败南唐军万余人,斩杀南唐兵马都监何延锡等人。南唐节度使皇甫晖、姚凤率领号称十五万的军队,驻扎在清流关,赵匡胤率领军队将其击败。显德四年(957年)春天,赵匡胤跟随柴荣出征寿春,攻克连珠寨,乘势攻下寿州。后来,赵匡胤改任忠武军节度使。显德六年(959年),柴荣北伐,赵匡胤担任水陆都部署。在南征北战当中,赵匡胤立下了赫赫战功。

赵匡胤奉行崇文抑武的治国理念和他所处的历史时期相关。北宋建立之初,赵匡胤采取了一系列强化中央集权的措施,最著名的就是通过"杯酒释兵权"解除了地方节度使的军事权力,把军事权力收归到君主手中。为了防止军人势力过大,导致历史重演,赵匡胤在治理国家上最核心的措施就是崇文抑武,重用文人治国,文人政治这个理念贯穿两宋。宋朝时候商业发达,在重文轻武的理念下,人们都热衷习文。从皇帝到大臣再到民众,习文弄墨的很多,宋代出了很多著名的艺术家、书法家、诗词家、金石家。为了推行崇文抑武的政策,赵匡胤经常手不释卷地做出表率。赵匡胤还要求子孙不得杀士大夫及上书言事人,最终形成了"君与士大夫共治天下"的局面。赵匡胤实行崇文抑武也有负面作用,就是导致宋朝后来军事力量薄弱,在遇到外敌来犯的时候无抵挡之力,处于弱势地位。

赵匡胤重视法律,严惩官员贪腐。他吸取五代十国的惨痛教训,把贪污腐败视为立国的大忌。当上皇帝以后,赵匡胤制定了严厉的法律,用重刑惩治贪官污吏。他规定,对贪赃官员不适用或限制使用请、减、赎、当之法。北宋建立的第二年,赵匡胤颁布了《窃盗律》,在查处贪官的时候,发现法律运用得并不顺利,收效甚微。赵匡胤经过反复思考,找到了"刑不上大夫"这个传统弊病。北宋成立之初,很多官员都有军功，开国元勋居功自傲、无视法纪，用自己的权势祖护贪污腐败的亲朋好友，致使新法难以有效实施。为此，赵匡胤对这些犯了贪污受贿罪的功臣，无论资格多老、官位多高、功劳多大，都严惩不贷，并采用先从地方小吏开刀的办法，逐级查处，杀一儆百。赵匡胤曾在两次大赦时明文规定：十恶故劫杀，官吏受赃者不原。这也表明了他惩治贪腐的决心。

赵匡胤还进行了一系列的立法工作，《宋史·太祖本纪》记载，建隆二年（961 年）二月，定《窃盗律》；四月，制定私炼货易盐及货造酒曲律；建隆三年二月，更定《窃盗律》；建隆三年十二月，颁布捕盗令等。除了制定单行律令外，赵匡胤还着手修订统一的法典《宋刑统》，时任工部尚书判大理寺窦仪主持立法。北宋建国第四年的八月，《宋刑统》修成颁布于天下。该法典内容广泛，包括社会生活的方方面面。赵匡胤的立法活动，奠定了宋朝的法制基础。

赵匡胤对司法也有严格要求。建隆三年（962 年）起，赵匡胤下令要求地方州县上奏的死刑案件，必须经过刑部的复核。为了防止在处理重大案件上的失误，赵匡胤单独设置了一个审刑院，对大理寺和刑部进行监督。设置提点刑狱司，作为中央派到地方的路一级司法机构，监管所辖州府的司法审判事务。

二　赵普

赵普（922～992 年），字则平，原籍幽州蓟县（今北京西南），其父一代即迁居河南洛阳，北宋开国功臣，著名的政治家，一代名相。给赵匡胤献策"杯酒释兵权"，"半部《论语》治天下"等典故都与赵普相关。

显德七年（960 年）正月，赵普与赵匡胤发动陈桥兵变，以黄袍加于赵匡胤之身，推翻后周，建立宋朝。赵普作为帮助赵匡胤当上皇帝的大功臣，被授予右谏议大夫，任枢密直学士。赵匡胤做皇帝以后，对于石守信、王审琦等人依然掌握兵权感到不安，赵普给他出谋划策，让赵匡胤削夺他们的兵权。赵匡胤依据赵普的方针给石守信等将领施加压力，最终他们纷纷称病交出兵权到地方去做节度使。在杯酒释兵权这件事上，赵普因献策有功，962 年，被晋升为枢密使、检校太保。963 年，赵普进一步削弱地方节度使的权力，安排他们都从武将改任文臣，有效防止藩镇割据的情况发生，加强了中央集权。964 年，赵普担任宰相，辅佐宋太祖筹划了一系列改革，涉及削藩、更戍法、官制、边防等重大措施。

开宝六年（973 年），赵匡胤到赵普家正好碰到南方的吴越王给赵普送礼，礼物是海产品十瓶。赵匡胤说，海鲜都是好东西呀，让人打开一看，里面根本不是什么海鲜，而是金子。赵匡胤讽刺赵普说，你且受之无妨。之后，赵普又私运木材扩建府宅。赵普的儿子违反宰相等辅政大臣之间禁止通婚的禁令，和枢密使的女儿成亲。于是，赵匡胤逐渐疏远了赵普，后来把赵普贬为河阳节度使。赵匡胤死后，其弟即位，曾召回赵普二次担任宰相，后又罢免，然后又恢复。因此，赵普前后曾三次入相。992 年 7 月，赵普因病辞世，被追封为真定王，赐谥号"忠献"。

赵普虽读书少，但喜欢读《论语》，有"半部《论语》治天下"之说，对后世很有影响，这句话成为以儒学治国的名言。赵普为了处理国事，每天下朝回家后就关起门来读书，第二天去上朝能够很快地把事情处理好。他死后，他的家人打开他的书一看，原来是《论语》二十篇。

赵普在宋初的政治舞台上，素以"出谋划，能决断"为人称道。他与赵匡胤关系非同一般，深得信任。据《宋史·赵普传》记载，太祖曾在一个雪夜，冒大雪亲往赵普家询问国事。明代画家刘俊的《雪夜访普图》生动地再现了君臣二人在寒气逼人的雪夜围炉秉烛夜谈的场景。

赵普认为可以用兵取天下，但是不可以用之治天下。朝纲不振、诸镇擅权的原因就在于法制不行，因此，要重建法政，施行德政，重建礼乐，使民有信。赵普继承儒家以仁为本的思想，在短期内安定了宋初纷繁复杂的政治局面。朱熹评价赵普道："赵韩王佐太祖区处天下，收许多藩镇之权，土国家三百年之安，岂不是仁者之功？"

三　包拯

包拯（999~1062年），字希仁，庐州合肥（今安徽合肥肥东）人，北宋名臣，有"包青天"的美称，是中国历史上清官的最著名代表。包拯籍贯虽不是河南，但是他在北宋都城汴梁（今河南开封）为官，开封府青天大老爷——包拯的清名天下无人不知、无人不晓。

包拯历任知县、知州、谏议大夫、监察御史、转运使、开封府尹、龙图阁大学士、枢密副使等官职。包拯在开封府任职一年多，就以执法严明、敢于碰硬著称，贵族、官员以及皇亲国戚听到包拯的名字就会害怕，都不得不有所收敛。开封府广泛地流传着这样的话："关节不到，有阎罗包老。"在此用阎罗比喻包拯的铁面无私。包拯还是一个孝子。宋仁宗天圣五年（1027年）包拯考中了进士，被任命为建昌县（今江西永修）知县。包拯因为父母年迈，而请求在老家合肥附近就职，于是改任命为和州（今安徽和县）监税。最终，包拯为了侍奉年事已高的父母辞去官职，回家赡养父母。等到父母相继去世后，包拯在父母的墓旁搭了一座草房子守满三年丧。在同乡父老的多次劝慰下，于景佑四年（1037年），包拯赴京听选。

包拯执法严格，不畏权贵。在担任监察御史时，为肃正纲纪，惩处贪官污吏，他弹劾了许多身居要职、手握重权的官员，有贩卖私盐以牟取暴利的淮南转运按察使张可久，役使兵士为自己织造1600余匹驼毛缎子的汾州知州任弁，监守自盗的仁宗亲信太监阎士良等。包拯不但对一般官员严格执法，对皇亲国戚也不例外。包拯还弹劾过宰相宋庠、舒王赵元佑的女婿郭承佑和仁宗张贵妃的伯父张尧佐等人。包拯在开封府做官时，国都东京的皇亲国戚和达官显贵众多，素以难以治理而著称。然而，包拯"立朝刚毅"，凡是以私人关系请托者，他一概拒绝，因而将东京治理得"令行禁止"。中国戏曲里面的铡美案家喻户晓，是经典剧目，长演不衰。这个案子中的其人其事并不能被严格考证，有说法认为由于包拯清正廉洁的形象深入人心，因此人们把所有具备这种品格的东西都想加在他的身上，这表达了人们对包拯清官形象的认可，对公平正义的美好追求。

包拯秉承儒家的"重民思想"，关心百姓的疾苦，坚持法律面前一律平等，王子犯法与庶民同罪。另外，包拯认为，法律的制定和修改要保持相对的稳定性，不能朝令夕改。宋朝皇帝的命令叫"敕"，甚至是皇帝的口头命令也能够成为法律的渊源。数量不断增多的"敕"难免前后矛盾、重复，让人无所适从。并且"敕"的运用，使《宋刑统》地位下降，形同虚设。对此，包拯持反对意见，他认为法律数易，会让人们对法律失去信心，应该"法存划一，国有常格"。

包拯素以严于律己、清正廉洁著称。史书记载，包拯 23 岁时，家乡有一位豪富请他赴宴交谈，包拯的一位姓李的同学欣然前往，但包拯却不去，他说，我今天随随便便结交了这个富人，日后他要是请托我办事可怎么办。

关于包拯清正廉洁，还有一个"不持一砚归"的典故。据记载，端州（今广东肇庆）的砚台品质很高，端砚历来受到文人士大夫的喜欢，被视为珍品。每年端州的官员都向百姓征收超过"进贡"规定数额数十倍的端砚用以送礼，打点与上司、权贵的关系。包拯在端州为官时，他不让百姓生产超过规定数额的砚台，消除了多位前任官员劳民以中饱私囊和贿赂权贵的流弊。待到包拯任期届满离开的时候"不持一砚归"。这一说法在 1973 年合肥清理包拯墓时得到了印证。考古工作人员在清理包拯及其子孙的墓时，只发现了一方十分普通的砚台而没有端砚。

包拯深受人们爱戴，他去世的噩耗传出时，全城哀悼。北宋东京的官吏和人民没有不感伤的，叹息的声音路上就能听到。目前河南开封有包公祠纪念包拯，珍藏于开封博物馆的北宋《开封府题名记》碑，上面刻有 183 位开封知府的姓名和上任时间。在众多名字中，包拯的名字被参观碑记的人的手指抚摸得已经模糊。

四　富弼

富弼（1004～1083 年），字彦国，河南洛阳人，北宋名相。富弼的父亲富言是北宋著名宰相吕蒙正的宾客，他请求让自己十几岁的儿子富弼到吕蒙正的书院来。吕蒙正同意了。有一天吕蒙正和富弼谈话发现，这个孩子天资聪颖，将来的功绩不亚于自己，就让他和自己家的子弟一起读书。后来，富弼果然成为北宋中期叱咤政坛的著名宰相。

富弼年轻时爱学习，有文采，气度不凡。范仲淹见到他说他日后是能够辅佐皇帝的人才。范仲淹非常欣赏富弼写的文章，推荐给当时的宰相晏殊看。晏殊也对他非常欣赏，把自己的女儿嫁给了他。富弼为官清正廉洁，刚正不阿，在宋真宗、宋仁宗、宋英宗、宋神宗四朝都做过官。他为人非常谦恭，和人说话彬彬有礼。《宋稗类钞品行》记载，富弼曾经谢绝了宋英宗的额外赏赐。宋英宗刚即位，把父亲的遗物赏赐给群臣。大家磕头告退了，宋英宗单独留下富弼，额外送他几件器物。富弼表示感谢之后，坚决不要额外的赏赐。宋英宗问他为什么推辞，富弼说，臣下如果收下陛下给的额外赏赐，那么如果陛下哪一天做出例外的事情来，我又怎么向您劝谏呢？

富弼为人非常有主见，他和把他推荐给皇帝的范仲淹有不同的看法，也大胆坚持。他对事不对人，哪怕是对天子也不随便附和、盲从。富弼晚年反对对边疆少数民族用兵，反对王安石变法，拒不执行青苗法，这些被认为是年老保守。元丰六年（1083 年），富弼因病而死，享年八十岁。临死还留了一封遗奏，让儿子交给宋神宗。宋神宗读后十分感动，为富弼亲自撰写了祭文，追赠太尉，谥号"文忠"。

五　程颢、程颐

程颢（1032～1085 年），字伯淳，又称明道先生，河南洛阳人，官至监察御史里行。曾参与王安石变法，后因反对新法，被贬至洛阳任京西路提点刑狱。程颐（1033～1107 年），字正叔，又称伊川先生，河南洛阳人，曾任西京国子监教授和崇政殿说书等职。王安石当政时，未被起用，与兄程颢在洛阳讲学。司马光当政时，被荐为崇政殿说书，与修国子监条规。后来，程颐因反对司马光的新党执政而被贬，不久被削职，遣送至四川涪州。二兄弟又称"二程"，二人曾经师从周敦颐学习，同为北宋哲学家、教育家，是宋明理学的奠基人。程氏二兄弟长期在洛阳讲学，其学说称为"洛学"。南宋朱熹继承和发展了他们的学说，世称"程朱理学"。二程的法律思想主要体现在《二程集》中。二程死后葬于河南洛阳伊川，世称二程墓。

程颢、程颐理学思想的最高哲学范畴是"理"，"理"作为绝对本体而衍生出宇宙万物。二程理学的最高心理范畴是"心"，"心"作为"理"的等同物而产生人的形体，所以说："有是心，斯具是形以生。"二程理学的核心观点是"存天理，灭人欲"。理学是对传统儒学的一种新发展。先秦时期，孔子、孟子奠定了儒学的基本框架。两汉时期，儒学衰败，经学成为主流意识形态。宋代开始，二程的理学把儒学换了一种形式加以复兴。

二程所创建的"理学"受到了后世历代封建王朝的尊崇。二程认为，天地之间有一个本源，这个本源就是"天理"。"天理"是最高的存在，不为尧存，不为桀亡。

二程主张以礼治国，认为"理"是世界的本源，万事万物都带有

"理"的痕迹，"天理"在人间的反映就是"礼"，就是人伦道德。父子君臣、上下尊卑，都是"天理"所定，是不可违背的。所以，要顺"天理"行事，从"礼"就是遵从"天理"。人们应该依照"礼"所确定的名分行事。君臣、父子、兄弟、夫妇、朋友皆从"礼"。二程所创"天理"的概念，给人伦礼义制造了一个哲学基础，提升了儒学的高度和深度。

二程在"德刑"关系上，认为二者应该兼顾，恩威并施，改变了传统儒家思想所主张的"德主刑辅"的观点。二程也承袭儒家先贤的思路，用人性来论证刑罚的必要性。二程把法律上升到一个主要的层面，认为先有刑罚，再有教化，刑罚立则教化行，只有先明确法律，确定刑罚才能有威慑力，让人们不敢为非作歹，进而才能谈到道德教化。

二程在人治和法治的关系上主张施行"人治"，以"法"做补充。圣王明君之治是一种理想状态，如果过分倚重人的作用，则会破坏法治，最终破坏社会秩序。

程园位于河南洛阳伊川县城西 1 公里处，始建于 1090 年，是程颢、程颐和其父亲程珦的墓园。程颢、程颐死后，宋哲宗为示尊崇，赐坟地 2120 亩，在其中建了三先生祠。院内有翁仲、石马、石羊、石虎等石雕，每年春秋大祭，河南府知府、嵩县知县等地方官吏必亲临主祭。后屡遭兵患，墓院损坏殆尽。如今的二程墓占地 40 余亩，有古柏 500 多棵。墓地西北隅，成品字形排列 3 个墓冢，上为程珦墓，左为程颢墓，右为程颐墓，墓前有明清时期的重修碑 4 通。二程墓于 1963 年被公布为第一批河南省文物保护单位。

六 许衡

许衡（1209~1281 年），字仲平，号鲁斋，怀州河内（今河南焦作）人，元代著名理学家、政治家。

许衡祖籍怀州河内，因其父避难而迁居河南新郑。许衡 16 岁时，跟随他的舅舅学习怎么当官吏。但是他对此不感兴趣，一心想要钻研儒家学说，同时对历法和占卜感兴趣。

许衡为官清正，敢向皇帝直言劝谏。蒙古族入主中原以后，组织儒生考试，许衡应试并被选中，从此出仕。1265 年，元世祖问翰林学士窦默，让他举荐一个像唐朝魏征那样直言善谏的人，窦默就说这样的人非许衡莫属。许衡被任命为议事中书省，在任期间犯颜劝谏，不为利诱，有"元朝魏征"之称。

许衡对社会状况的判断十分准确，在此基础上给出了立国治世的良好建议。他认为蒙古族人要统治中原，关键是要在立法和用人上下功夫，而农桑和学校是治国的根本，这两个方面相辅相成，不可分割。许衡的思想十分务实，切合实际，有很强的可操作性，对维护元朝统治发挥了作用。

许衡的法律思想还体现在对分权制衡的论述上。1269 年，中书平章政事阿合马想把自己的儿子安排到枢密院掌管兵权，许衡坚决反对。他说，国家的事情无非就是民、兵、财物这三个方面，父亲掌握了财物和民两项，如今又让儿子掌握兵权，三大国家权力都集中掌握到一起这可不行。最终，元世祖没有同意让阿合马的儿子掌握兵权。

许衡是朱熹理学的继承者。许衡多次辞官又被召回，前后达 8 次之多。在为官的 27 年中，他还做过专管教学的官员，规定 8 岁以上的人无论贵族还是平民都要入学校学习。许衡宣讲程朱理学，朱熹的理学学说被普及。

许衡和太史令郭守敬一起修订历法，元世祖赐名为"授时历"，授时历是中国历史上使用时间最长的一部历法。许衡死后被埋在今焦作市中站区李封村的许家坟。当时这个墓地祭坛和碑刻林立。清朝乾隆皇帝经过这里时，曾亲自来到许家坟刻碑留念。现在这些碑刻都在"文化大革命"时期遭到破坏。

第二节　明清时期河南法律名人

元朝律学已经呈现出全面衰落的迹象，法学家人数不多，几乎都是政治家而没有研究刑名法术的法学家。一方面，元朝之前的宋朝律学已经开始逐渐衰微，汉唐时期律学的发展达到顶峰已经成为过去时；另一方面，元朝毕竟是少数民族政权，百废待兴，汉法被应用得有限，汉唐时期达到巅峰的律学受到冷遇也在情理之中。律博士这一职务在元朝被撤销，科举考试中的明法科也被废除，法律人才的选拔途径被堵上了。简言之，律学在元代彻底沦陷，律学家没有发展前途。清代作为中国传统律学的最后发展阶段，在传承明代律学的基础上，官私注律均异常发达，形成了律学家群体。

一　曹端

曹端（1376~1434 年），字正夫，号月川，河南渑池人，明朝初期著名的学者、理学家。其学以躬行实践为务，而以存养性理为大端，对理学重要命题多有修正、发挥，被论者推为"明初理学之冠"。

曹端少年聪慧，苦读诗书，座下放脚处，两砖皆穿，17 岁博览群书并为自己专设一书室，并命名为"勤苦斋"，18 岁成为秀才，开始专门研究儒学，博通五经，33 岁参加河南乡试，考中第二名，第二年又参加京城的会试，考中乙榜第一名。先后担任山西霍州、蒲州儒学学正 20 余年，59 岁病逝于霍州学正官署，诸生为其服三年丧，霍州人罢市巷哭。

为政方面，曹端颇有建树。曹端首倡为政要"公廉"。霍州知府郭晟向曹端请教为政之道。曹端说："其公廉乎？公，则民不敢谩；廉，则吏不敢欺。"郭晟深服其教。在曹端死后百余年，明代另一学者洪应明在其所编著的《菜根谭》中，提出了"唯公则生明、唯廉则生威"的论断。后明代山东巡抚年富用楷体写成"公生明、廉生威"。之后,曹端倡导的"公廉"二字成为明清两代之官箴。"公廉说"即使在今天,仍有深远的现实意义。

曹端反对一切迷信活动,在他的倡导下,官府毁坏欺骗群众的"淫祠"百余间。在灾荒年间,他倡导赈灾活动,救助了不少百姓。

在学术上,曹端承袭朱熹,从儒家正统的立场出发,摒斥佛道两教。在治学上,他推崇"太极",认为其是事物的本源,重新对周敦颐的《太极图说》做了注解。曹端本人为学刻苦,注重实践和言传身教,因此在向学生传授知识时,以德服人,知行合一,向学生传授做人做事的方法。他的学术著作主要有《太极图说述解》《通书述解》《西铭述解》《四书详说》《性理文集》《夜行烛》《拙巢集》《存疑录》《孝经述解》《训蒙要纂》《家规辑略》《录粹》《尤文语录》《儒学宗统谱》《月川图诗》等。曹端的理学思想对明代产生了重大影响,《明史·曹端列传》称其为"明初理学之冠"。

二 郭朴

郭朴(1511~1593年),字质夫,世称东野先生,河南章德(今河南安阳)人,明朝中期大臣,做过吏部尚书。

明朝嘉靖十四年(1535年),郭朴考中进士入仕。嘉靖四十五年(1566年)三月,兼任武英殿大学士,与高拱(河南新郑人)同时入阁。郭朴为人谦厚,相传他在京做官时,老家安阳的宅基地被邻居筑墙侵占数尺,家人致书郭朴主持公道,他回信说:"千里捎书只为墙,让他三尺又何妨。"邻居知道后,深受感动,遂将多占之地让出,还把自己的地方让出几尺,遂成过道,被后人称为"仁义巷"。如今,此处已成为安阳一景。

嘉靖年间,世宗诏阁臣续修新例,郭朴曾参与编修《大明会典》,前后续修达53卷,世称《嘉靖续纂会典》,然未颁行,后又参与重录

《永乐大典》。他在朝廷两次担任吏部尚书，两次充任主考官，以此参与主持会试。他举贤荐能的原则是重真才实学，戒只说空话，选用人才不偏听偏信。郭朴为官秉公办事，不徇私情，一身正气。明代河南籍朝廷命官很多，郭朴是这一时期河南籍官员的典型代表。明朝万历二十一年（1593 年）五月，郭朴去世，享年 83 岁。他死后被朝廷赠太傅，谥号文简，著有《郭文简公集》。

三　高拱

高拱（1513～1578 年），字肃卿，号中玄，祖籍为山西洪洞，其祖先为躲避元朝末期的战乱迁到了河南新郑高老庄村，高拱即生于河南新郑。高拱是明朝嘉靖、隆庆时期的大臣，曾任内阁首辅大臣。

高拱的法律思想体现在他对"权"字的理解不局限于儒家现成的学说，他认为不可以用儒家学说解释得通的事情就不要勉强，可以有新的思想来理解。而且，他也不赞同程朱理学所说的远人情则为天理，他认为人气和天理是互相联系的，理就存在于事物之中，没有事物就没有这其中的道理。高拱对"权"字的理解独到之处在于，他认为权就类似于一杆秤上的秤锤和衡杆，两者是相辅相成、对立统一的，秤锤和衡杆共同确定重量的大小。做任何事情都要认真权衡一下，让权和理相统一。

高拱的法律思想还体现在他对"义"和"利"之间关系的认识上。他认为义利观需要摆正，做事情讲求利益也不是不好，儒家所说"君子不言利"的观点是一种迂腐或者虚伪的观点。高拱认为之前人们的义利观不正确，过分夸大"义"的作用，贬低"利"的作用，导致会理财赚钱的人不被重视，空谈大义误国误民。应该重视有办法增加财富的人才，加强关系国计民生的事务，在行政上要务实。

万历六年（1578 年），高拱在新郑去世，葬于新郑北郊今阁老坟，陵园建筑历经多年已经被破坏，现在墓碑仅存碑座，于 1982 年被列为文物保护单位。

四　吕坤

吕坤（1536～1618 年），字叔简，自号抱独居士，河南宁陵（今河南省宁陵县）人，明朝文学家、思想家。吕坤刚正不阿，为政清廉，他与沈鲤、郭正域被誉为明万历年间天下"三大贤"。

吕坤的主要著作有《去伪斋集》《呻吟语》《实政录》等。他生活于明世宗到明神宗年间。他的父亲吕得胜，以"渔隐闲翁"自号，家有土地 2000 余亩，生活富足，在这样的环境下，幼年的吕坤受到两方面的教育：一方面，生活的无忧无虑使他有足够的时间和精力饱览群书，充实丰富发展自己；另一方面，农村的生活使他对民生疾苦多有了解和感触，对形成他的哲学思想有一定的影响。吕坤在道学（理学）盛行之时，公开宣布自己"不是道学"，而且批判"道学"，并称之为"伪""腐"，把自己的书斋命名为"去伪斋"，著作有《去伪斋集》，颇有批评道学的勇敢精神。

吕坤曾担任襄垣知县、吏部郎中、山西按察使、陕西右布政使及刑部左右侍郎等职。万历二十五年（1597 年）五月，时任刑部侍郎的吕坤上书皇帝陈天下安危，劝神宗励精图治。然而上书不被呈报，吕坤又遭给事中戴士衡诬告，随即愤然称病辞职，结束了 26 年的仕途生涯。吕坤隐退后，收徒讲学，以继往开来为己任。万历四十六年（1618 年），吕坤病逝于家中。后三年，被追封为刑部尚书。

吕坤为政清廉，著述颇丰。他依据儒家"德主刑辅"的治国理念，系统地提出了"礼主刑辅"的法律思想。他格外注重道德教化的作用，还主张慎重立法，避免朝令夕改。

五　汤斌

汤斌（1627～1687 年），字孔伯，号荆岘，晚号潜庵，河南睢州

（今河南睢县）人，清朝政治家、理学家、文学家、史学家，官至工部尚书。汤斌一生清正廉明，是实践朱学理论的倡导者，所到之处体恤民艰，弊绝风清，政绩斐然，被尊为"理学名臣"。其著作有《洛学编》《潜庵语录》等。雍正时，其牌位准入贤良祠。乾隆元年（1736年），赠谥号为"文正"。

汤斌一生重视读书治学，用学问治天下、辨是非、教后代。他对程朱理学进行了研究和梳理，编写了《洛学编》一书。"洛学"就是北宋时期著名的程颢、程颐两兄弟创立的学术派别，在中国学术史上占有重要的地位。汤斌在他的老师孙奇逢的指导下，对洛学进行整理，书中编辑了从汉朝到明朝理学的起源和演变过程。这本书对先贤进行了表彰，用来鼓励后人继承和发展洛学。该书前后共刊印了8次，在当时有相当广泛的影响力。该书的编纂体例属于学术史类，以宋明理学为主，同时讲述了汉唐儒家经学的理论，宋明理学家被列入《正编》，在《正编》之前设置《前编》，将汉唐经学大师列入其中。书中阐释了经学和理学之间的关系。在《正编》中，汤斌也客观介绍了理学不同派别的观点，虽然以记述程朱理学为主，但也兼顾陆王心学，打破不同派别之间的对立。《洛学编》全书4万多字，以紧凑的篇幅浓缩了汤斌的理学研究成果，通过这本书可以通览经学、理学的发展流程。汤斌的理学公正、务实，我们可以清楚地把握明末清初理学的发展状况，其思想具有鲜明的时代特征。

汤斌还是一个史学家。他认为历史研究要去伪存真、化繁为简、讲求实用。他曾3次入史局编修《明史》，写了十几万字的明朝历史书稿。汤斌为人耿直，尊重历史原貌。他冒着杀头的风险建议顺治皇帝把明朝抗击清朝的仁人义士编入《明史》，虽然有很多大臣反对，但是顺治皇帝赞赏汤斌治学编史的严谨态度，同意他的看法。汤斌呕心沥血，在康熙年间编撰了《明史》几十卷。《明史》在学界享有很高的声誉，是公认编撰得较好的一部史书。

汤斌不但是个政治家，也是有很高文学造诣的文学家，他的名作《桃花源》中，"能使此心无魏晋，寰中处处是桃源"成为被后人赞许和流传的名句。

六　胡季堂

胡季堂（1729～1800年），字升夫，号云坡，光山（今河南信阳光山县）人，清朝大臣。礼部侍郎胡煦之子。胡季堂最初以荫生的身份担任顺天府通判，此后历任刑部员外郎、甘肃庆阳知府、甘肃按察使、江苏按察使、刑部侍郎、刑部尚书、山东巡抚、兵部尚书、直隶总督等职。胡季堂在刑部任职长达23年，是清朝掌管刑部时间最久的人。嘉庆五年（1800年），胡季堂因病乞求解职，同年病故，终年72岁。追赠太子太傅衔，谥号"庄敏"。

乾隆三十九年（1774年），胡季堂升任刑部侍郎，乾隆四十四年（1779年）再升任刑部尚书。在刑部期间，胡季堂充分展现了其在司法领域的才干，曾多次赴各地查案，曾亲自到直隶、吉林、江苏、山东、河南等地检查狱情，查出有冤枉、诬告案件，必严肃处理。他初次被派往河南商丘查验狱情时，乾隆皇帝曾亲自下谕告诫："季堂河南人，按本省事尤当秉公持正。勿以事涉大吏，虑将来报复，稍为瞻顾。"意思是说身为河南人，审理本省的案情时更应秉公持正，不要因为一件事而牵涉更多的官吏，以免将来遭到报复。胡季堂接到圣旨后，更加勤勉为政，秉公执法，果不负众望，每次均能出色完成使命，受到了乾隆皇帝的嘉奖。初到商丘，胡季堂遇到一桩案子。有一个叫汤秉五的恶人，对守寡在家的刘氏百般调戏，刘氏因此绝食而亡。当地官员因为受贿判定刘氏绝食属于自杀，没有对元凶汤秉五实施任何惩罚。但刘氏的父亲觉得此案判得不公，见胡季堂来访，便具状上告。胡季堂接案后，亲自调查，并重新审理，将主犯汤秉五绳之以法。

由于胡季堂秉公断案，得到了乾隆帝的嘉奖。他到山东时，被任命署理山东巡抚。当时，正闹灾荒，胡季堂便上疏皇帝请求将本省的漕米拿来用以赈灾，安抚百姓。嘉庆三年（1798年），胡季堂回到京师，任直隶总督，加太子太保，赐戴孔雀翎。

胡季堂还是扳倒和珅的关键人物。嘉庆四年（1799年），太上皇乾隆驾崩，嘉庆帝亲政。嘉庆亲政后，处理的第一件实政就是惩治乾隆帝宠臣和珅。诏谕各省督抚将和珅罪行具奏，直隶总督胡季堂第一个弹劾和珅。具告和珅罪状数条，请将和珅"凌迟处死"，成为扳倒和珅的关键人物。胡季堂还将查抄和珅家的一万多担粮食分发给了直隶地区因水灾而需要救济的难民。

胡季堂不但擅长刑部事务，而且还有书法、绘画才能。1964年，文化部将胡季堂列为"唐代至清代全国知名书画家"之一。其书画在河南省信阳市光山县内有所流传，光山县文管会珍藏有胡季堂真迹。

七　周祖培

周祖培（1793～1867年），河南商城牛食畈（现划分到安徽金寨）人，字叔滋，号芝台，嘉庆二十三年（1818年）参加河南乡试中举，二十五年授翰林院编修，历任陕甘学政、侍读学士、詹事府詹事、文渊阁直士。道光年间担任过吏部、兵部、工部侍郎等职，咸丰年间历任刑部、兵部、户部、吏部尚书。曾任咸丰二年（1852年）科举考试会试的阅卷官。

咸丰三年（1853年），周培祖因对案件失察，被降三级调用，即日补都察院左副都御史，升吏部左侍郎。咸丰四年，升左都御史，擢兵部尚书。咸丰五年，署顺天府尹。咸丰六年，兼署工部尚书加太子太保，调吏部尚书。咸丰八年，都理五城团防，以吏部尚书协办大学士，兼署户部尚书，第二年，调户部尚书，兼署吏部尚书，正式成为户部汉人尚书，与满族户部尚书肃顺的矛盾日益加深。

周祖培极力支持慈禧太后垂帘听政。他指使自己的学生、时任山东道监察御史的董元醇上书《奏请皇太后权理朝政并另简亲王辅政折》，以皇帝年幼为名，吁请两宫太后权理朝政，为太后临朝干政制造舆论。董元醇，字竹坡，河南洛阳人，是咸丰二年（1852年）的进士，授翰林。当年周培祖是会试阅卷老师，因此董元醇就是周培祖的学生。周祖培还让在自家授子读书的名士李慈铭搜集历代贤后临朝典故，成《临朝备考录》，为慈禧太后垂帘听政提供理论支持。据《李慈铭日记》记载，"当国有议请母后垂帘者，属为检视历朝历代贤后临朝故事"。李列举了历史上八位垂帘听政的母后或者太后，有汉和熹（和帝后）、顺烈（顺帝后），晋康献（康帝后），辽睿知（景帝后）、懿仁（兴帝后），宋章献（真宗后）、光献（仁宗后）、宣仁（英宗后），大概陈述了一番这些人的事迹。[1]

"同治"这个年号是周祖培取的。他上书慈禧太后，说载垣拟定的年号"祺祥"这两个字的意思重复了，不如用"同治"做年号。慈禧太后采纳了他的建议，并对他提的建议给予嘉奖。[2] 周祖培在辛酉政变中审时度势，成为支持政变的核心力量，从而受到了两宫太后和恭亲王奕䜣的青睐。同治元年（1862年）调管刑部，负责审理前两江总督何桂清狱案，"析理准情无所阿"。

同治六年（1867年），周祖培病逝，追赠谥号"文勤"。周祖培为官历嘉庆、道光、咸丰、同治四朝，任职遍中央六部，受到的知遇这么隆重，在整个清代很少有。

八 马丕瑶

马丕瑶（1831~1895年），字玉山，河南安阳县蒋村人，清末廉吏，历任山西平陆县、永济县知县，解州（今山西运城市）、辽州

---

① （清）李慈铭：《越缦堂日记》（第3册），广陵书社，2004。
② （清）翁同龢：《翁同龢日记》（第1卷），上海中西书局，2012。

（今山西左权县）知州，太原府知府，署理山西按察使和山西布政使。光绪十三年（1887年）任贵州按察使，接着又任河南布政使。十五年（1889年）秋，任河南巡抚。创建官书局，惠及读书人而广施教化。倡办蚕桑，开设机坊。在广东任巡抚时，恰逢中日甲午战争之际，马丕瑶积极修复海防设施，选拔任用有才能的得力将领，兴办团练，加强武器装备。

同治五年（1866年），马丕瑶在平陆当知县，其间勤政爱民，深受百姓爱戴，都叫他"马青天"。"不爱钱，不徇情，我这里空空洞洞；凭国法，凭天理，你何须曲曲弯弯"，是马丕瑶做官的原则。马丕瑶做知州时，张之洞请他出任山西清查局局长，只用3天时间，就查出了布政使与地方官作弊贪30万两银子的罪行；在广东任巡抚时，敢查权臣李鸿章的长兄、两广总督李瀚章的违法情况。马丕瑶一生克己守礼，勤政爱民，政绩卓著，多次受到光绪帝和慈禧太后的恩赐。后因忧愤国事卒于任上，终年65岁，诰授"光禄大夫""威武将军"。

第五章 近现代河南法律名人

　　中国近代指的是从第一次鸦片战争到中华人民共和国成立这一段时间（1840～1949 年），历经了晚清、北洋军阀和民国时期。中华民族的近代史充满了屈辱和灾难，封建制度下国家难以为继，时局异常紧张，再不改弦更张，国将不国。因此，一批志在变法图强的有识之士把希望寄托在中国古代律学上。清朝末期的律学名家——沈家本，受命于危难之际，进行了大规模的修律。他希望通过学习和引进西方先进法治理念，改变中国传统法律中不合时宜的地方，以此来重振国纲。盛衰乃社会演进的规律，中国古代律学历经近 2000 年后，遭遇了西方法学，在很多方面被取代。在此过程中，河南作为近代中国国家治理的核心区域，涌现出一个晚清豫派律学家群体，也出现了一批极具代表性的跨越晚清和民国两代的法律名人，有些人曾任晚清官员，后来又在民国资政。基于这部分人物转型更替的特点，故设本章。①

第一节　晚清时期豫派律学家

　　晚晴时期为适应形势的需要，刑部律学异军突起，刑部出现了陕、豫两大派别，豫主简练，陕主精核。豫派律学家重在研制法例，明慎

---

① 本章两节内容所采用的资料和观点主要来自河南科技大学人文学院历史学系王云红教授。

折狱，主要贡献是在司法实践层面。对此，一代法学大家沈家本曾明确指出："当光绪之初，（律学）有豫、陕两派，豫人以陈雅侬、田雨田为最著，陕则长安薛大司寇为一大家。余若故尚书赵公及张麟阁总厅丞，于《律例》一书，固皆读之讲之而会通之。余尝周旋其间，自视弗如也。"① 此后，董康②也在其《我国法律教育之历史谭》一文中指出："（刑部）以进士或拔贡小京官签分，到部之后，就辈项稍前者，悉心研究，一方读律，一方治事。""部中向分陕、豫两系，豫主简练，陕主精核。"③ 沈、董二人皆是当时著名的法学家，长期参与刑部工作，所言具有代表性。豫派律学群体中被沈家本提到的两位代表人物就是陈雅侬和田雨田。陈雅侬就是陈惺驯，田雨田就是田我霖。

一 陈惺驯

陈惺驯（1846～1887年），字雅农，号致堂，睢州龙塘镇（今河南民权县龙塘镇）人，同治七年（1868年）戊辰科进士，授刑部主事，分发直隶司行走，后升员外郎，官至刑部江苏司郎中，刑部秋审处总办，律例馆提调。

1878年，陈惺驯随钦差赴湖北查办案件，他调阅案卷，深入查访，反复研究，历经数十日夜，终使案情大白，凶手伏法，涉案人员都得到了相应的惩处。后又随同查办江西、安徽等省案件。差竣返京后，被记京察一等，委以府道候用，未及陈授，不久卒于官，年仅42岁。

陈惺驯精于刑律，著有《驳案新编》若干卷。陈惺驯在刑部任职期间，认为刑狱乃民命所系，他指出："狱至刑部不得其平，民复何

---

① （清）沈家本：《历代刑法考（四）·附寄簃文存》，中华书局，1985。
② 董康，1889年考中举人，后又高中进士，入清朝刑部工作，历任刑部主事、郎中。1900年义和团运动时，擢刑部提牢厅主事，总办秋审兼陕西司主稿。1902年修订法律馆成立后，先后任修订法律馆校理、编修、总纂、提调等职，为修律大臣沈家本的得力助手，直接参与清末变法修律各项立法和法律修订工作。
③ 何勤华、魏琼编《董康法学文集》，中国政法大学出版社，2005。

所控?"为此,他朝夕研读律例,专研刑案,业务能力不断提升。当时,刑部审理各类大案要案,都离不开陈惺驯。

同治十一年(1872 年)和光绪元年(1875 年),为表彰陈惺驯,其家人也受到了皇帝的封赠。光绪二年(1876 年),陈惺驯本人被授为中宪大夫,其妻赵氏封为恭人。

二　田我霖

田我霖(1843~1895 年),字雨田,号少坪,河南开封府祥符县(今河南开封市祥符区)人,同治十年辛未科(1871 年)得中进士,历任刑部主事、员外郎、郎中,山东道、江南道监察御史,内阁侍读学士,通政司参议,鸿胪寺少卿,光禄寺少卿,太仆寺少卿,诰授中宪大夫,晋封资政大夫。

光绪二十年(1894 年),甲午战争爆发,国事堪忧。田我霖面对时艰,参与军机,心中忧虑急切,于是得了肺病,于次年九月二十五日酉时病逝于馆舍,时年 53 岁,葬北茔。后任刑部尚书的赵舒翘曾为他作墓志铭,认为受其影响颇深,"舒翘通籍观政,于刑部尝持此意,质之同曹,相切劘其赆我多者,惟雨田公为最"。他还指出田我霖被"上官依之如左右手,每有疑狱,以属公,多所平反,考绩称最"。田家乃清末祥符科举大家族,曾有过"田氏一门三进士"的辉煌,至今开封老城乐观街 47 号仍有田氏老宅。①

除陈惺驯和田我霖之外,还有一批河南士子中进士后先后被分发到刑部任职。根据《清代河南进士名录》②,可考者有祥符关国光、祥符李培元、荥阳孙钦晃、信阳艾廷选、项城欧阳秀之、商水李擢英、祥符钱锡晋、项城余连蕚、汜水魏联奎、辉县史绪任、祥符武玉润、汲县李时灿、汜水李培之、项城郭守堂、项城张淑栋等。以上名

---

① 王云红:《晚清豫派律学的再发现》,《寻根》2016 年第 1 期。
② 河南省教育志编辑室编《河南教育资料汇编(清代部分)》,1983。

录根据中进士的时间顺序排列，从咸丰元年（1851 年）至光绪二十年（1894 年），长达四十余年。其中，同治七年（1868 年）至光绪十五年（1889 年）间，则是豫派律学的辉煌时期，刑部豫派人才济济，为一时之盛。光绪十二年（1886 年），氾水魏联奎中进士后签分刑部，曾有人指出："豫人官秋曹者，时则有孙友梅太年丈、田雨田、李子湘诸先生，相与研制法例，明慎折狱，反复推求，必衷于是。"[①]

三　关国光

关国光（1828 ~ ?），河南祥符县（今河南开封市祥符区）人，字觐侯，号宸臣，又号怡岑，咸丰元年（1851 年）由廪生中恩科举人。咸丰六年中进士，奉旨以知县用，改捐主事，签分刑部。是年十一月到刑部，第二年正月学习期满，奏留。八月告假回籍办理团练，出力保奏赏加员外郎衔并戴蓝翎。同治三年二月销假，六年九月补授提牢厅，七年八月提牢厅期满，议叙以本部主事即补，十二月题补湖广司主事，九年三月捐免试俸，十年十月丁父忧。[②] 起复后，光绪元年（1875 年）三月到部，九月补授贵州司主事，十二月题升福建司员外郎，三年七月丁母忧，起复后七年八月到部，十一月补授安徽司员外郎，十年六月题升四川司郎中，俸满截取，保送繁缺知府，七月二十日，经钦派朱笔圈出，照例用。关国光是较早进入刑部的豫籍人士，先后在刑部任职长达 28 年，是豫派律学形成和发展的亲历者和见证者。

四　孙钦晃

孙钦晃（1838 ~ ?），字子实，号友梅，河南荥阳（今郑州市中

---

① 陈万卿编著《魏联奎先生年谱》，载《荥阳先贤年谱二种》，大象出版社，2006。

② 丁忧，根据儒家的孝道传统，朝廷官员在位期间，若父母去世，则无论任何官职，必须辞官回乡，为父母守孝 27 个月。

原区孙庄村）人，清朝政治人物，进士出身。同治元年（1862年）乡试中举，同治七年，登进士，授刑部主事，后升任刑部员外郎、刑部郎中。后累升任庆远府知府。光绪二十三年（1897年），担任桂林府知府。光绪二十九年，因被人举报贪污受贿，被革职。此案多处存疑，但始终没有平反或后续。

孙钦晃的父亲孙树之是孙家最早入仕途的，孙家一共有三人被钦点翰林，因此被称为"一门三进士""父子双翰林"。

五 李擢英

李擢英（1844~1914年），字子襄，河南商水县（今周口南寨新街）人。同治十二年（1873年）乡试中举，光绪三年（1877年），登进士，任刑部直隶司行走。光绪六年（1880年），兼任刑部秋审处行走。光绪十六年（1890年），任秋审处坐办。次年，任陕西司主事、云南司员外郎。光绪十八年（1892年），任直隶司郎中。光绪二十八年（1902年），升任太常寺少卿。宣统元年（1909年），任大理寺少卿。①

李擢英在刑部任职16年，政绩卓著，曾经多次侦破疑案、奇案，在京师有"李青天""包孝肃"之称。后历任江南道监察御史、贵州道监察御史等职，曾先后向皇帝上书，有《河南地丁杂税征收无定疏》《豫省灾歉疏》等。他身居要职，洞察民生疾苦。庚子年曾留守北京西城，竭力保障居民生命财产安全，以功绩卓著升任内阁侍读学士、大理寺少卿。

六 余连莩

余连莩（1854~1889年），字棣堂，号孚山，河南项城人。光绪

---

① 秦国经编《清代官员履历档案全编（5）》，华东师范大学出版社，1997。

二年（1876 年）乡试举人，光绪九年（1883 年）进士，历任刑部主事、主稿、秋审处减等各差，供职维勤，卒于任。余连尊认为刑律为国家的根本大法，极应从公从慎，一丝不苟。

余连尊年少时拜曹学礼为师，与夏耀荣、黄学骞、曹若楠为友。铁路议起，余连尊与友人夏耀荣磋商几昼夜，才致书当道，主张务必慎重处理。光绪十三年（1887 年），黄河从郑州花园口溃决，陈郡（今河南淮阳）地区首当其冲，为害甚烈。余连尊目睹惨状，遂约同仁共同倡议募捐。他为拯救人民于水火之中，日夜奔波，虽然大腿都肿了，也坚忍不辞，一个月筹集到捐赠银 13 万两。此时，官员多数主张官赈，而余连尊力争说不如推举明绅施赈，实惠及民。众从其议，灾民因而得活者颇多。

余连尊为官清正，不随意结交、攀附权贵。当时，内务府大太监李莲英慕其学品，通过余连尊的一位同乡介绍，愿与之交，他却置之不理。

第二节　民国时期河南法律名人

随着豫派律学衰落，近代法学出现，民国时期河南法律名人有一些共同的特点。在整理相关素材时，发现民国时期诸多法学家皆有着丰富的法律实践活动，其或为法官，或为检察官，或为律师，或参与立法，或从政为政府官员，也有相当一部分在法政学堂任教。这一时期的法学家承前启后，在中华法系传统法学的基础上有一些人学习西方或者日本的法律，进行法律移植方面的有益探索。

一　魏联奎

魏联奎（1849～1925 年），河南汜水县魏家岗（今郑州市上街区峡窝镇魏岗村）人，字文垣，号星五，又号燹余生。光绪八年（1882

年）中举人，光绪十二年（1886 年）中进士，曾任刑部主事和左丞。清帝逊位，魏联奎弃官归乡，寓居郑州，1925 年 7 月病逝。生前著有《爇余诗集》《知行辩》《减漕录》等。荥阳陈万卿先生长年留心搜集魏联奎资料，成书《魏联奎先生年谱》，但惜于资料有限，对其法律方面的认识仍有所不足。①

魏联奎在刑部约 30 年，判案精密审慎，深得尚书薛允升、戴鸿慈、沈家本所倚重。戴鸿慈称其刑名之学"根于经史"。辛亥革命后，他辞去工作回到老家，定居在郑州。1913 年，魏联奎开始他的水利事业，创建了郑州贾鲁河水利公司。虽已经 60 多岁了，他还每天在田野里测量和疏通渠道。1918 年，魏联奎联络省内外 54 县人士吁请减漕。3 年后，减漕成功，为河南省每年减漕 24 万余两。

二　史绪任

史绪任（1863～1924 年），河南辉县人，字小周，又字荷樵，晚号效迟。光绪八年（1882 年）中乡试，十二年（1886 年）中进士，授刑部主事，习刑律，精研法意，决狱审慎。时刑部治律学者分秦、豫两派，绪任为豫派之冠，与汜水魏联奎为至交，互相砥砺。曾经刑部尚书戴鸿慈等人疏荐，擢大理院推事，简署广东高等审判厅厅丞，不久以道员归河南补用。民国建立后，他决意不再入仕，里居不谈时事。卒年 62 岁。②

史绪任还是一位书法家，在中国书法史上有影响的史春铨、史绪任、史延章被辉县人尊称为"一门三进士"。

三　李时灿

李时灿（1866～1943 年），字敏修，号闇斋，河南卫辉府城（今

---

① 参见陈万卿编著《魏联奎先生年谱》，载《荥阳先贤年谱二种》，大象出版社，2006。
② 陈守强、霍宪章主编《中州名典》，中州古籍出版社，1996。

河南省卫辉市）人。李时灿自幼好学，其青少年时期处于晚清，参加了科举考试，16岁中秀才，20岁中举人，26岁中进士，入仕后，曾任刑部部曹。清朝进行机构改革之后，李时灿曾任河南教育总会会长，民国时曾任河南省教育司司长，号召创办法政、师范等专业学校，开设中、西课程。

李时灿为人正直，主持正义不畏权贵，坚持真理不惧危险。1901年，岑春荣负责主持豫北的防务工作，他以权谋私，挪用了赈灾款。李时灿对此义愤填膺，多次向官府提出诉讼，最终把赈灾款如数追回。1923年，李时灿旗帜鲜明地抵制军阀曹锟的贿选活动。1941年，李时灿的门生、著名教授、中共人士嵇文甫被国民党当局逮捕入狱，他不惧风险多方营救。最终，嵇文甫获释。在日寇占领卫辉之前，李时灿为了保持民族气节，避居禹县（今河南禹州市）。1943年，李时灿在禹县病逝，享年78岁。军政文教等各界人士前来吊唁，国民党中央政府以及河南省政府也专门派专使从重庆和洛阳前去吊唁，以示"尊儒重贤"。

四　张登云

张登云（1879～1947年），字跻青，河南汜水县（现河南荥阳市）汜水乡祠堂沟人。曾被清政府选派赴日本早稻田大学学习法律。回国后，前后在河南省法政学堂（1912年更名为河南公立法政专门学校）任教18年，为河南培养了大批法律人才。

张登云全家务农，家境贫寒，自幼在外村亲属所办的私塾读书。兄弟三人中，他比较聪慧，并能发奋上进，于光绪年间考取举人。因无门路，未被清朝政府任用，只得以教私学为生。1905年，清政府保送一批青年去日本留学深造，张登云投考被录取。至日本后，进入早稻田大学，攻读法律。留学期间，与廖仲恺、于右任、李济深、张钫等人过从甚密。光绪三十四年（1908年），张登云从早稻田大学毕业，偕日籍妻子樱田菊子定居河南开封，在河南省法政学堂任教，任教务长。1909 年 10 月，在开封召开的河南省首届谘议局会议上，被选为谘议局议员。

辛亥革命时期，张登云参加河南省法政学堂革命派组织的起义，最终以失败而告终，遂前往日籍妻子的日本老家避难。清帝退位后国民政府成立后回国，仍在河南公立法政专门学校任教。袁世凯复辟帝制后，为了逃避袁世凯的任命，张登云携妻子再度流亡日本。袁世凯病故后，张登云夫妇回国，重回河南公立法政专门学校任教。第二年，该校校长病故，张登云任校长。张登云为河南培养了大批法律人才，当时河南政法界人士大多出自他的门下。

1926 年，张登云从政，任河南省政府政务厅厅长，4 月代理河南省省长，6 月改任实业厅厅长。他为政清廉，对旧衙门的贪污腐败和官僚作风深恶痛绝。但是无力改变，只好洁身自好。1927 年，冯玉祥主管河南期间，大力整顿吏治，严惩贪污腐败。张登云遭诬告被调查，在长达 100 天的软禁调查后，终究被无罪释放。此后，他不再从政，为了应付官场往来，在家门口悬挂律师招牌，但并未实际接案。抗日战争时期，为了躲避日伪政府的任命，他屡次称病，令人敬佩。

五　余同甲

余同甲（1885～1935 年），名程远，字仲街，河南信阳新县（清末原属光山县）浒湾乡人。余同甲博学多才，是法学博士，富有爱国思想，为发展我国高等教育尤其是法律教育作出了贡献。[1]

1902 年，余同甲离乡到开封和北京先后接受中、高等教育。大学毕业成绩列优等，授举人出身，被分配到邮传部工作。辛亥革命前

---

[1]　新县教育志编纂委员会编《新县教育志》，中州古籍出版社，1995。

后曾任河南公立法政专门学校校长。[①] 1913 年至 1922 年，余同甲获得公费资格，留学法国巴黎大学，专攻法律，获得法学博士学位。在召开巴黎和会期间，他以巴黎和会编译员身份，积极联络留法学生，开展收回中国青岛的爱国运动。

1923 年归国后，余同甲历任外交咨议，中国大学[②]教务长、副校长、校长，清华大学教授。他还兼任南满铁路交通参事，著有《南满铁路史话》。1924 年 12 月至 1925 年 9 月，曾任河南省教育厅厅长。1926 年调任交通部俄文法政专门学校校长，后以内外掣肘，不能实行计划而毅然辞职。1927 年受聘为河北大学法科学长兼教授，又任北京法政大学教授。

---

① 周树声：《河南法政学堂创办简史》，载陈明章编著《学府纪闻：国立河南大学》，南京出版有限公司，1981。

② 中国大学，最初叫作国民大学，1917 年改名为中国大学，是孙中山等人为培养民主革命人才而创办的大学。该校于 1913 年 4 月 13 日正式开学，1949 年停办，历时 36 年。

第六章　当代河南法律名人名家

作为中华民族的重要发祥地，河南自古人杰地灵，英才辈出，历史上出了不少法律名人。中华人民共和国成立以来，河南继续延续了这一传统。在当代中国法学界，河南法学家无论在人数还是在学界的地位与影响力方面均占据绝对优势。河南法学家形成了一个有自己特点的学者群体，法学家集中从一个地方涌现，这种现象被学界誉为"河南法学家现象"。当代河南法律名人名家辈出，他们在全国著名高校、科研院所、法学会、法检两院等部门任职，他们在学术研究上引领了中国法学的前沿风尚。除此之外，当代河南法律名人名家还广泛参与实务，在立法、行政、司法等领域资政建言、服务社会，为中国的法律事业作出了贡献，对推动中国的法治进程发挥了作用。当代河南法学家是中国法学界的领军人物，也是全体河南人民的宝贵财富。

第一节　法理学、法律史学河南法律名人名家

法理学、法律史学是法学领域内的重要基础学科。在这两个学科领域里，河南人才辈出，他们博古通今、学贯中西，揭示了法律现象之下各法律学科的共同发展规律，为法学其他学科提供了研究资料和理论支持。

一　吴祖谋

吴祖谋，1926 年生，江苏六合人。曾任河南大学法律系主任，

兼任中国法学会法理学研究会理事、河南省法学会副会长、河南省法学会法理法史学研究会名誉会长，1991年起享受国务院政府特殊津贴。吴祖谋教授虽然不是河南人，但是他于"文化大革命"结束后一直在河南大学致力于法学研究和法学教育，奠定了河南法学研究和法学教育的基础。其所编《法学概论》于1982年由法律出版社出版，解决了20世纪七八十年代法学教材短缺的问题，发行数量急剧上升，一度成为新华书店最畅销的书之一。同年，该教材被中宣部列为干部自学必读的20本书之一。

1981年，教育部委托河南大学（当时叫开封师范学院）主持编写《高等师范院校政治教育专业法学概论教学大纲》。学校指派吴祖谋参加。在吴祖谋的主持下，由他提出大纲的初稿，经过十多所高等院校教师的反复研究，最后经教育部审定，出台了《法学概论教学大纲》。同时，吴祖谋为了解决当时法学教材不足的问题，经教育部和司法部法学教材编辑部同意，开始编写《法学概论》。该教材经过9次修订，累计发行近300万册，成为统编法学教材中发行量最大的教材之一。

改革开放之初，法学教师短缺，吴祖谋向教育部提出举办全国高等师范院校法学概论师资培训班的建议，被教育部采纳。1982年3月至8月，来自全国80多所高校的100多名教师参加了吴祖谋教授主持的本次培训。培训班请了当时全国知名的法学各个学科的领军人物授课。吴祖谋组织把讲课全部录音整理，培训结束后，每个学员获得一份100多万字的专家讲课记录。这份讲得记录在法学资料奇缺的当年，是一件让许多人兴奋的宝贝。许多学员至今仍珍藏着这份宝贵的法学资料。

1984年，河南大学法律系恢复。吴祖谋教授担任第一任法律系主任。他在河南大学法律系默默耕耘了十几年，呕心沥血，为河南大学法律系的发展奠定了坚实的基础，河南大学很快在国内法学界占据了一席之地。1996 年，吴祖谋教授从法律系主任的位置上卸任后，仍然一如既往地关注河大法律系的发展，继续从事法学研究。他笔耕不辍，主编的法学书籍仍不断地被修订和出版。他每年都参加法学院的论文答辩，仔细阅读每篇论文，提出修改建议。80 岁之前，他还一直参加法学概论的自学考试工作。作为一个来自他乡的河南法学家，吴祖谋教授把自己的青春、智慧和辛劳奉献给了河南这片热土。

二　刘海年

刘海年，1936 年 4 月生，河南南阳唐河人，我国著名学者，主要研究中国法律史、法治与人权理论。刘海年是中国人民大学法律系1956 级学生，1964 年研究生毕业后到中国社科院法学研究所工作，1988 年升任中国社科院法学研究所研究员，1993 年任中国社科院法学研究所所长。还担任中国社科院人权研究中心主任，是中国社科院荣誉学部委员、博士生导师。此外，刘海年教授还在中国人民大学、清华大学、国家法官学院担任兼职教授，同时参加了相关学科的法学研究社会团体，担任中国法学会董必武法学思想研究会副会长、中国法律史学研究会学术顾问、中国人权研究会顾问、海峡两岸关系协会理事等。刘海年教授用理论研究服务社会，担任最高人民法院特邀咨询员。

刘海年教授承担过多项国家级课题，包括国家社科基金重大委托项目"执政能力与依法执政研究"。发表了中国法律史以及人权方面的论文数百篇。他在唐律、秦汉简牍方面的研究独树一帜。出版的代表性著作包括独著 4 部、合著 6 部、主编 13 部。其科研成果曾获得中国法学会、中央宣传部的表彰。

三　段秋关

段秋关，1946 年生，河南洛阳人，教授、博士生导师。是"文化大革命"结束之后北京大学第一届法学硕士研究生，曾经担任过汕头大学法商学院院长、西北大学法学院院长、2001～2005年教育部法学教学指导委员、北京大学法学院兼职教授、华南理工大学法学院兼职教授。兼任中国法律思想史研究会会长、中国儒学与法文化研究会副会长、中国法律史学研究会常务理事、陕西省社会科学界联合会常务理事、陕西省法学会常务理事、

段秋关教授在《法学研究》《中国社会科学》《法学》《法律科学》等知名学术期刊上发表学术论文几十篇。主持完成2项国家社会科学基金项目"中外法思想比较"和"毒品犯罪研究"。参与完成4项国家社会科学基金项目。出版了十几部著作和教材，主要是关于中国法律史、中国法律思想史、毒品犯罪、洗钱犯罪防治、法律行为学、法律文化、中外法学名著等内容。段秋关教授还担任国家社科重点项目《廉正法制研究》的副主编。因其法学研究成绩显著，被收入《中国法学家词典》。

四　张文显

张文显，1951年生，河南南阳人，法学硕士、哲学博士，吉林大学一级教授、博士生导师，当代中国著名法学家。曾经担任过吉林大学党委书记，吉林省高级人民法院院长、党组书记，国家二级大法官。现任中国法学会党组成员、副会长、学术委员会主任，并于2015年7月起任中华司法研究会副会长，兼任浙江大学资深教授、光华法学院名誉院长。张文显教授曾任中国共产党第十七次全国代表大会代表、中共吉林省委委员、全国人民代表大会代表、吉林省人民代表大会代表。主要研究方向：法理学、西方法哲学。

张文显教授始终坚持科学阐释法律原理，提出了一系列颇有见地的、在国内外学术界和法律界产生较大影响的学术观点。曾主持国家哲学社会科学"七五""八五""九五""十五""十一五"规划重点

课题、国家教委优秀年轻教师基金项目、教育部重大研究课题 2 项，吉林省人民政府专项研究课题、司法部法治建设与法学研究专项课题、中国法学会十大专项研究课题等多项。截至 2011 年，张文显教授先后有 17 项科研成果获得国家级奖励及省部级奖励，其中国家级 10 项、省部级 7 项。出版学术著作 30 多部，在《当代法学》《法学研究》《政治学研究》等核心期刊发表学术文章 100 多篇，代表性学术著作有《法理学》《当代西方法哲学》《法的一般理论》《法律社会学》等，代表性文章有《联动司法：诉讼社会境况下的司法模式》《中国社会转型期的法治转型》《和谐精神的导入与中国法治的转型——从以法而治到良法善治》《论中国特色社会主义法治道路》《走向和谐法治》《改革开放新时期的中国法理学》等。

张文献教授曾获得过许多荣誉，当选过吉林省优秀教师，被原人事部评为有突出贡献的留学归国人员、有突出贡献的中青年专家，被确定为中央组织部直接联系专家，被评为吉林省首批省管优秀专家，被《中国法律》评选为新中国成立 60 周年对新中国法学和法治建设最有贡献的 60 位法律人之一，多次受到胡锦涛、温家宝、贾庆林、李长春等时任领导同志的接见。①

张文显教授的法理学研究立足中国法治实践，综合运用法学和哲学方法，学贯中西。其主要观点有：用权利义务来构建法学的基础理论体系，指出社会主义法律体系是新型权利本位法，中西方都经历了从义务本位法到权利本位法的发展过程，权利本位以辩证唯物主义为哲学基础，市场经济是经济基础；法治是文明社会生活方式，自由、民主、公正、法治、理性、秩序、效率是其核心价值；法治社会公民要具备契约精神、权利义务观念、自由平等观念和科学精神；民主政治、中国特色社会主义市场经济是中国走法治化道路的必由之路；社

---

① 河南省法学会编《河南法学家》，中国青年出版社，2009。

会主义法治的本质功能是解放和发展生产力，促进全体人民共同富裕；和谐社会的构建有赖于民主法治，需要依法治国，建设社会主义民主法治国家。

五　陈景良

陈景良，1958 年生，河南鹿邑人。曾任河南大学法学院院长、教授，现任中南财经政法大学教授、博士生导师，享受国务院政府特殊津贴。兼任中国法学会理事、中国法律史学研究会常务理事、中国儒家法文化研究会理事、河南省法学会副会长。主要研究方向：中国法律史、唐宋法制研究、中西诉讼文化比较研究。

1983 年，陈景良本科毕业于吉林大学法律系，1987 年硕士毕业于中国政法大学，1996 年博士毕业于中国政法大学。陈景良教授在宋代法律史的研究方面独树一帜，成为该领域的重量级学者。早在20世纪80 年代，陈景良教授就开始重视对宋代法律史的研究。担任了《中国法制通史（宋）》的主要撰稿任务，查阅了众多史料，对宋代的立法活动和立法思想进行了颇有见地的论述。陈景良教授对宋代士大夫的法律观念和司法活动也有专门研究，对宋代的司法传统进行了现代解读，对宋代的讼师、法官、司法、法理进行了深入研究，对当今的法学研究和司法实践均有可资借鉴的地方，彰显了中国法制史的活力和现代意义。其研究成果、观点具有特色和独创性，多次被《新华文摘》《中国社会科学文摘》《中国人民大学复印报刊资料》转载，引起国内外学界的广泛关注，其研究对于繁荣法制史学作出了贡献。

陈景良教授批判了当代法学界曾经有过的过分仰慕西方法治的倾向，指出西方法治用来解决西方问题，中国的国情和西方不同，有不同的法治理念和传统，表现形式也不同。法律是一种解决人类生活问题的人生智慧，中西方法治有共同的地方，但是中国解决中国问题的最终出路依然要从中国法律文化传统中探寻答案。

陈景良教授在核心期刊发表论文 40 多篇，出版专著和教材 10 多部，主持完成了多项教育部人文社会科学重点项目，主要内容是关于宋代讼师与律师、中国传统法律文化理论、中西法律文化比较等。

六　郝铁川

郝铁川，1959 年生，河南南阳邓州市人，历史学博士、法学博士后，教授、博士生导师，享受国务院政府特殊津贴，现任上海市文史研究馆馆长。曾任中央人民政府驻香港特别行政区联络办公室宣传文体部部长，上海市委宣传部副部长，北京奥组委秘书行政部副部长，上海市金山区委副书记、区长，华东政法学院副院长，《法学》杂志主编，河南大学历史系教师等。兼任中国法律思想史学研究会会长，中国法学会比较法学研究会副会长，中国国家法制讲师团成员，华东政法大学、上海交通大学、山东大学等高等院校兼职教授、博士生导师。主要研究方向：中国法制史、法理学。

郝铁川教授在法史学、宪法学、法理学等多个领域均有研究。在《中国社会科学》《人民日报》等发表论文 300 多篇，出版专著十几部。主要研究成果有《秩序与渐进——中国社会主义初级阶段依法治国研究报告》《中华法系研究》《儒家思想与当代中国法治》《当代中国法制现代化》《周代国家政权研究》《市场经济与中国法律文化的变革》《周礼与中国文化》等。

郝铁川教授对中华法系的特点进行了新的阐释，他认为中华法系法典不是儒家化了，而是法家化，法官则是儒家化的法官，大众的法律意识鬼神化。他还对中国法治现代化和传统法律文化之间的关系进行了研究，指出传统法律文化经过创造性地转化可以为现代法治提供渊源，但是中国传统文化总体上和现代法治对立，因此要防止法治现代化被传统观念侵蚀和借助后现代主义复活。郝铁川教授对留学生和中国法制现代化进行了研究，指出从某种角度来看，中国法制现代化的历史和中国近代法学留学生的历史是一致的，因此要高度重视法学留学生在法制现代化中的特殊作用。在法理学方面，郝铁川教授研究了中国依法治国的渐进论和特殊性，指出了权利实现的差序格局，指出法治的终极关怀是人权，提醒我们警惕法治浪漫主义，指出忽视法治的局限性，纠正依法治国建设社会主义法治国家进程中急于求成的速度病。

郝铁川教授关于法治的阶段性与超越性理论、守望权利边界理论都具有创新性，令人耳目一新，心悦诚服。他指出法治最终不过是经济关系的记录，学术界应该从研究权利本位转为研究权利的边界。他的研究视角独特，研究方法综合了多学科的长处，为法律史和法理学的研究开创了新的研究领域和方法。他的观点新颖，具有极强的思辨性和反思性，给人以启迪。他关于德治和法治关系的论述对于当今社会治理有现实意义。他关于良性违宪的讨论，引发了学界的广泛争论。郝铁川教授的法学研究具有人民性和科学性，他认为需要构建中国自己的法理学理论体系，解决中国自己的问题，法学理论应该具有中国魂，不能被西方法理学体系束缚而动弹不得，我们可以从中国的生活中提炼出让西方人觉得深奥的东西。照搬西方法律概念，让中国人读不懂，这不是真学问，只是低能的表现。

七　付子堂

付子堂，1965 年生，河南南阳新野县人，西南政法大学校长、党委副书记，教授、法理学博士生导师，重庆市人大法制委员会副主任委员，兼任中国法学会法理学研究会副会长、中国法学会法学教育研究会副会长、国家司法考试命题委员会委员、教育部高等学校法学学科教学指导委员会委员。曾荣获第六届"全国十大杰出青年法学家"、首批"中国当代法学名家"等荣誉称号，享受国务院政府特殊津贴。主要研究方向：法理学、法社会学、科技与法律。

1981 年，16 岁的付子堂考入西南政法学院（现西南政法大学），本科毕业后考取本校的法理学硕士研究生。1994 年考入北京大学，获得法学博士学位，并且开始了法社会学的研究。1998 年，回母校西南政法大学工作，任学报编辑部副主编。1999 年，付子堂在武汉大学博士后流动站从事研究。

付子堂教授在《人民日报》、《光明日报》及《中国法学》等报刊发表学术论文 70 多篇，多篇被《新华文摘》《中国人民大学复印报刊资料》等转载。出版教材、专著等 30 多部。其主编的高等学校法学核心课程教材《法理学初阶》《法理学进阶》《法理学高阶》，被誉为"法理学三部曲"，多次重印再版。付子堂教授力主进行多学科交叉研究，社会学和法学交叉、理论法学和应用法学交叉，他还着手建立应用法理学。他倡导中国特色社会主义法学研究要回归马克思主义法学，但是要立足国情，赋予马克思主义法学民族性和时代性。

八　王晨光

王晨光，1951 年生，河南洛阳人，曾任清华大学法学院院长，现任清华大学法学院法律图书馆馆长、清华大学法学院图书信息委员会主任、清华大学法学院学位委员会委员，兼任中国法学会法理学研究会副会长、中国法学教育研究会副会长。主要研究方向：法理学。

王晨光毕业于北京大学，获文学学士（英语专业）、法学硕士（法理学）、法学博士（法理学），哈佛大学法学硕士。1983～1994 年在北京大学法学院任教，1994～2000 年在香港城市大学任教，2000 年后在清华大学任教。任教期间，曾先后在海淀律师事务所（1983～1987 年）和天中律师事务所（1987～1994 年）任兼职律师。1993 年至今，任中国国际经济贸易仲裁委员会仲裁员。

王晨光教授学术成果颇丰，曾在《中外法学》《法学》《政治与法律》《中国劳动法》《中国法学》等国内权威期刊发表多篇有学术影响力的文章。比如，发表于《中国法学》的《不同国家法律间的相互借鉴与吸收》《论公、私法的划分及其意义》，发表于《法学研究》的《随着市场经济的建立逐步完善相应的法律体系》等文章被中国人民大学出版的《法学复印资料》转载。此外，王晨光教授还在《亚洲商法》《亚太法律评论》等国外权威期刊发表多篇英文文章，比如在《亚洲商法》发表《中国的消费者保护法》《中国的反不正当竞争法》等文章。

第二节　宪法学与行政法学河南法律名人名家

宪法学、行政法学对新中国来说属于新兴法律部门，需要比较借鉴的内容比较多。河南宪法学、行政法学研究领域的名家擅长对域外宪法学、行政法学进行比较研究，取得了丰硕的成果。有的法学家对立法程序进行专门研究，为立法程序的合理构建提供了科学范式和理论支持。河南法学家在行政法学理论和教学体系研究方面也有独创，关于行政补偿方面的研究也在国内学界引起了较大反响，学术成绩得到了学界同仁的肯定。

一　张庆福

张庆福，1937 年生，河南禹州人，研究员、博士生导师，北京市法学会宪法学研究会副会长。历任中国社会科学院法学研究所宪法行政法室副主任、主任，中国法学会理事，北京市法学会宪法学研究会副会长。主要研究方向：宪法学、人大监督制度、村民自治。

1959 年，张庆福考入北京大学法律系，毕业后于 1964 年考入中国科学院哲学社会科学部法学所（现中国社会科学院法学研究所），攻读宪法学硕士研究生，毕业后留所工作。他先后出版了《宪法学基本原理》等著作 20 多部，发表《论宪法制定》《论宪法修改》《论宪

法对经济关系的调整》等学术论文 140 多篇。张庆福主持完成国家
"九五"重点项目"文化法律制度建设研究",主持完成国家级课题
"行政执法中的问题与对策",主持完成若干项省部级课题。

在研究工作之余,张庆福参加了多部法律的起草等工作。1979
年,参加《中华人民共和国选举法》的起草;1982 年,参加《中华
人民共和国宪法》的修改;1988 年,参加中华人民共和国新闻法草
案的起草;1990 年,参加中华人民共和国人大监督法草案的起草;
1996 年,参加公职人员财产申报法草案的起草。

张庆福的研究涉及宪法学理论的方方面面。他对选举法的研究阐
述了选举对保障社会主义民主的作用,设计了选举制度的具体内容,
提出了完善我国选举制度的 7 点建议。他还对宪法根本法地位、宪法
学发展趋势、加强和完善宪法监督、完善宪法学体系、宪法对经济关
系的调整等问题有独到见解。

二　刘向文

刘向文,1943 年生,河南开封人,郑州大学法学院教授、博士
生导师,郑州大学宪法与行政法研究中心主任、郑州大学俄罗斯法律
研究中心主任,兼任中国法学会宪法学研究会顾问、中国俄罗斯东欧
中亚学会常务理事、河南省法学会宪法学研究会副会长、中国人民大
学宪政与行政法治研究中心比较法研究所副所长、苏州大学法学院兼
职教授、中国政法大学俄罗斯法律研究中心特约研究员、黑龙江大学
法学院俄罗斯法律研究所特约研究员等。主要研究方向:宪法学与行
政法学,侧重于俄罗斯宪法学与行政法学。

刘向文 1966 年毕业于北京外国语学院,获俄语、波兰语专业学
士学位;1982 年毕业于中国人民大学苏联东欧研究所苏联政法专业,
获法学硕士学位;1990 年毕业于苏联列宁格勒大学法律系国家法专
业,获法学博士学位。刘向文教授为本科生开设外国宪法学课程,为

硕士生开设外国宪政的理论与实践、俄罗斯联邦宪政制度、比较宪法学、国际投资法课程，为博士生开设外国宪法与行政法专题研究、俄罗斯法学名著导读、法律俄语课程。刘向文教授是俄罗斯宪法与行政法学专家，该研究是郑州大学法学院的一大特色和亮点，在全国处于领先地位。

刘向文教授主持和参与完成国家社科基金项目等 8 项，出版专著多部，大多是研究俄罗斯宪法与行政法的内容，主要有《苏联宪法讲话》、《苏维埃宪法和苏维埃立法的发展》、《苏共丧失执政地位的原因及其教训》（国家社科基金项目成果）、《俄罗斯联邦宪政制度》、《俄罗斯联邦宪法司法制度研究》等，在国内具有很大影响。翻译出版我国第一本《俄罗斯联邦行政法典（汇编）》《刑事政策的基础》，填补我国在该研究领域的空白。还主编了包括"俄罗斯法学研究论丛""俄罗斯人看世界"等丛书。先后在《俄罗斯东欧中亚研究》《法学家》等期刊和《检察日报》《法制日报》等报纸上发表论文百余篇。

三 王广辉

王广辉，1962 年生，河南温县人，中南财经政法大学教授、博士生导师，比较宪法与行政法教研室主任，兼任中国法学会宪法学研究会理事、中国人民大学宪法与行政法治研究中心比较宪法研究所兼职研究员、湖北省地方立法研究会副会长。主要研究方向：中国宪法学、比较宪法学。

1984 年，王广辉本科毕业于中国政法大学，后进入中南政法学院（现中南财经政法大学）任教，从事宪法学教学和科研工作。1996年在职攻读硕士学位。

王广辉教授著有《通向宪政之路——宪法监督的理论与实践研究》《社会转型与人权保障》等专著，参与编写宪法学相关教材十多部，在《法学研究》等期刊上发表论文 70 多篇，主持国家社科基金、教育部人文社科、司法部法制建设等研究课题十余项。1993 年获司法部先进个人奖励。完成 1999 年司法部重点课题"宪法监督的理论与实践"，完成 2002 年司法部重点课题"中国公民基本权利发展研究"。

四　沈开举

沈开举，1962 年生，河南固始人，郑州大学法学院常务副院长、教授、博士生导师，兼任中国法学会理事、中国法学会行政法学研究会副会长、河南省法学会行政法学研究会副会长、河南省地方立法研究会理事、河南省政协常委、河南省人民检察院专家咨询委员会委员、民进中央社会与法制委员会副主任、民进河南省委员会副主委、民进郑州大学委员会主委、民进第十三届中央委员。主要研究方向：行政法学。

沈开举教授出版学术著作近 20 部，在《中国法学》《宪政论丛》等刊物上发表学术论文 20 余篇，主持或参与完成多项国家级、省部级课题，其中主持完成国家社科基金项目"行政补偿研究"，参与完成中国法学会课题"解决人民内部矛盾法律机制研究"，主持完成河南省社科基金课题"河南省实施《行政处罚法》状况及其对策研究"，参与完成河南省社科基金课题 2 项。

2002 年，参加《国家赔偿法》（由著名法学家应松年教授主持）修改建议稿起草工作，是河南起草小组的负责人。2003 年，参加国务院法制办委托中国法学会行政法学研究会承担的《国务院关于全面推进依法行政实施方案》的起草工作，任主要执笔人。

沈开举教授对行政法学理论体系进行了完善，提出了行政实体法学、行政程序法学、行政诉讼法学"三元论"。这套体系比较完整，且轻重分明，在国内行政法学界引起了较大反响。沈开举教授对行政补偿的研究在学术界也获得了一致认可。目前，国内高校行政法学教材中的行政补偿一章几乎都由沈开举教授承担。沈开举教授对行政征收征用与补偿、政府纠纷解决机制方面的研究比较深入。针对社会热点征地拆迁问题，沈开举教授进行了调查研究，成果《行政征收研究》是国内第一部研究行政征收的专著。《征收征用与补偿》是国内第一部系统研究财产征收征用和补偿的专著。在行政法纠纷解决机制方面，沈开举教授提出用委任司法作为行政复议、裁决、处罚的理论基础，由此衍生出"三道防线"理论，在国内行政法学界有一定影响力。

五 苗连营

苗连营，1965 年生，河南延津人，郑州大学法学院院长、教授、博士生导师，兼任中国法学会宪法学研究会副会长、河南省法学会宪法学研究会副会长、郑州大学学位委员会委员、郑州市人大常委会法律咨询委员会委员。主要研究方向：宪法学、立法学。

1982 年，苗连营考入郑州大学法律系学习，1986 年，考入中国政法大学宪法学专业攻读硕士学位，毕业后回母校郑州大学任教。工作后于 1996 年考入中国人民大学宪法学专业，师从著名宪法学家许崇德教授攻读博士学位。

苗连营教授撰写出版学术著作十多部，在学术期刊发表论文 50 多篇，主持完成国家级课题"构建社会主义和谐社会中的宪政建设研究"，主持完成司法部课题"宪政原理与中国法治特色研究"，主持完成中国法学会重点课题"人权入宪与人权保障法律体系研究"等各类课题十多项。苗连营教授的研究以解决社会现实问题为导向，阐释了和谐社会和宪政建设之间的内在关系，指出了其内在价值的一致性。在人权保障制度方面，苗连营教授研究不同国家人权保障模式的差异与成因，为我国人权保障提出可行性意见与建议。

六 王振民

王振民，1966 年生，河南新密人，清华大学法院教授、清华大学港澳研究中心主任、清华大学国家治理研究院院长。曾任清华大学法学院院长、中央人民政府驻香港特别行政区联络办公室法律部部长。兼任中国法学会学术委员会委员、中国法学会香港基本法澳门基本法研究会会长、北京市宪法学研究会副会长、中国法学会宪法学研究会副会长、北京市法学会理事、中国政策科学研究会公共政策委员会常务理事、国务院发展研究中心港澳研究所高级研究员、北京市人民代表大会常务委员会立法咨询专家等。主要研究方向：宪法学、行政法学、特别行政区基本法。

1989 年，王振民本科毕业于郑州大学法学院。从 1989 年开始，在中国人民大学法学院攻读宪法学硕士学位和宪法学博士学位。1992 年获硕士学位后，师从著名宪法学家、原香港基本法起草委员会许崇德教授，专攻宪法学。1995 年起，王振民任教于清华大学法学院。在他攻读研究生期间，曾经到香港大学法学院学习，从此和特别行政区基本法结缘，成为他日后主攻的一个研究领域。

王振民教授在中外学术刊物发表学术论文 60 多篇，并有《中央与特别行政区关系——一种法治结构的解析》《中国违宪审查制度》等著作出版。王振民两次获得"清华之友优秀青年教师奖金"一等奖。1999 年被评为北京市优秀青年法学家。2006 年 2 月被全国政协教科文卫体委员会、中华全国工商联合会、中国企业联合会、中国工业经济联合会、中国人民对外友好协会、北京大学、中国教育电视台、联合国教科文组织和《中华英才》半月刊社九家机构评为 2005 年度"全国十大英才"之"新锐英才"。2006 年获得清华大学 2005 年度"学术新人奖"。

王振民教授的研究领域中有很大一部分是为了解决统一问题的特别行政区基本法问题。这一领域问题复杂、敏感，极具挑战性。他所撰写的《中央与特别行政区关系——一种法治结构的解析》是第一部从法律角度系统研究中央和特别行政区关系的著作，他提出了法律的最终解释权和最终裁判权相分离的概念。

第三节　刑法学河南法律名人名家

河南刑法学家的名单中有许多耀眼的明星，其中不乏学科奠基人、享受国务院政府特殊津贴的专家和获得世界名人勋章的大家。马克昌教授是新中国刑法学的开拓者和奠基人之一，与中国人民大学的高铭暄教授合称为我国刑法学界的"北高南马"。另有在犯罪学方面颇有建树的周密教授、刑侦专家郝宏奎教授，以及第六届全国十大杰出青年法学家于志刚教授等。

一　马克昌

马克昌（1926～2011年），河南西华县红花集镇人，中国当代著名法学家，教授、博士生导师，新中国刑法学开拓者和奠基人之一。曾任武汉大学法律系主任、法学院院长，兼任中国法学会刑法学研究会名誉会长、中国法学会常务理事、中国法学会董必武法律思想研究会副会长、最高人民法院特邀咨询员、湖北省首届"荆楚社科名家"。与中国人民大学高铭暄教授合称为我国刑法学界的"北高南马"。主要研究方向：刑法学、比较刑法学。2011年6月在武汉去世，享年85岁。

马克昌教授1950年毕业于武汉大学法律系，被时任武大法律系主任、著名法学家韩德培教授赏识，留校任教，后保送到中国人民大学法律系刑法学专业攻读硕士研究生，1952年返回武汉大学任教。然而，马克昌教授的法学之路并不是一帆风顺的。1957年，马克昌被错误划为"右派"送往农场改造，后来任武大饮食科出纳、图书馆馆员。"文化大革命"开始后，马克昌受到无辜批斗，多年在农村劳动改造。1979年得到平反时，马克昌已经53岁，受命和自己的恩师韩德培教授共同重新恢复武汉大学法律系。1980 年，受司法部委派担任过林彪、江青反革命集团案件主犯吴法宪的辩护人。1983 年，马克昌教授任武汉大学法律系主任，后法律系改为法学院，任法学院院长，为武大法律系的发展作出了卓越贡献。马克昌教授参加过 1997 年《中华人民共和国刑法》的修订工作。

马克昌教授潜心刑法学研究，出版著作 20 多部，发表学术论文 100 多篇，为中国刑法学理论体系的构建作出了重要贡献。马克昌教授和高铭暄教授于 1982 年主编的教材《刑法学》，是恢复法学教育后出版的第一部权威刑法学教科书。马克昌教授对犯罪的基本特征有自己的见解，他反对通说的三特征说，主张两特征说，他认为应受刑罚处罚性是犯罪的法律后果而非特征。此外，马克昌教授对犯罪构成、刑法上的行为、片面共犯、共同犯罪分类标准、教唆犯的性质、共同犯罪既遂未遂和中止、自首的认定、死刑是否废除等刑法学中富有争议的问题，都有自己的研究。

二 周密

周密（1923～2007 年），字思考，原名周俊斌，河南省邓州市人。历任北京大学教员、讲师、副教授和教授，并任日本东京明治大学客员教授。参加国务院行政法规整理和最高人民法院辩护工作，后又参加刑事诉讼法草案和北京市未成年人保护条例草案的起草工作与监狱法和未成年人保护法起草的咨询工作。曾率北大刑法代表团前后四次到美国、德国和新加坡等国考察访问，多次参加法学国际研讨会，并成为在布鲁塞尔召开的第一届世界法律会议的法律与文化专门小组成员和主报告人之一。兼任国家保密局顾问、中国犯罪学研究会高级学术顾问、中国行为法学会专家委员会委员、英国高级法学研究会终身荣誉研究员等职务。享受国务院政府特殊津贴，获得英国高级法律研究所盾牌奖和世界名人勋章等。代表性法学著作包括《犯罪学教程》《商鞅刑法思想及变法实践》《宋代刑法史》《中国刑法史纲》《青少年违法犯罪的原因和对策》《美国经济犯罪和经济刑法研究》《Criminal Law of the People's Republic of China》《保密法比较研究》等。

三　张绍谦

张绍谦，1956 年生，河南宜阳人，上海交通大学凯原法学院刑事法学研究所所长，教授、博士研究生导师，刑法学学科带头人。兼任中国法学会刑法学研究会理事、职务犯罪预防专业委员会副会长，上海市刑法学研究会副总干事，中国人民大学国际刑法研究所特邀研究员，上海市人民检察院特邀研究员等职。1993 年获得"全国优秀教师""河南省优秀中青年骨干教师"称号，2000 年成为享受国务院政府特殊津贴专家，2007 年被评为"上海交通大学最受学生欢迎的教师"。主要研究方向：刑法学、犯罪学。

1992 年以来，张绍谦教授发表学术论文 70 余篇，其中多篇论文被复印转载或被摘登。主要论文有《以科研为龙头，带动学科发展，提高教学质量》《论国际社会反酷刑运动的成就和特点》《履行国际公约义务，强化刑法人权保障功能》《坚持刑法基本原则，充分实现刑法价值》《刑法因果关系介入研究》《康德刑法思想探微》等。张绍谦教授独著、合著刑法学学术著作或者教材 13 部，其中 5 部著作获得学术奖励。代表性著作有《刑法因果关系论》《危害公共安全罪定罪》《中国暴力犯罪对策研究》《暴力犯罪论》《共同犯罪的理论及其运用》。另外，张绍谦教授还翻译出版过世界法学名著，主持、参与完成了多项国家级课题、省部级课题。

1974 年，张绍谦高中毕业时高考尚未恢复，他便回乡务农，后来应征入伍，成为一名海军战士。国家恢复高考后，由于部队有规定，服役达不到一定年限不得参加高考，张绍谦虽然不能参加高考，但是一直在复习准备。1979 年，张绍谦终于考上了华东政法大学。

本科毕业后又考上了本校的硕士研究生，师从我国著名刑法学家苏惠渔教授，打下了牢固的专业基础。1986 年，张绍谦研究生毕业后到郑州大学法律系任教，其间考上了武汉大学刑法学博士，师从我国著名刑法学家马克昌教授。

张绍谦教授在郑州大学期间，为河南的刑法学教育贡献了自己的青春和才华。到上海交大后继续潜心刑法学教学和研究，培养了一大批硕士、博士。张绍谦教授刑法学理论研究中最具有创新性的观点就是关于刑法因果关系的论述。因果关系是刑法中的一个古老问题，西方刑法学界对此争论了几百年，我国刑法学界也对此问题争论不休，各种观点层出不穷，各种学说各有所长。对这个问题一般人轻易不敢涉足。张绍谦对刑法因果关系的研究观点鲜明，直指核心问题。他在英美刑法研究中双层次因果关系的基础之上，进一步发展出自己的观点。区分事实和法律两个不同层面，对这两个不同层面的因果关系采用不同的判断原则和方法。在第一层次重视客观存在的事实，在第二层次重视价值衡量。张绍谦教授的这一观点基本上成为目前刑法学界所持的通说。当年，北京大学的著名刑法学教授陈兴良曾经在《刑事法评论》中，用两期对这个双层次因果关系理论进行了介绍。

四　郝宏奎

郝宏奎，1963 年生，满族，河南南召人，教授、博士生导师，专业技术一级警监。现任中国刑事警察学院党委副书记、院长。兼任中国法学会行为法学研究会副会长、中国行为法学会侦查研究会会长、《侦查论坛》主编。主要研究方向：犯罪学、侦查学。

郝宏奎教授本科毕业于西南政法大学，硕士研究生毕业于北京大学。毕业后在中国人民公安大学任教，是侦查学学术带头人、博士生导师。其刑事侦查学课程被评为国家级精品课程。郝宏奎教授是北京市高校优秀青年骨干教师、中青年学科带头人。2013 年担任铁道警察学院党委副书记、院长，同时继续担任中国人民公安大学侦查学博士研究生导师。

郝宏奎教授主持完成及在研省部级项目4项，科研成果获省部级以上奖励7项。著有侦查学和反暴学方面的专著5部，主编《犯罪学》《犯罪现场勘查》等教材多部，在《法学》、《法学杂志》、《中国刑事法杂志》、《中国人民公安大学学报》（社会科学版）等期刊上发表学术论文百余篇。

20世纪80年代中后期，侦查学理论研究在我国还比较薄弱，郝宏奎的研究成果被写入了当时的许多侦查学教材之中，有些论文中的观点几乎被教材整篇收入，为侦查学的理论化和规范化起到了推动作用。郝宏奎教授在中国人民公安大学工作期间，致力于打造世界一流的侦查学教研基地，对侦查学课程建设、专业建设、师资队伍建设投入了大量的精力。郝宏奎教授还是中国最早系统研究劫持人质案件处置对策的学者，为公安机关的专项培训提供了智力支持。

五　于志刚

于志刚，1973年生，河南洛阳人，中国政法大学教授、博士生导师，曾任中国政法大学副校长，兼任中国法学会廉政法制研究会副会长、中国法学会刑法学研究会理事。是第十三届全国人民代表大会代表、第十三届全国人大宪法和法律委员会委员，中国教育部"长江学者"特聘教授，中国政法大学法治信息、管理学院联席院长，中国政法大学网络法学研究院理事长。主要研究方向：刑法学、网络法学。

于志刚本科、研究生均在中国人民大学学习，于2001年获得法学博士学位，然后到中国政法大学任教，2006年被遴选为刑法学博士生导师，并兼任北京市顺义区人民检察院副检察长。2010年11月，于志刚教授被评为第六届全国十大杰出青年法学家，曾获教育部、司法部、中国政法大学颁发的各种奖项，2007年入选教育部"新世纪优秀人才支持计划"，2010年获北京市五四青年奖章，当选第十一届全国青年委员，2012年5月出任中国政法大学教务处处长，2015年5月被任命为中国政法大学副校长，2018年5月卸任。于志刚教授在《法学研究》等刊物上发表学术论文多篇，出版独著12部，合著多部，并且翻译了20国刑法典，主持完成国家社科基金项目、省部级以上项目十多项。

于志刚教授对自首制度的类型和重构、侵占罪的犯罪对象、刑罚消灭制度、电子邮件的刑法定位、网络空间中的刑事管辖权、计算机犯罪等问题均有研究。对域外刑法学的比较研究方面也有不少成果，翻译了《芬兰刑法典》《新西兰刑事法典》等。

第四节 民商法学、经济法学河南法律名人名家

在民商法学、经济法学领域，河南法律名人成果卓著，研究水平在国内领先。刘文华教授是中华人民共和国成立以来最早的两位经济法博士研究生导师之一。不少河南民商法、经济法学者在全国知名法学院如武汉大学法学院、中国人民大学法学院担任院长、博士生导师。他们在民法基本理论、物权法、公司法、侵权责任法等方面的研究成果丰硕。

一 刘文华

刘文华（1932~2020年），河南省林州市人，中国人民大学法学院教授、博士生导师，院学位委员会委员，经济法专业硕士生和博士生导师（1993年经国家学位委员会审批，成为中华人民共和国成立以来最早的两位经济法博士生导师之一），享受国务院政府特殊津贴。曾任北京培黎职业学院院长，兼任北京市经济法学会会长、北京市人

民政府专家顾问团顾问。主要研究方向：经济法基础理论、企业公司法、金融法、消费者法等。

1951年，刘文华考入东北人民大学（现吉林大学），开启了法学之路。1955年，考上了中国人民大学法律系研究生，为日后的法学研究打下了基础。但是他的法学研究之路并不平坦，研究生毕业时恰逢历史动荡，他到工厂参加劳动，开始了20年的下放生涯，这一段经历为他日后的公司企业法研究奠定了实践基础。1979年，刘文华到中国人民大学法律系任教，开始从事经济法学研究。当时的经济法学研究处于空白状态，资料短缺，只有几本零零散散的相关书籍，一切都要从头开始。刘文华和同事共同组建了中国人民大学经济法教研室。

20世纪80年代初，刘文华参加了计划法、经济稳定增长法、基本建设程序法等草案的起草工作，提出了计划经济和商品经济相结合的理论。刘文华在经济法研究中倡导分合论、社会基本矛盾论，对改革开放之初经济法的基本理论进行了充实，确立了一套经济法理论体系，在当时的经济法学界独树一帜。

刘文华教授主要著作包括：专著《中国经济法基础理论》，主编《经济法基础理论教程》（原国家教委全国通用教材）、《中国经济法教程》（第一版被指定为全国第一本自学考试用书，第二本被评为北京市优秀教材一等奖）、《经济法》（教育部优秀教材一等奖）、《新编经济法学》、《中国经济法律百科全书》、《经济法概论》（全国财经专业自学考试用书）、《经济法律通论》（教育部审定，全国工商管理专业及经济学专业用书）、《实用经济法教程》（大专用书）等。

二 杨振山

杨振山（1937～2004年），河南南阳新野县人，原中国政法大学教授、博士生导师，中国政法大学罗马法研究中心主任、民商法研究中心主任、证券期货研究所名誉所长，中国政法大学学位委员会委员、学术委员会委员、研究生院院务委员会委员。曾兼任中国高等院校著作权专业委员会副主任、中国国际仲裁委员会仲裁员、中国法学会民法学经济法学研究会副会长。

杨振山教授在国内外期刊上发表学术论文百余篇，独著、合著、主编法学著作多部，主要著作有《中华人民共和国民法讲义》、《中国民法教程》、《从劳动论到民法本体论和立法思想》、《民商法实务研究》（十卷）、《民法通则及配套规定新释新解》、《债法事典》、《新合同法原理与适用全书》等。

杨振山教授为新中国民法学的研究做了许多基础性工作，提出了民法调整平等主体间的财产关系这一论断。在中华人民共和国成立之初民法起步阶段，这一论断具有开创性意义，成为当时的著名学说，构建了民法研究的私法理念和制度基础。杨振山教授还阐述了民商法在中国特色社会主义法制建设中的作用，提出了著名的支点论观点，指明了民商法的支点作用。还阐释了公司之外无国家的含义，认为国家要深入公司内部进行管理，而非置身事外。为了阻断权力对国有企业的侵蚀，他提出了所有权起源和实现的新理论。另外，杨振山教授对于民商法改革在中国经济体制改革中的重点发表了独到见解，他指出物权改革是核心，重点是还权于民。这种判断在改革开放之初是具有创见性的论断，非常难能可贵。除此之外，杨振山教授还对罗马法有研究，总结和介绍了罗马法的成就，提出中国民商法学要对其批判性继承。

三　田土城

田土城，1957 年生，河南省武陟县人。郑州大学法学院教授，民商法博士研究生导师。享受国务院政府特殊津贴专家、河南省优秀省管专家，国家知识产权培训（河南）基地主任，河南省法学博士后创新团队主任，郑州大学私法研究中心主任，河南省特聘教授。兼任国家自考委法律专业委员会委员，教育部法学学科教学指导委员会委员，中国法学会理事，中国法学会民法学研究会常务理事，中国法学会法学教育研究会常务理事，河南省第十一届、第十二届人大常委会委员、法制委员会委员，河南省法学会政法委专家咨询委员会委员，河南省人民政府专家咨询委员会委员，河南省民商法研究会会长，郑州市仲裁委委员及专家咨询委员会主任委员，河南省检察院专家咨询委员会委员等职。

代表性著作包括《担保制度比较研究》《经济法律通论》。代表性论文包括《民法之外观理论初探》《隐名合伙与有限合伙比较研究》《民法上之损害研究》《担保制度的成因及其发展趋势》《论民事责任能力》。参与的科研项目包括国家哲学社会科学基金项目"担保制度比较研究"，原国家教委人文社会科学基金重点项目"交易安全的法律保障"，原国家教委全国统编教材《民法学案例选编》，原国家教委全国统编教材《经济法律通论》等。

四　韩长印

韩长印，1963 年生，河南鲁山人，上海交通大学凯原法学院教授、博士生导师，民商法研究所所长，民商法专业硕士点牵头人。兼任中国法学会商法学研究会理事、中国法学会民法学研究会理事、上海市仲裁委员会仲裁员等。曾获河南省优秀中青年骨干教师、河南省跨世纪学术技术带头人等称号。主要研究方向：公司法、破产法、合同法。

1981～1985 年，就读于河南大学政治系，获经济学学士学位；1985～1987 年，就读于中国政法大学法律系，获法学学士学位；1998～2001 年，就读于中国人民大学法学院，师从著名经济法学家刘文华教授，获法学博士学位。1985 年在河南大学法学院工作，曾任河南大学民商法专业硕士学位点牵头人、河南大学法学院院长等职。

韩长印教授参与多项课题研究，完成上海市社科规划项目"自然人破产法律问题研究"、2006 年宝钢集团委托项目"法人人格否认制度研究"、2007 年上海市法学会重点项目"破产法上侵权之债的优先权地位研究"，受上海市曙光学者项目资助，完成项目"中国破产法的改革与发展"等。曾主编多部教材与著作，包括《主体、秩序、法律》《公司法通论》《经济法导论》《破产法学》《商法教程》等。先后在《法学研究》《中国法学》《比较法研究》等刊物发表论文 50 多篇，多篇被《中国人民大学复印报刊资料》转载。代表性研究成果有《台湾与大陆保险合同法比较与评析》《我国企业破产立法的演变及启示》《共同法律行为理论的初步构建——以公司设立为分析对象》《不足额保险比例赔付的逻辑误区及其校正》《上海轨道交通站点自行车存车规则刍议——兼论公用企业垄断经营权的治理》等。

五 冯果

冯果，1968 年生，河南南阳镇平县人，现任武汉大学法学院院长、经济法研究所所长，教授、博士生导师。兼任湖北省法学会副会长、第三批国家"万人计划"哲学社会科学领军人才，教育部长江学者特聘教授。主要研究方向：商法、公司法。

冯果 1992 年毕业于武汉大学经济法专业，获得硕士研究生学位，后留校任教，历任讲师、副教授，2002 年被破格晋升为教授。2005年英国谢菲尔德大学访问学者，2005 年入选新世纪优秀人才支持计划。冯果在武汉大学任教后攻读在职博士研究生，师从著名国际经济法学教授余劲松，从事比较公司法研究。冯果对公司法的研究很有见地，他对公司资本三原则理论进行了辩证分析、大胆质疑，对公司信用、出资责任体系构建等问题进行了深入研究，他指出公司资本的担保功能要向融资便利方向转变，要增加出资形式，允许分期缴纳出资，其观点在当时引起了不小的轰动，受到了学界的广泛关注，这些主张在公司法修订中也多有采纳。

冯果教授学术成果丰硕，《现代公司资本制度比较研究》是中华人民共和国首部系统研究公司资本的学术著作。其他具有代表性的研究成果有《股东现物出资的若干法律问题》《内幕交易与私权救济》《论公司资本三原则的时代局限》《控制股东的诚信义务及民事责任制度研究》《论股份公司发起人的出资义务与责任》等。冯果教授在《中国法学》等刊物发表论文多篇，有很多观点属于第一次提出，被《中国人民大学复印报刊资料》转载。冯果教授主持了国家社科基金项目"网上证券交易监管法律问题"，对证券市场监管中存在的问题进行研究，特别是对证券市场欺诈行为中的内幕交易进行研究，就因果关系的确定、举证责任的分配和救济手段做出了详细的分析。

六　王轶

王轶，1972 年生，河南南阳镇平县人，教授、博士生导师，教育部长江学者特聘教授，现任中国人民大学法学院院长、知识产权学院副院长，教育部人文社会科学重点研究基地——中国人民大学民商事法律科学研究中心副主任。兼任中国法学会民法学研究会副秘书长、北京市消费者权益保护法学会副会长、北京大学财经法研究中心研究员、华南师范大学客座教授、国家法官学院兼职教授、中国国际经济贸易仲裁委员会仲裁员等。曾获第六届"全国十大杰出青年法学家"称号。主要研究方向：民法学、合同法学、物权法学。

王轶教授主持或参与国家哲学社会科学基金项目、霍英东青年教师基金项目、教育部人文社会科学重点研究基地重大项目、中国博士后科学基金项目等多项。代表性著作包括《物权变动论》《民法原理与民法学方法》《新合同法原理与案例评释》《租赁合同·融资租赁合同》。代表性论文包括《论所有权保留的法律构成》《论物权法的规范配置》《物权法的任意性规范及其适用》《论倡导性规范》《物权请求权与诉讼时效制度的适用》。曾获得首届"佟柔民商法发展基金青年优秀研究成果奖",入选教育部新世纪优秀人才支持计划。所撰写《民法价值判断问题的实体性论证规则》一文获中国法学会优秀科研成果奖,《论物权法的规范配置》获北京市法学会优秀应用法学研究成果二等奖等。

1989～1993年,王轶在郑州大学法学院学习,师从姜建初教授,获得法学启蒙。1993～1996年,王轶考入吉林大学法学院,师从崔建远教授学习民商法,获得硕士学位。在校学习期间,参与合同法草案专家建议稿的起草工作,负责其中关于"合同的解除与终止"等部分。后来王轶考入中国人民大学,师从著名法学家王利明教授攻读博士学位。其间,参与物权法专家建议稿的起草工作。2001年以来,王轶教授参与了梁慧星教授领导的民法典专家建议稿的起草工作。他为中国民事法律的立法做出了长期的研究和不懈的努力。

我国民法学著名学者魏振瀛教授对王轶的评价是,思维敏捷、逻辑严密、表达流畅。王轶34岁时就在民法学研究方面取得了很大的成绩,被评定为教授。王轶教授努力克服民法学研究中自说自话、自我封闭的两种倾向,搭建民法和其他学科交流的平台,注重采用体系化思考方法进行制度性研究,构建起一套分析框架。王轶教授是中华人民共和国青年一代法学研究者中的佼佼者,他的研究吸取了前人的优秀成果,可谓是站在巨人的肩膀上,同时又善于思考,提出创见。

第五节　诉讼法学河南法律名人名家

诉讼法学领域的河南法律名人中不乏名家、大家,其中江伟教授是中华人民共和国民事诉讼法学的重要奠基人之一,是国内外公认的中国民事诉讼法学的泰斗级人物。另外，还有在复旦大学、中国政法大学等知名大学任教和从事诉讼法学研究的河南籍专家。他们在诉讼法学方面的研究，对于改革刑事、民事审判方式，增设简易程序，完善强制措施等方面均发挥了积极的作用。

一　江伟

江伟（1930～2012 年），河南开封人。中国人民大学法学院教授，当代著名法学家和法学教育家，中华人民共和国民事诉讼法学的泰斗级人物，曾经参加过解放战争。1956 年中国人民大学法律系毕业后留校任教，是中国人民大学民事诉讼法学科的奠基人。兼任北京大学、复旦大学、中山大学等高校的兼职教授。主要研究方向：民事诉讼法学。

江伟教授的学术生涯和中华人民共和国民事诉讼等法律的立法密切联系，他参加了包括民事诉讼法在内的多部法律的起草和修改工作。1979 年，江伟教授参加了中华人民共和国首部民事诉讼法的起草工作，1990 年，参与了现行民事诉讼法的修订。还受聘于全国人大财经委员会，参加了新破产法的起草，为《民事证据法》和《强制执行法》起草了专家意见书。除此之外，还参与了《中华人民共和国仲裁法》《中华人民共和国公证法》《中华人民共和国人民调解委员会组织条例》《中华人民共和国票据法》《中华人民共和国公司法》等法律的论证和起草工作。

江伟教授是中华人民共和国最早讲授民法的学者之一。20 世纪70 年代，中国人民大学被解散，教工被分到北大任教。江伟被分到北大讲授民法和民事诉讼法。当时没有课本，江伟就查找我国台湾地区"民法"有关资料进行整理和讲课。1978 年，中国人民大学重新恢复，江伟回到中国人民大学继续从事民事诉讼法学的教学和研究工作。江伟教授在民事诉讼法学理论研究中成果颇丰，发表学术论文

100 多篇，出版专著以及参编学术著作 40 多部。他的研究涉及民事诉讼法、民事证据法等多个方面，许多学术观点被用于立法和司法实践。在江伟教授的诸多研究成果中，1982 年所著《民事诉讼法通论》是中华人民共和国首部民事诉讼法学理论著作，初步奠定了中华人民共和国民事诉讼法学体系的雏形。

江伟教授主张在大陆法系学者倡导的民事诉讼"三论"基础上增加为"六论"，即增加程序价值论、民事诉讼法律关系论和诉讼标的论。另外，他在民事诉讼具体程序方面也有建树，在国内最早建议设立集团诉讼制度，后来其观点被民事诉讼法采纳。江伟教授对保全制度也有研究，提出建立行为保全制度，后来这一制度在海事诉讼和知识产权诉讼领域被确立了下来。另外，主张在民事诉讼程序中设置调解程序，注重非诉讼争端解决机制与诉讼的衔接，发挥各自的优势。

二　樊崇义

樊崇义，1940 年生，河南内乡县人，著名诉讼法学家，中国政法大学一级教授、博士研究生导师，中国政法大学诉讼法学研究院名誉院长。兼任中国法学会行为法学研究会副会长、中国侦察行为研究会会长、中国法学会刑事诉讼法学研究会顾问、中国检察学会副会长、最高人民检察院专家咨询委员会委员、《法制日报》顾问，国家检察官学院、国家行政学院、国家法官学院等院校兼职教授，北京市高级人民法院和北京市人民检察院咨询专家和执法监督员，享受国务院政府特殊津贴。主要研究方向：刑事诉讼法学、证据法学。

樊崇义教授从事刑事诉讼法学和证据法学的教学和科研工作，出版多部著作和教材，并发表多篇文章。他从 1978 年北京政法学院恢复办学被召回学校参加刑事诉讼法学教学工作开始，在这一领域默默耕耘。在重实体、轻程序的惯例下，研究诉讼法学看起来没有什么发展前途，但是樊崇义教授不问名利，潜心治学，在教学和科研岗位上一干就是 40 年，逐渐成为刑事诉讼法学界的领军人物。

樊崇义教授重视刑事诉讼法学教材的编写工作。他认为要发展出该学科的理论体系，避免在低水平上重复研究，提出刑事诉讼法学哲理化研究的解决思路，不仅得到了刑事诉讼法学专业专家的认可，而且得到其他法学学科同行专家的认可，并最终推动了整个法学研究的哲理化，出版了《部门法学哲理化研究》一书，受到广泛赞誉。樊崇义教授首倡在刑事诉讼法学专业教材中加入诉讼行为一章，具有很强的现实意义。在证据法学中增加证据原则、证据原理和证据规则的章节，使证据法学的理论和实践更加具有理性指导，对中国的证据法学研究作出了贡献。

樊崇义教授对于中国政法大学诉讼法学研究中心的创建也作出了重大贡献。2000 年，中国政法大学诉讼法学研究中心（后改名为诉讼法学研究院）正式挂牌成立，樊崇义是第一任主任，在中心创建的过程中，他亲自审阅、修改申报材料，并且正是因为有樊崇义带领下的诉讼法学团队的科研成果、科研实力做支撑，才赢得了中心的成立。目前，该中心已经成为国内诉讼法学研究的一流研究机构，在国内外均享有盛誉。

樊崇义教授在核心期刊发表论文多篇，独著、合著、主编著作 40 多部，主持完成了国家级、省部级课题多项。曾获中国政法大学优秀教师、优秀教研室主任称号，获得教育部优秀教学成果奖、司法部教学科研一等奖等。

樊崇义教授在证明标准问题上，提出了以法律真实为证明标准的观点，引发了学界关于客观真实证明标准和法律真实证明标准的大讨论，深化了学界对这一问题的认识。虽然法律真实为证明标准在今天已经成为普及了的观念深入人心，但是在当时能够首次提出这一观点，是难能可贵的，对于我国刑事诉讼证据学基础理论研究有重要意义。樊崇义教授的研究对于诉讼认识论、刑事诉讼法律观的转变等均有一定的推动作用。樊崇义教授提出了当今社会转型期刑事诉讼的"十大转变"，包括以斗争哲学为指导转向以和谐哲学为指导；由国家本位转向国家、社会与个人本位并重；由权力治人转向权利保障；由有罪推定转向无罪推定；由客观真实转向法律真实；从重实体轻程序转向二者并重，最终转向程序本位等。这些观点具有相当的前瞻性，受到了中央政法委的高度重视，并对此做出"作为当前司法改革的参考"的重要批示，并且这十大观点的确在后来的司法改革、建设社会主义法治国家的进程中被运用于实际。

樊崇义教授亲自经历和见证了中华人民共和国刑事诉讼法学的曲折发展历程，他所作出的贡献让人感受到一个法学家的勤勉与忧国忧民情怀。他常说，社会主义法治国家不会从天上自己掉下来，要有信心，同时要持续研究和践行。

三　章武生

章武生，1954 年生，河南开封人，法学博士，现任复旦大学法学院教授、博士生导师。主要研究方向为民事诉讼法学，同时对司法制度改革、律师法学也有浓厚的兴趣并进行了研究。章武生是中国法学会诉讼法学研究会常务理事，中国诉讼法学会民事诉讼法专业委员会副主任，还兼任上海市诉讼法学研究会副总干事。

章武生主编了《民事诉讼法学》《民事诉讼法新论》《中国司法制度导论》等著作。在《法学研究》《中国法学》等核心期刊上发表学术论文 60 多篇，其论著获得了多个奖项。章武生在民事诉讼程序和审判方式改革方面的研究成果具有相当的创建性，曾主持完成哲学社会科学"九五""十五"规划项目。对中国律师制度也颇有研究，对中西律师制度进行了比较研究。

四　王新清

王新清，1962 年生，河南新野人，法学博士、教授、博士生导师。现任中国社会科学院大学党委常务副书记、副校长，国务院政府特殊津贴获得者，教育部高等学校法学类专业教学指导委员会委员，中国法学会法律文书学研究会常务副会长，中国刑事诉讼法学研究会常务理事，曾任中国青年政治学院党委副书记、常务副校长。主要研究方向：诉讼法学、律师学。

王新清教授在刑事诉讼法学、律师学方面潜心研究多年，有着深厚的理论功底，曾经参与论证、起草中国《律师法》，先后发表著作、论文 200 余万字，著有（包括主编和参编）《刑事管辖权基本问题研究》《证据学》《律师学》《刑事诉讼法》《律师和律师工作机构》等著作 20 余部。在《中国法学》《法学论坛》《法学杂志》《法学家》等刊物发表论文 50 余篇。

五　肖建华

肖建华，1966 年生，河南信阳光山人，中国政法大学诉讼法学研究院专职研究人员，博士研究生导师。1998 年 6 月毕业于中国政法大学，获法学博士学位，对民事诉讼法、破产法、经济法领域有较深的研究。

肖建华教授代表性著作与教材包括《委托行纪居间合同》《民事诉讼法学原理》《民事诉讼法学教学案例》《民事诉讼法学》《海峡两岸交往中的诉讼法律与实务》《民事诉讼当事人研究》《建立社会主义市场经济体制基本框架综合评价》《民事诉讼法》《民事诉讼操作指南》等。代表性论文包括《浅论执行标的的法律特征》、《论人民调解制度的法律完善》（获中华全国人民调解员协会一等奖）、《民事诉讼法学研究综述》、《论告状难问题之解决》、《大陆统一合同法评析》、《群体诉讼与我国代表人诉讼的比较研究》（获司法部优秀论文奖）、《共同诉讼行为相互独立性和牵连性分析》、《正当当事人理论的现代阐述》、《诉讼证明过程分析》、《证据判断的主观性和客观化》、《中国市场经济：进展与评价》等。

第六节　环境与资源保护法学、国际法学
河南法律名人名家

在环境与资源保护法学领域，河南法学家马骧聪是创立人，为该学科的发展作出了突出贡献，受到了国务院的表彰。王瀚教授在国际私法、国际经济法等领域的研究颇为深入。另外，还涌现出了石静霞、韩龙、何其生等一批青年法学家，他们在国际法领域的研究在全国居于领先水平，获得了同行专家的认可。

一　马骧聪

马骧聪，1934 年生，河南焦作市博爱县人。1947～1953 年，在焦作市解放区太行八中、四联中学及焦作中学和汲县中学学习。1953～1954 年，在中国人民大学外交系学习，1955 年 8 月赴苏联留学，1960 年毕业于苏联列宁格勒大学法律系。回国后在中国社会科学院法学研究所工作，任中国社会科学院法学研究所研究员，研究生院特聘教授、博士生导师，兼任国家环境咨询委员会委员、中国法学会环境资源法研究会副会长。马骧聪的学术研究被国务院和国家环保部门以及环境法学同行认可，受到了国务院的表彰。曾经担任过国务院环境保护委员会科学顾问、国家环保局法律顾问、国土资源法研究会副理事长等，为我国环境与资源保护法学的创立和研究发挥了重要作用，被认为是中国环境法学的创始人之一。2009 年 4 月，被《当代中国法学名家》收录。

马骧聪的主要学术成果有专著《环境保护法基本问题》《环境保护法》《苏联东欧国家环境保护法》。利用外语方面的优势，马骧聪还出版了一系列翻译著作：《国家与法的理论》《国际法理论问题》

《外国环境保护法规选编》。他还参加编写了《中国大百科全书》(环境科学卷)、《环境科学大辞典》、《经济法律大辞典》、《中国资源科学百科全书》等许多大型辞书,并担任《中国资源科学百科全书》资源法学分编委副主任,《环境科学大辞典》《经济法律大辞典》编委。在《法学研究》等核心期刊发表学术论文 70 余篇,有翻译作品 60 多篇。

作为环境法专家,马骧聪曾经参加我国多部环境法的起草和论证工作,参加国家"七五""九五"规划重点项目的研究工作。在学术研究中能够坚持把外来理论和中国国情相结合,运用多学科的手段对环境法进行综合研究,重视吸收国外经验,提出了许多有价值的观点和建议。能把环境法这种综合性、交叉性强的学科研究好需要很强的法学功底和外语功底,马骧聪老师是该领域不可多得的人才之一。

二 王瀚

王瀚,1963 年生,河南长葛市人,教授、博士生导师。西北政法大学副校长、《法学教育研究》主编、丝绸之路区域合作与发展法律研究院院长、陕西省哲学社会科学重点学科国际法学科带头人、陕西省哲学社会科学重点研究基地——西北政法大学国际法研究中心主任、航空法治现代化协同创新中心负责人,兼任西南政法大学、大连海事大学、华东政法大学兼职教授和博士生导师,教育部长江学者特聘教授及全国哲学社会科学基金项目通信评审专家,中国国际私法学会副会长,中国仲裁法学研究会常务理事等。目前主要从事比较国际私法、国际航空法、国际民商事程序法、国际经济法的研究。

著有《华沙国际航空运输责任体制法律问题研究》《国际私法之程序法比较研究》《国际航空运输责任法研究》等专著,合著或主编《当代国际法专题研究》《现代国际法学》《国际航空私法各论》等 20 余部,在《中国法学》《比较法研究》《法律科学》《现代法学》

《法学杂志》《中国国际法年刊》《中国国际私法与比较法年刊》等刊物发表论文 60 余篇。曾获陕西省社科优秀成果一等奖 2 项、三等奖 2 项，司法部三等奖 1 项，陕西省高校人文社科优秀成果一、二等奖各 1 项，三等奖 2 项，西安市优秀社科成果一等奖 1 项、二等奖 2 项，获"陕西省师德先进个人""陕西省师德标兵""陕西省劳动模范""陕西省高校优秀教师"等称号，获"全国杰出中青年法学家"提名奖（1999、2002）。

三　石静霞

石静霞，女，1970 年生，河南济源市人，武汉大学国际经济法专业法学博士，美国耶鲁大学法学硕士和博士。中国对外经济贸易大学法学院院长，教授、博士生导师，获得过第七届"全国十大杰出青年法学家"称号。主要研究领域包括世界贸易组织法（集中于国际服务贸易）、国际投资法（集中于跨国公司法、跨界破产法）。

石静霞教授先后在《中国社会科学》、《法学研究》、《中国法学》、《世界投资与贸易》（Journal of World Investment & Trade）、《国际破产管理协会国际破产审查》（INSOL International Insolvency Review）、《澳大利亚公司法》（Australian Journal of Corporate Law）等国内外重点学术刊物上发表中英文学术论文近 30 篇，并主持或参与多项国家社科基金，教育部、国务院学位办专项奖励基金以及世界银行、亚洲开发银行资助项目等国内外研究课题。代表性著作包括专著《WTO 服务贸易法专论》《跨国破产的法律问题研究》《买卖合同》等，合著《WTO 国际服务贸易成案研究》《世界贸易组织法教程》《国际经济交往法律问题研究》《国际投资法》《中国涉外经济法律问题新探》《中国金融法》等。代表性论文包括《新一轮服务贸易谈判若干问题》《服务业的国内监管自主权与贸易自由化：制衡与协调》《从GATS 第 6 条与第 16 条的关系角度评美国博彩案》《区域经济一体化中的服务贸易问题》《联合国国际贸易法委员会〈破产法立法指南〉评介及其对我国破产立法的借鉴》《我国新破产法制订中的几个关键问题》《新〈对外贸易法〉与我国发展国际服务贸易的若干法律问题》等。

四 韩龙

韩龙，河南南阳人，中南财经政法大学法学院二级教授、博士生导师，国家社科重大项目首席专家，中国国际法学会常务理事、中国国际经济法学会常务理事、河南省政法委专家咨询委员会专家委员，长期从事国际经济法特别是国际金融法的研究和实践，在离岸金融与投资、国际金融服务、人民币汇率、人民币国际化、防范和化解国际金融风险和危机等法律领域取得了独到的研究成果，居国内外领先水平，曾获得多项社会科学优秀成果奖。

韩龙教授出版著作十余部，代表性著作有《防范和化解国际金融风险和危机的制度建构研究》（合著）、《人民币汇率的国际法问题》（独著）、《国际金融法》（21世纪法学规划教材）（主编）、《离岸金融法律问题研究》（独著）、《世贸组织与金融服务贸易》（独著）、《WTO金融服务贸易的法律问题研究》（独著）、《国际经济法学》（主编）。韩龙教授在《国外社会科学》《世界经济》《中国法学》《法学家》《现代法学》《国际金融研究》《法学评论》《法商研究》《国际贸易问题》等重要学术刊物上发表学术论文100多篇。主持完成的主要科研项目有2013年国家社会科学基金重大项目"人民币国际化的法律问题研究"，2008年国家社会科学基金重点项目"防范和化解国际金融风险和危机的制度建构研究"，国家社科基金项目"人民币汇率的国际货币法问题研究"，中国博士后科学基金项目"WTO金融服务贸易自由化与金融监管"，教育部留学归国人员科研启动项目"人民币汇率的国际法问题研究"，司法部项目"金融风险防范法律制度研究——以我国金融业对外开放为重心"等。

五　李鸣

李鸣，河南洛阳人，北京大学法学院教授、博士生导师，曾任北京大学法律学系（现法学院）副系主任，曾援疆任石河子大学副校长，兼任中国法学会国际法学会常务副会长。主要研究领域为国际法的理论及和平解决国际争端的方法。代表性著作有《国际法概论》（合著）、《国际法上的人权》（合著）。代表性论文包括《〈联合国宪章〉中的人权与不干涉内政问题》《联合国安理会授权使用武力问题探究》《安全事务的合作与法律》等。

六　何其生

何其生，1974年生，河南固始人。2018年以来，任北京大学法学院国际私法学教授、中国国际私法学会副秘书长、中国国际经济贸易仲裁委员会（CIETAC）和武汉仲裁委员会仲裁员。曾任武汉大学法学院教授、博士生导师，武汉大学法学院网络经济与法律中心主任，武汉大学国际法研究所（教育部人文社会科学重点研究基地）副所长，武汉大学法学院网络经济与法律中心主任，《武大国际法评论》副主编。主要研究领域为国际私法、国际商法和国际民商事诉讼法。何其生教授是第八届全国十大杰出青年法学家，是首届教育部青年长江学者，其博士论文被评为全国百篇优秀博士学位论文。

何其生于1996年获得河南大学法学学士学位，1999年获得武汉大学国际法学硕士学位，2002年获得武汉大学国际法学博士学位，2002～2004年在北京大学做博士后研究。何其生多次参加国际会议和国际法律文书的起草和谈判工作。迄今所参加的多边和双边谈判与磋商主要有：2005年，联合国国际贸易法委员会关于《国际合同使用电子通信公约》最终文本的谈判；2014年，联合国国际贸易法委员会《跨境电子商务交易网上争议解决：程序规则（草案）》谈判；

2014 年，海牙国际私法会议（国际组织）《海牙送达公约》、《海牙取证公约》和《司法救助公约》特委会谈判；2016 年，《海牙取消认证公约》特委会谈判；2016 年，中美首次法治对话，中国银行纽约分行藐视法庭案；2016～2018 年，海牙《承认与执行外国法院判决公约》第一、二、三、四次特委会谈判。

何其生目前已出版专著多部，主编著作多部，在《中国法学》、《法学研究》、《中国社会科学》、《新华内参》、《清华法学》、《武大国际法评论》、《武汉大学学报》（哲学社会科学版）、《法商研究》等发表中文文章 70 余篇，在国际期刊发表英文文章十几篇（其中 SSCI 刊物 3 篇）。在科研方面，已经承担省部级项目 10 余项，先后获得各类教学、科研奖励 10 余项。2007 年入选教育部"新世纪优秀人才支持计划"。2016 年 4 月，当选 2015 年度"长江学者奖励计划"青年学者。

第七章　当代河南法律名人名家的重要影响与前景展望

河南历史上有灿若群星的法律名人，他们取得的成就令人叹服。我们在对祖先和前辈中的佼佼者心存敬意的同时，还需立足当下，因为"俱往矣，数风流人物，还看今朝"。虽然我们对当代很多著名大学以及其中著名教授的法律贡献已经有了初步认识，但是对于当代河南法律名人名家作为一个特殊的知识群体的形成与演变、结构特点以及他们对社会的影响等问题的认识却往往还比较模糊。无论回望过去、审视现在还是展望未来，有必要认识当代河南法律名人名家在社会发展中的价值。河南法学家群体与社会发展的因果联系就是一个很有意义的研究课题。在中国法学界，众所周知的是，因河南南阳籍的法学家人数众多，故有"南阳现象"一说。南阳人在高等院校和科研机构从事法学理论工作，以及在各级党政机关、法检两院、企业、律师事务所和法治媒体工作并崭露头角的很多，非常令人瞩目。这些法学家通过传道授业解惑、著书立说、提供立法建议、参与法律咨询等方式，引领着中国法学发展，推动着中国法治进步。[1]

总而言之，当代河南法律名人名家在当代中国政治活动和社会变革过程中均发挥着引领时代的作用，剖析和展望河南法律名人名家的重要影响和前景，无疑对法治河南甚至法治中国建设的伟大历史进程

---

[1] 万川：《南阳之外亦有仙桃：湖北仙桃籍法学专家群体考察分析》，《法制日报》2017年1月16日。

均具有重要意义。

第一节　当代河南法律名人名家的形成背景

当代河南法律名人名家的形成有着极其复杂的社会背景，与国家发展的历史阶段和历史文化的积淀密切相关。其中，经济社会的深刻转型、法学院系和法学研究机构的曲折发展、传统法家与律学家的历史影响、耕读传家救国的文化传统、京汉法学重镇中间地带的滋润熏陶以及河南籍法学家的集聚效应等，促使和推动着当代河南法律名人名家的形成和发展。

一　经济社会的深刻转型

1949 年 10 月 1 日，中华人民共和国中央人民政府宣告正式成立，中国人民从此翻身当家做了主人。中华人民共和国建立初期，我们党根据《共同纲领》和《中央人民政府组织法》建立了中央国家机关和地方各级人民政府，领导进行了土地改革、抗美援朝、镇压反革命、"三反"、"五反"等运动和大规模的经济建设。与此相应，开展了全国范围内的法制建设，制定了地方各级人民政府和司法机关的组织通则，制定了工会法、婚姻法、土地改革法、法院暂行组织条例、惩治反革命条例、惩治贪污条例和全国人民代表大会及地方各级人民代表大会选举法以及有关劳动保护、民族区域自治和公私企业管理等法律、法令。所有这些法律、法令，对于维护革命秩序，保护人民利益，巩固民族团结，特别是摧毁一切旧制度，保障各项社会民主改革运动的胜利，促进国民经济的恢复和发展，起了很大的作用。

1954 年 9 月，第一届全国人民代表大会第一次会议制定了新中国第一部宪法，同时制定了《全国人民代表大会组织法》《国务院组织法》《地方各级人民代表大会和地方各级人民委员会组织法》《人民法院组织法》《人民检察院组织法》。这些法律的制定标志着国家的根本制度、国家生活的基本原则、公民的基本权利和义务等以宪法和法律的形式初步确立。此后，根据宪法和党的路线方针政策，国家又先后制定了一批法律、法规。截至"文化大革命"前，中央人民政府、全国人大及其常委会共制定法律 130 多件，还起草了刑法、刑事诉讼法、民法、民事诉讼法等一批重要法律草案；国务院制定行政措施、发布的决议或者命令（相当于国家法规）1500 多件。这些法律法规的制定，为进一步推进社会主义法制建设奠定了重要基础。

1978 年党的十一届三中全会的召开，标志着我国开启了改革开放的历史新时期。从 1978 年到 2006 年的 28 年，作为改革开放新时代的重要内容，我国开始了依法治国的历史性进程。在此期间，以 1996 年为界，大致经历了先期的理论准备和法治实践，以及后期的正式确立依法治国方略并进一步推进法治国家建设两个发展阶段。①

1978 年之后的早期法治实践，有四件大事可作为标志性事件载入史册。一是党的十一届三中全会的胜利召开。全会公报指出："为了保障人民民主，必须加强社会主义法制，使民主制度化、法律化，使这种制度和法律具有稳定性、连续性和极大的权威，做到有法可依、有法必依、执法必严、违法必究。从现在起，应当把立法工作摆到全国人民代表大会及其常务委员会的重要日程上来。检察机关和司法机关要保持应有的独立性；要忠实于法律和制度，忠实于人民利益，忠实于事实真相；要保证人民在自己的法律面前人人平等，不允许任何人有超于法律之上的特权。"二是 1979 年《中共中央关于坚决保证刑法、刑事诉讼法切实实施的指示》的发布。该《指示》强调，刑法等 7 部法律通过后，"它们能否严格执行，是衡量我国是否实行社会主义法治的重要标志"。这是中华人民共和国成立后尤其党的十

① 李步云：《我国法治历史进程的回眸与展望》，《中国社会科学院院报》2007 年 8 月 8 日。

一届三中全会以来，在党和国家的重要文件中第一次使用"法治"这一概念。三是对林彪、江青反革命集团的审判。1980 年 11 月 22 日《人民日报》发表的《社会主义民主和法制的里程碑》评论员文章，对这次历史性审判总结了五条现代法律原则：司法独立、司法民主、实事求是、人道主义和法律平等。该文最后说："对林彪、江青反革命集团的审判，是我国民主和法制发展道路上的一个引人注目的里程碑。它充分体现了依法治国的精神，坚决维护了法律的权威，认真贯彻了社会主义民主和法制的各项原则，在国内外引起了强烈反响，具有除旧布新的重大意义。"这也是最早提出"依法治国"的重要文献。四是 1982 年宪法的制定。该宪法序言的最后一段强调要维护宪法与法律的尊严与权威："本宪法以法律的形式确认了中国各族人民奋斗的成果，规定了国家的根本制度和根本任务，是国家的根本法，具有最高的法律效力。全国各族人民、一切国家机关和武装力量，各政党和各社会团体、各企业事业组织，都必须以宪法为根本的活动准则，并且负有维护宪法尊严，保证宪法实施的职责。"这部宪法还恢复了 1975 年宪法和 1978 年宪法被取消的司法独立和法律平等原则。①

现代法的伦理价值的核心，是实现"以人为本"的价值观和正义公平的伦理观；现代法的工具价值的核心，是促进经济、政治、文化、社会更好更快地发展，以满足人民日益增长的需求，造福人类。"全面、协调、可持续"发展，是中国和世界历史与现实实践经验的总结，是"发展"理论在方法论、认识论上的哲学概括，对立法、执法、司法具有普遍而重要的指导意义。构建和谐社会作为创新理论，对法治国家建设的指导意义在于，社会和谐能为法治建设提供重要条件，其一系列重大政策主张，将成为立法、执法、司法的重要指导原则。而由现代法自身的规范性、正义性、利益性、

① 李步云：《我国法治历史进程的回眸与展望》，《中国社会科学院院报》2007 年 8 月 8 日。

民主性、权威性等特性所决定，法治国家建设是构建和谐社会最根本的保证。

1987 年召开的中共十三大，确立了"一个中心、两个基本点"的新时期党的基本路线，提出了分三步走的现代化发展战略，改革开放全面展开，从农村改革到城市改革，从经济体制改革到科技、教育等各方面体制改革，从对内搞活到对外开放，发展进程势不可当。适应改革开放、发展社会主义民主和健全社会主义法制的需要，我们党提出了一系列法制建设方针，并采取切实措施加以落实。党的十二大提出，我们党要领导人民继续制订和完备各种法律，要把更多的经济关系和经济活动的准则用法律的形式固定下来，使法律成为调节经济关系和经济活动的重要手段；要力争在"七五"期间建立起比较完备的经济法规体系，逐步使各项经济活动都能有法可依。党的十三大提出，法制建设必须贯穿于改革的全过程；法制建设必须保障建设和改革的秩序，使改革的成果得以巩固；应兴应革的事情，要尽可能用法律或制度的形式加以明确。贯彻党关于法制建设的方针政策，围绕改革开放的中心任务和总体部署，立法工作多领域展开、全方位推进，涵盖了我国经济、政治、文化、教育、军事、外交等各个领域，大致可概括为以下几个方面。一是适应经济体制改革和对外开放的需要，对宪法进行了第一次修改，明确了非公有制经济的法律地位，确立了土地使用权可以依法转让的制度；制定或者修改了一大批经济领域的法律，包括《中外合资经营企业法（修正）》《外资企业法》《中外合作经营企业法》《全民所有制工业企业法》《专利法》《著作权法》《关于我国加入〈保护知识产权巴黎公约〉的决定》《涉外经济合同法》《技术合同法》《海商法》《土地管理法》《税收征收管理法》等，还通过了《关于授权国务院改革工商税制发布有关税收条例草案试行的决定》《关于授权国务院在经济体制改革和对外开放方面可以制定暂行的规定或者条例的决定》。二是适应保障公民、法人和其他组织在民事活动中的合法权益，同时适应改革开放搞活、运用法律手段管理经济的需要，制定了一批民事方面的法律，包括《民法通则》《民事诉讼法》《继承法》等。三是为了适应推进政治体制改革、实现人民当家做主权利的需要，制定或修改了一批国家机构和保障公民权利方面的法律，包括制定了《民族区域自治法》《村民委员会组织法》《城市居民委员会组织法》《行政诉讼法》《代表法》《集会游行示威法》等，修改了《选举法》《地方组织法》《人民法院组织法》《人民检察院组织法》等。四是为了严厉打击严重刑事犯罪、维护经济秩序和社会稳定，在刑法、刑事诉讼法的基础上，制定了《关于严惩严重危害社会治安的犯罪分子的决定》和《关于迅速审判严重危害社会治安的犯罪分子的程序的决定》以及一批《关于惩治各类犯罪的决定和刑法补充规定》，同时适应打击犯罪的需要，在一些单行法律中，对严重违法构成犯罪的，规定了比照刑法有关条款追究刑事责任，扩大了刑法有关规定的适用范围。五是适应保护人民群众权益的需要，制定了《工会法》《残疾人保障法》《未成年人保护法》《妇女权益保障法》《矿山安全法》《传染病防治法》等。六是为了适应保护环境、合理开发利用保护自然资源的需要，制定了一批环境和资源保护方面的法律，包括《环境保护法》《水污染防治法》《大气污染防治法》《矿产资源法》《水法》《草原法》《渔业法》《森林法》等。七是为了贯彻"一国两制"方针，维护国家的统一和领土完整，保持香港和澳门的繁荣和稳定，根据宪法制定了《香港特别行政区基本法》《澳门特别行政区基本法》等。此外，还制定了一批规范经济管理、发展教育事业、推进军队现代化和正规化建设、加强社会管理等方面的法律。

二 法学院系和法学研究机构的曲折发展

法学院系和法学研究机构的曲折发展是我国法治系统发展史的重

要组成部分。高校法学院系作为法学研究的重要场所，为依法治国提供智力支持。高校的法学院系进行的法学研究，是高校法学教育的双重内容之一，集中了大量优质资源，是我国法学研究和教学的最主要力量。改革开放以来，我国法学教育和研究取得了重大成就，不但形成了庞大而专业的教学研究群体，而且法学研究的范式也发生了重大转变，摒弃了陈旧的观念，发掘了有意义的研究内容和科学的研究方法，解放了思想，使法学成为一个独立的学科，涌现出大批的教学研究人才和研究成果。法学研究和法律教育的发展，为河南法律名人群体的最终形成起到了良好的示范作用和有力的推动作用。

作为高等教育发展体系和创新体系的重要组成部分，以及全国大学生在学期间直至终生教育的重要领域，高校法制教育敏感地反映着与时俱进的社会法治意识，担负着国家培养高素质复合型人才的重要使命，影响着"依法治国"基本方略落实的历史进程，是建设中国特色社会主义法治国家的一项基础性、战略性工程。[1]

法学及其教育确实是和一定的治理形式紧密相连的，但该治理形式最终由一定的经济制度所决定，因此，法学教育归根结底需与社会特定的经济制度相适应。在我国由计划经济向社会主义市场经济转型的过程中，我们所需要的是能适应市场经济要求的法律人才。显然，改革现代中国的法学教育，首要任务便是改变原有的教育思想，以适应发展社会主义市场经济对法律和法律人才的要求，使对法学的理解回到其本义中去。[2]

中华人民共和国成立以来以改革开放为界，高校法制教育发展经历了五个阶段、四次重大历史转折。1978 年前，高校法制教育经历了两个阶段，即探索起步阶段（1949 ~ 1956 年）和挫折失误阶段（1957 ~ 1977 年）；实现了两次相同而又不同的重大"转变"，第一次

---

① 宋婷：《建国以来高校法制教育研究》，博士学位论文，南开大学，2013。
② 杨振山：《中国法学教育沿革之研究》，《政法论坛》2000 年第 4 期。

是从摧毁到建设，第二次是从再摧毁到再建设。1978 年后，高校法制教育经历了三个阶段，即恢复发展阶段（1978～1985 年）、开拓进取阶段（1986～2003 年）和继承创新阶段（2004 年至今）。同样经历了两次重要历史"飞跃"，第一次是从法律常识教育到法律意识教育，第二次是从法律意识教育到法律素质提升教育。高校法制教育在理念上取得重大突破，在实践中发生重大转变，顺利完成了法制教育主渠道从"85 方案"到"05 方案"的课程改革，初步形成了具有中国特色的社会主义法学教育模式。①

中华人民共和国成立后，我国以完全崭新的面貌出现在世界舞台上，在社会主义国家形态下创制了自己崭新的政治和经济制度。"中华人民共和国的法制是在彻底摧毁国民党政府旧法统后，根据马克思主义国家与法的理论，按照苏联法制的模式建立起来的。"② 在全面废除旧法统的条件下，旧的法制教育制度也抛弃得所剩无几，对旧中国大学的政法系科进行了调整，并彻底批判了旧的政法教育理论，废除了旧法学课程，建起了新的法制教育制度。其间，法制教育的重建工作是从培训司法干部和改造旧司法人员开始的，教学理论和模式从苏联全面引进。③

1952 年教育部根据"以培养工业建设人才和师资为重点，发展专门学院，整顿和加强综合性大学"的方针，对全国高等院校进行了调整，政法院校的调整举措为：1952 年由原北京大学、清华大学、燕京大学、辅仁大学四校的政治、法律和社会民政等专业合并成立北京政法学院；1952 年由原复旦大学、南京大学、安徽大学、震旦大学、上海商学院、东吴法学院六校法律系与复旦大学、南京大学、沪江大学、圣约翰大学 4 校政治系合并成立华东政法学院，1953 年厦门

---

① 宋婷：《建国以来高校法制教育研究》，博士学位论文，南开大学，2013。
② 蔡定剑：《历史与变革——新中国法制建设的历程》，中国政法大学出版社，1999。
③ 宋婷：《建国以来高校法制教育研究》，博士学位论文，南开大学，2013。

大学法律系并入；1952 年由四川大学、重庆大学、重庆财经学院、辅仁学院四校法律系合并成立西南政法学院，1953 年云南大学法律系、政治系并入；1953 年由中原大学政治学院，湖南大学和中山大学政治系，广西大学政治系、法律系及中山大学社会民政系组成中南政法学院。这样，全国法学教育机构便成为 7 所，除以上新成立的 4 个政法学院外，综合性大学中设法律系的还有中国人民大学、东北人民大学（吉林大学的前身）和武汉大学。其各自的任务亦得到确定，政法学院的任务为培养政法干部，中国人民大学和东北人民大学则作为学习苏联、建立中华人民共和国高等法学教育的基地。①

　　院系调整之后，我国法学教育的格局基本得以确定。应该说，法学院校的调整基本上是成功的，它使原本分布不均的法学院系布局趋于合理，集中多数大学的法律系、政治系的师资、图书资料等，对于提高高校法学水平亦颇有裨益。

　　从 1950 年至 1957 年，中国聘请了数百位苏联专家来中国高校任教。其中，仅中国人民大学就有 99 人次的苏联专家前来执教，法律专家共聘请了多少人虽然没有详细的资料记载，但是据当时在中国人民大学法律系学习和工作的孙国华、江伟、关怀、赵中孚、许崇德、吴家麟、高铭暄、张晋藩、李昌道等教授提供的回忆数据显示，应该不少于 40 人次，而比较集中的是在中国人民大学。另外，东北人民大学的法律系以及北京政法学院、西南政法学院和华东政法学院等高校，也有苏联专家前去讲学或讲座。②

　　法学院系和研究机构由 1978 年恢复重建后的"一院五系"发展到改革开放 30 周年时，已经达到 634 家，增长了 100 多倍。改革开放使得法律在社会和人们的生活中越来越受到青睐，加之中国原有的法律职业人员素质较低，社会对高素质法律职业人才需求增强，法

---

① 杨振山：《中国法学教育沿革之研究》，《政法论坛》2000 年第 4 期。
② 何勤华：《六十年法治建设与法学》，上海人民出版社，2009。

官、检察官、律师、警察又有较高的社会地位和经济收入，成为吸引人们学习法学的重要动力。至 20 世纪 90 年代，中国高等教育呈现规模化发展态势，法学更成为各专业中的显学，法学专业成为全国最热门的专业之一。①

当代河南法律名人名家群体的形成，与改革开放以后恢复高考制度直接相关。改革开放以后，百废待兴，经济结构的全面转型迫切需要社会秩序重建，法制建设被提上议事日程，高等院校法学专业的毕业生成为社会急需的专门人才，这吸引了更多的人报考法律院校。

三 传统法家、律学家的历史影响

河南自古就具有法家传统，河南法律人物经历朝历代绵延不绝，从先秦法家开始，直到晚清时期仍有豫派律学的辉煌，而这一传统又被当代河南籍法学家进一步传承。

古代中国凡论及汉字中的"法"，几乎毫无例外地要引用许慎所著《说文解字》中的经典释义："灋（法字的古体。——引者注），刑也。平之如水，从水；廌所以触不直者去之，从去。"有人根据"平之如水"四字，认为汉字"法"在语源上兼有公平、正义之义。② 从时间顺序上看，我国古代法用语并不一致，在三代是"刑"，在春秋战国是"法"，秦汉以后则主要是"律"。③ 可以认为，法、刑和律三者基本上是同义的。④

法家是中国历史上研究国家治理方式的学派。先秦时期，河南法律人物就是变法主政的中坚力量，深刻影响了中国的政治体制和治国理政实践。先秦法家的代表人物李悝、商鞅、慎到、申不害、韩非、

---

① 宋婷：《建国以来高校法制教育研究》，博士学位论文，南开大学，2013。
② 蔡枢衡：《中国刑法史》，广西人民出版社，1983。
③ 梁治平：《法律的文化解释》，三联书店，1994。
④ 《尔雅·释诂》："刑，法也。""律，法也。"《说文解字》："法，刑也。"《唐律疏义·名例》："法，亦律也。"

李斯，除慎到外，其他几人皆出自河南。其中，李悝是河南濮阳人，主持魏国变法，是各国变法之始，其编成的《法经》，是中国古代第一部比较完整的法典；商鞅为河南内黄人，主持秦国变法，为后来秦王嬴政统一六国、建立中国历史上第一个大一统王朝奠定了坚实的基础；申不害、韩非是河南新郑人，韩非是法家思想的集大成者；李斯是河南上蔡人，其政治主张奠定了中国两千多年政治制度的基本格局。他们提出的法布于众、依法办事、刑无等级、保持法律稳定以及富国强兵等思想，至今仍具有指导意义。法家这一传统在河南得到了传承。

汉代以来，法律逐渐儒家化，儒家思想部分吸收了法家思想的要义，形成了"儒表法里"的复合特征。虽然两汉以来儒家思想长期是中国的显学思想，但在实际操作层面，法家思想更实用。中国实际上是"儒表法里"，"百代都行秦政法"，儒法二者通常结合起来，"礼法并重""隆礼重法""宽猛相济"。长孙无忌在《唐律疏议》中说："德礼为政教之本，刑罚为政教之用。"[1] 曹操说："夫治定之化，以礼为首；拨乱之政，以刑为先。"[2] 并且，长孙无忌也是河南人。在贾谊、晁错、杜周、杜延年、郭躬、吴雄、钟繇、应劭、高柔、长孙无忌等一大批河南律学家的推动下，"礼法合流""引经决狱"的中华法系逐渐形成。

如果说文化传统是一种潜在的影响因素的话，那么距离当代最近的前辈的示范和带动则对当代河南籍法学家的形成起到了不可小觑的作用。清晚期法律大臣沈家本说："当光绪之初（律学）有豫、陕两派，豫人以陈雅侬、田雨田为最著。"豫派律学家重在"研制法例，明慎折狱"，其主要贡献是在司法实践的层面。陈雅侬是河南民权人，田雨田是河南开封人，均为读书人，考取进士后进入刑部任职，官至

---

① 长孙无忌：《唐律疏议·名例》，序疏。
② 陈寿：《三国志·魏书》卷二十四。

鸿胪寺少卿、光禄寺少卿、太仆寺少卿。① 豫派律学家还有孙钦晃（河南荥阳人）、李培元（河南开封人）、魏联奎（河南荥阳人）等，也是通过读书考取功名、从事刑名法律工作。时至今日，开封老城乐观街还有一处田氏老宅，记载着田家诗书传家、成为名门望族的辉煌历史。从某种程度上说，河南长期处于农耕文明的中心，工商业不发达，河南人长期在宗法礼制社会传统中，更重视人情、关系。"学而优则仕"的观念比较盛行，"官本位"思想一直占据相当大的市场，学法律做官成为实现个人抱负、光耀门庭的重要选择。晚清豫派律学人物对于当代河南法律名人名家的形成也起到了一定的"成功路径"的示范作用。

四　耕读传家救国的文化传统

地处中原的河南，长期处于农耕时代，工商业不够发达，虽然成长出范蠡、吕不韦等商业雄才，但千百年来，这一商业基因并没有得到有效传承。在宗法社会中，中原人民最讲究人情，重视关系。"学而优则仕"，而法律与政治具有密切的联系，学法律做官或治学成了诸多河南学子改变个人命运、光宗耀族的重要选择。

2100 多年前，有一位叫张释之的南阳人在这里播撒下了公平正义的种子。张释之乃汉文帝时主司刑狱的廷尉，也是最高司法长官。面对皇帝要求重判惊驾者的旨意，他犯颜直谏，认为法律是天子用来规范社会、百姓共同遵守的公则，岂能因天子好恶来决定刑罚轻重？廷尉掌管国家司法，如乱用刑典，老百姓将无可遵循，导致天下大乱。对此，太史公司马迁评价说"守法不阿意"。张释之没有留下著作，有关他的记载也只是在史记和汉书中的寥寥几百字。但区区数语，便足以石破天惊，警策后世。2000 多年后，南阳这片大地滋养

---

① 王云红：《晚清豫派律学的再发现》，《寻根》2016 年第 1 期。

了一个个法律名人，以不同的方式贡献于华夏神州的法治事业。①

众所周知，河南作为人口第一大省，没有985院校，除了郑州大学一所"211"院校以外，河南省没有一所在全国具有较高知名度的重点大学。然而，河南有一亿多人口，河南籍考生人数众多，在全国排第一第二。因此，河南籍学生在读书方面可以说是全国最努力、最勤奋。即便如此，许多河南考生也很难在本科阶段读一所理想的、全国知名的重点大学。于是，不得不"二次高考"，通过考研、考博，进入一流大学继续深造。高等教育资源不足的劣势，有时候又恰恰成了"逆袭"的促进因素。要成为专门搞法学研究的法学家，具有硕士、博士学历是起码要求，硕士、博士学历也是从事法学研究这一行的敲门砖。众多品学兼优的河南籍学子，因为本省人口众多而优质高等教育资源有限而在一般院校读了本科，个人发展前景受到了较大的影响，攻读硕士和博士学位则成为改变这一状况的重要出路。例如，王振民、王轶在郑州大学读完法学本科，又考取了中国人民大学法学院研究生，分别师从许崇德、王利明等著名法学家进一步深造。据统计，目前在全国各大院校研究生院中，河南籍学生均占有相当大的比例。

五　京汉法学重镇中间地带的滋润熏陶

河南位于中国中东部、黄河中下游，因大部分地区位于黄河以南，故称河南。远古时期，黄河中下游地区河流纵横，森林茂密，野象众多，河南又被形象地描述为人牵象之地，这就是象形字"豫"的根源，也是河南简称"豫"的由来。《尚书·禹贡》将天下分为"九州"，豫州位居天下九州之中，现今河南大部分地区属九州中的豫州，故有"中原""中州"之称。河南历史悠久，是中华民族和华夏文明

---

① 张亮：《探寻法学界"南阳现象"》，《法制日报》2016年9月19日。

的重要发祥地。河南北可进京，南下即是武汉三镇，区位优越，是全国重要的交通通信枢纽和物资集散地。

南阳地处河南、湖北、陕西三省交会的中心，由于特殊的地理位置，中原文化、楚文化以及三秦文化在此激荡交融。多种文化碰撞的结果，就是文化的融合与繁荣。长久的历史文化滋润，造就了南阳人重视教育的风尚。尤其是抗战时期，郑州、开封等地的高校为避战乱，集体迁往地处豫西南的南阳，更是在南阳播撒下崇文重教的种子。南阳曾经几乎包揽了河南每年的高考文理状元。河南人信奉学而优则仕，很多人选择政治、法律等专业作为进身阶梯。"五院四系"在中国法学界具有举足轻重的地位，在这 9 所法学院校中，北京占 3 所，武汉有 2 所，而河南正处于京汉法学重镇的中心地带。河南学子读法学，北可上京城，南可下武汉。于志刚、王新清等人选择北上中国人民大学读书，马克昌、冯果等则南下武汉大学求学。

六 河南籍法学家的集聚效应

如果说河南盛产法学家，那么在河南各地市中，以南阳籍数量最多、影响力最大，包括周密、樊崇义、刘海年、张文显、郝铁川、付子堂、王新清、郝宏奎、冯果、王轶、韩龙等；而在南阳 17 个县区中，出自镇平、新野的法学家最多，如王新清、付子堂等出自新野，王轶、冯果等出自镇平。

2016 年以来新一届法学院系院长包括 1968 年出生的南阳籍法学家冯果，1972 年出生的信阳籍法学家何其生和同年出生的南阳籍法学家王轶。冯果出任武汉大学法学院院长，系近年来继马克昌之后又一位执掌武大法学院的河南籍法学家。除武汉大学外，另有众多河南籍法学家在全国重要法学院校中担任要职，包括中国法学会副会长、原吉林大学党委书记张文显，中国法律思想史学会会长郝铁川，西南政法大学校长付子堂，原中国政法大学副校长于志刚，西北政法大学副校长王瀚，中国社会科学院大学党委常务副书记、副校长王新清，对外经贸大学法学院院长石静霞，以及清华大学法学院原院长王晨光、王振民等。

除担任法学教育行政要职外，河南还培育出一批法学界宗师级人物，如刑法学领域的马克昌（周口西华人）、经济法学领域的刘文华（安阳林州人）、刑事诉讼法领域的樊崇义（南阳内乡人）、民事诉讼法领域的江伟（开封人）、环境资源法领域的马骧聪（焦作博爱人）等。

第二节　当代河南法律名人名家的基本特征

当代河南法律名人名家在形成和发展过程中逐步凝聚了具有时代韵味和地域特色的基本特征：籍贯比较集中，分布比较广泛；学科比较齐全，领军人物较多；注重学术研究，引领学术前沿；熟悉中国国情，参与法律实务；时代特征明显，历史文化厚重。

一　籍贯比较集中，分布比较广泛

在当代中国经济社会深刻转型的背景下，基于历史上法家传统的中原积淀，加之耕读持家救国的中原传统以及河南地处"京汉"法学重镇中间地带的滋润熏陶，当代中原法学家群体声名鹊起。经笔者梳理，当代河南法律名人名家中南阳籍法学家较多。譬如，南阳镇平人就有张文显教授、王轶教授、冯果教授等，南阳新野人有付子堂教授、杨振山教授、王新清教授等，南阳内乡人有樊崇义教授，南阳南召人有郝宏奎教授，南阳邓州人有周密教授、郝铁川教授，南阳唐河人有刘海年教授、韩龙教授等。

南阳自古山川秀美、人杰地灵，是一块富饶的盆地，地处鄂豫陕三省交会之处，中原文化、楚文化、秦文化在此地交融。细数古往今来的种种因素，再来审视当代中国法律名人的构成，则不难理解为何南阳籍法学家占有绝对的比重。这种法学家阵营中的"南阳现象"对于我们研究法律名人的培育和养成，对于发挥法律名人的地缘优势有着积极的意义。

目前南阳籍著名法学家在全国分布比较广泛。当代河南籍法学家大多根植河南，但大多已走出河南，遍布北京、上海、武汉、西安、呼和浩特、乌鲁木齐、成都、重庆、广州等城市乃至世界各地，其影响力广泛而深远。

二 学科比较齐全，领军人物较多

近年来，河南籍法学家的规模和影响力已经雄踞当代中国各省（自治区、直辖市）前列，形成独具特色的"河南法学家群"。其中，既有老一辈法学宗师，也有新一代法学领军人物，而且他们多在全国重要的法学院校、研究机构、学术团体担任要职。涉及的法学学科相当广泛，基本上涵盖了法学所有学科门类——环境与资源保护法学、国际法学、诉讼法学、经济法学、民商法学、宪法与行政法学、法理学与法律史学、刑法学等。

河南籍新一代法学家也在成长壮大，逐步成为各领域的领军人物。到 2017 年第 8 届"全国十大杰出青年法学家"评选结果揭晓时，前后共 80 位全国杰出青年法学家中，河南籍法学家有王轶、于志刚、付子堂、王振民、石静霞、冯果、肖建国、何其生等 9 人，占总数的 11.25%，平均每届有一位河南籍法学家入选。

刘海年教授是我国著名学者，主要研究中国法律史、法治与人权理论。他是中国社会科学院法学研究所研究员，中国社会科学院人权研究中心主任，中国社会科学院荣誉学部委员，博士生导师。兼任中国人民大学、清华大学、国家法官学院教授，中国法学会信息法研究会会长，董必武法学思想研究会副会长，中国法律史学会学术顾问，中国人权研究会顾问，海峡两岸关系协会理事，最高人民法院特邀咨询员，中国国际文化交流中心荣誉理事，炎黄文化研究会理事。

段秋关教授是"文化大革命"之后北京大学第一届法学硕士生，曾任西北大学法学院院长、校学术委员会委员、中国法律思想史研究会会长、中国儒学与法文化研究会副会长、中国法律史学会常务理事、陕西省社科联常务理事、陕西省法学会常务理事、2001~2005 年教育部法学教学指导委员、北京大学法学院兼职教授、华南理工大学法学院兼职教授。

张文显教授是当代中国著名法学家，法学硕士、哲学博士，吉林大学哲学社会科学资深教授（一级教授）、博士生导师，曾经担任过吉林大学党委书记，吉林省高级人民法院院长、党组书记，国家二级大法官。现任中国法学会党组成员、副会长、学术委员会主任，并于2015 年 7 月任中华司法研究会副会长。

陈景良教授，曾任河南大学法学院院长，现任中南财经政法大学法律文化研究院院长、博士生导师、教授，法学院党委委员，享受国务院政府特殊津贴。兼任中国法学会理事、中国法律史学会常务理事、中国儒家法文化研究会常务理事、河南省法学会副会长。

郝铁川教授，享受国务院政府特殊津贴。曾任中央人民政府驻香港特别行政区联络办公室宣传文体部部长、上海市委宣传部副部长、北京奥组委秘书行政部副部长、上海市金山区区长、华东政法学院副院长、《法学》杂志主编等。现任上海市文史研究馆馆长，兼任中国法律思想史学会会长，中国比较法学会副会长，中国国家法制讲师团成员，华东政法大学、上海交通大学、山东大学等院校兼职教授、博士生导师。

付子堂教授，现任西南政法大学党委副书记、校长，法学教授，法理学博士生导师。冯果教授，现任武汉大学法学院院长。

"70 后"的石静霞教授、王轶教授、于志刚教授、何其生教授等，也都在全国各知名政法院校或法学院担任要职。领军人物不胜枚举，据不完全统计，目前在中国法学界和法律实务界领军人物不下30位，在此不再一一列举。

三 注重学术研究，引领学术前沿

当代河南法学家有一个共同的特点，那就是每一位法学家都非常注重自身专长领域的学术研究，并取得了丰硕的学术成果。同时，他们的研究成果和学术造诣又深刻地影响和引领着中国法学学科的发展。

刘海年教授承担过多项国家课题，发表了关于唐律、秦汉简牍等的中国古代法律史论文，以及关于法治、人权的文章100多篇。出版的代表性著作包括独著4部、合著6部、主编13部。曾获中国社会科学院优秀科研成果奖2项、优秀科研成果荣誉奖1项、优秀科研成果一等奖1项、优秀科研成果三等奖4项，中国法学会突出贡献奖1项，中央宣传部"五个一工程奖"1项等。

段秋关教授自1980年便在《法学研究》上发表学术论文。多年来，主持完成了"中外法思想比较""毒品犯罪研究"2项国家社科基金项目，参加完成"中国法律思想通史""法理学研究"等4项国家社科基金项目。先后出版《中国刑法史研究》、《中国法律思想史纲》（上、下册）、《法理学研究》、《中国法律思想史》（台湾汉正书局版）、《台湾现行法律概论》、《中外法学名著选读》、《毒品犯罪的发展趋势与防治对策》等15部著作和教材。

张文显教授始终坚持科学阐释法律原理、开展法学研究，提出了一系列颇有见地的、在国内外学术界和法律界产生较大影响的学术观点。曾主持国家哲学社会科学"七五""八五""九五""十五""十一五"规划重点课题、原国家教委优秀年轻教师基金专项、教育部重大研究课题、吉林省人民政府专项研究课题、司法部法治建设与法学研究专项课题、中国法学会十大专项研究课题等多项。截至 2011 年，张文显教授先后有 17 项科研成果获得国家级奖励及省部级奖励。

付子堂教授在《人民日报》《光明日报》等报纸以及《中国法学》《中外法学》《法学家》《现代法学》《法制与社会发展》《法学评论》等国家级权威期刊或核心期刊上发表学术论文 100 余篇，其中有多篇被《新华文摘》《中国人民大学复印报刊资料》《高校文科学报文摘》等转载。曾主持国家及省部级科研项目 20 余项，出版法学教材、专著、辞书等 40 余部，其中主编高等学校法学核心课程教材《法理学初阶》《法理学进阶》《法理学高阶》，构成"法理学三部曲"。

刘向文教授对俄罗斯联邦宪法的研究在国内占领先地位，不但是俄罗斯宪法研究的开拓者，而且是中国宪法学研究与宪政进程的见证者、参与者、推动者。其独译出版的我国第一本《俄罗斯联邦行政法典（汇编）》《刑事政策的基础》，填补了我国在该研究领域的空白。

冯果教授学术成果颇丰，代表性著作《现代公司资本制度比较研究》是国内第一部也是目前唯一的一部系统研究公司资本制度的学术专著。该书立足于比较研究、经济分析等方法，对我国现行资本制度及其相关问题进行了剖析，获得公司法学界有关人士的好评，并产生了较大影响。

四　熟悉中国国情，参与法律实务

当代河南籍法学家出自中原大地，倍受农耕文明和中华传统文化的滋养，骨子里自带炎黄子孙的历史责任感和悲天悯人的爱国情怀。他们大多出身农民家庭，熟谙基层社会的民情民意，对基层社会的治理结构了然于心。在法学研究中，自觉摒弃了曲高和寡、盲目移植外来理论的做法，将法学研究根植于中国国情，充分重视本土资源，在分析借鉴的基础上有所创新。

为什么说河南籍法学家更善于把握中国国情呢？因为中原大地地

处黄河流域，是中华民族的发源地，曾经是中华文明的核心区域，是最具有中国传统文化烙印和中国特色的代表性地区。近现代以来，中原地区逐渐衰落，河南成为全国的欠发达省份。目前，河南仍然是一个农业大省、人口大省，虽然经济总量已经跃居全国第5位，但是人均水平较低。可以说河南之于中国就恰如中国之于世界，河南就是中国的一个缩影，中国的几乎所有问题都可以在河南找到影子和根源。所以，对河南情况的深切体会和把握，必然有助于对中国国情的充分认识和正确把握。

当代河南籍法学家不但在理论方面有所建树，而且他们大多广泛参与社会实践，参与法律实务，将理论研究和社会实践相结合，使理论和实践互相促进，相得益彰。例如，刘海年教授不但从事法制史和人权方面的研究，而且担任过海峡两岸关系协会理事、最高人民法院特邀咨询员、中国国际文化交流中心荣誉理事。张文显教授不但从事法理学研究，而且曾经担任过吉林省高级人民法院党组书记、院长，是国家二级大法官。郝铁川教授不但从事法制史学研究，而且曾任中央人民政府驻香港特别行政区联络办公室宣传文体部部长，上海市委宣传部副部长，北京奥组委秘书行政部副部长，上海市金山区委副书记、区长。王晨光教授在北大任教期间，曾先后在海淀律师事务所和天中律师事务所任兼职律师。王振民教授除了进行宪法、行政法学研究，还曾任中央人民政府驻香港特别行政区联络办公室法律部部长。周密教授除了进行犯罪学方面的研究工作，还参加过最高人民法院的辩护工作，参加过刑诉法草案和北京市未成年人保护条例草案的起草工作，以及监狱法和未成年人保护法起草的咨询工作。江伟教授除了是民诉法领域的泰斗级人物以外，还曾经参与《民事诉讼法》《仲裁法》《公证法》《人民调解委员会组织条例》《票据法》《公司法》等法律的起草论证工作。樊崇义教授除了进行刑事诉讼法学理论研究工作，还参与了《刑事诉讼法》的修改，其积极主张的统一人民法院定罪原则、坚持"疑罪从无"、改革刑事辩护制度、改革审判方式、增设简易程序、完善强制措施等方面的建议，均对立法产生了积极影响。何其生教授多次参加国际法律文书的起草和国际谈判。

五　时代特征明显，历史文化厚重

通过对当代河南法律名人名家的梳理，我们发现除了少数著名法学家出生在 20 世纪 30 年代外，大多数法学家出生在 20 世纪 50 年代、60 年代或 70 年代，在这些法学家的身上都明显地散发着时代特征和气息。经济基础决定上层建筑，生活环境同样影响着每一位法学家的价值观及其兴趣爱好。不难发现，在不同年代出生的法学家，他们的学习经历和学习方法，尤其是他们的研究方向和领域，与其所处的国情和社会发展环境有着紧密的联系。也就是说，社会经济发展状况决定着法学家的法学思维和研究方向。同时，这与他们本人所处的历史文化环境密切相关，特别是中原文化的沉淀及其影响。

譬如，刘海年教授，1936 年 4 月生，主要研究中国法律史、法治与人权理论，他对中国法文化领域的研究造诣颇深；段秋关教授，1946 年生，着重于中国法律思想史的研究；张文显教授，1951 年生，着重于法哲学、法理学以及法治国家研究；沈开举教授和苗连营教授都是"60 后"，专注于宪法、行政法以及人权研究；于志刚教授，1973 年生，专注于刑法、网络犯罪方面的研究；何其生教授，1974 年生，致力于国际私法、国际商法方面的研究。

第三节　当代河南法律名人名家的重要影响

当代河南法律名人名家在国家和社会发展过程中发挥着重要作用和影响，他们或引领学术，或参与立法，或咨政建言，或服务社会，更或兼而有之，是法治河南、法治中国建设的重要智力支持和积极践行者。

一 引领学术

河南法律名人作为一种独立的社会力量，其身份角色无非具有两层含义：一指法学教授的专业能力，即学术权威的"合法"地位；二指其公共道德影响力，即法学教授作为社会良知的代表人物所应该具备的社会责任意识。[1] 法学家与法律实务家及其他团体相比有自己独特的价值追求，其不断追求法律体系的完善、法律观点的创新、法理结构的合理。法学家是一个相对中立的群体，虽然有不同的情感和价值取向，但相对不会基于单位、行业、阶层的利益而发表有失偏颇的言论。[2]

正如"罗马法学家成就了罗马法"一样，任何时代都必须重新书写自己的法学，这是时代进步对法学学者的要求。当代河南法律名人名家无愧于这个时代发展的要求和期望，在多个学术领域发挥着重要的带头和引领作用。譬如，张文显教授，在当代法理学领域属第一人，马克昌教授更是我国当代法学界的泰斗级人物；江伟教授在民事诉讼法学界乃泰斗级学者，至今仍对民事诉讼法学的教学和研究发挥着重要的方向性作用；西南政法大学校长付子堂教授，在区域法治建设尤其是西部大开发法治区域构建方面有着很深的学术造诣；武汉大学法学院院长冯果教授在经济法学尤其是公司法学和金融法学领域研究成果颇丰，在金融界也发挥着重要的引领指导作用；等等。

二 参与立法

改革开放的深化，全面依法治国的政治理想和社会主义市场经济

---

[1] 陈媛：《回望与沉思——近代中国大学教授群体研究（1895～1949）》，博士学位论文，华东师范大学，2009。

[2] 胡彬：《当代中国法学家与立法》，硕士学位论文，北方工业大学，2012。

的转轨过程，将当代河南法律名人名家推上历史舞台，使之成为一个独立的富有话语权的阶层。这批法学家与以往任何时代的法学家相比拥有了更多的学术资源、更多的交流机会、更多的学术自主权，尤其重要的是，在立法参政的过程中意见能够被合理地表达和接受。这其中最为轰轰烈烈的当数法学家参与民事法律的起草工作。此外，王瀚教授参与了甘肃《兰州新区条例》的制定；冯果教授参与了重庆《两江条例》的制定；王轶教授参与了《合同法草案专家建议稿》《物权法草案专家建议稿》《民法典草案专家建议稿》的起草工作；周密教授曾参加国务院行政法规整理和最高人民法院辩护工作，后又参加刑诉法草案和北京市未成年人保护条例草案的起草工作，以及监狱法和未成年人保护法起草的咨询工作等。

"现代立法是高度专业化、技术化的工作，没有法学家的参与，现代法典便无以产生，事实上，现代立法主要是法学家的舞台。"[①] 当代河南法律名人名家参与立法具备专业的职业技能，该技能是以系统的社会主义法律学问和专门的思维方式为基础，并不间断地培养、训练、学习而取得的。其能够参与到立法的过程中，在共同体内部传承着社会主义的法律职业伦理，维系着这个共同体的成员以及共同体的社会地位和声誉。当代河南法学家参与立法活动，与以往任何时代相比具有相当大的自主性或自治性。[②]

法学家参与立法有利于促进立法的民主、科学与公正，有利于提高立法效率，有利于增强影响。法学家是中立者，可以超然于利益诱惑之外，本着学术的良知和对人民负责的精神，能够广泛听取和吸收各方意见，有效避免部门利益过分渗透立法过程，从而公正、客观、全面地协调各种利益冲突关系。[③]

---

① 周永坤：《法学家与法律现代化》，《法律科学》1994 年第 4 期。
② 胡彬：《当代中国法学家与立法》，硕士学位论文，北方工业大学，2012。
③ 胡彬：《当代中国法学家与立法》，硕士学位论文，北方工业大学，2012。

三 咨政建言

学者们凭借他们精深的学识和"先天下之忧而忧，后天下之乐而乐"的知识分子的社会良知，在参与改造中国当代法学教育和研究的同时，也积极参与中国社会与政治的改造。在我们这个缺乏法治传统的国家，本土资源中没有给法律共同体提供可以生长的土壤，法治很难自下而上地形成。在我国，法治观念的形成以及法治进程的推进，都是以有一流的法学家、教育家、社会活动家推动为前提的。回首中国几十年的法治建设，从立法完善、观念更新到司法实践等，每一个进步都离不开学者的奔走呼号和建言献策，同时法律工作的性质决定了法学家的权威。①

四 服务社会

自由思想和独立人格是当代河南法律名人名家孜孜以求且奉为神圣的人生理念。由于法学教育的精英化、相对自由的言论空间以及和平稳定的社会格局，客观上为法律名人名家独立人格的张扬提供了较为有利的空间。他们丰博的学识、闪光的才智、庄严无畏的独立思想，构成了一种特殊的精神魅力。

综观世界其他发达国家，法学家兼职律师属普遍现象，而且确实起到了很大作用。法学家作为社会的精英，服务于社会、企业以及党政机关事业单位，引领时代潮流，创新社会意识，成为知识和道德的楷模。在当前中国总体法律水平较低的局势下，毫无疑问，允许法学家做兼职律师将有效地衔接他们的法律知识与实践，把他们的优势充分发挥出来，无疑能成为法治进程的助推器，在国家和社会发生重大法律热点事件时，敢于发出法律人的声音。近些年来，在某些重大冤

---

① 邢小四：《法学家的角色定位与司法》，硕士学位论文，苏州大学，2006。

假错案的平反昭雪过程中，河南法学家就作出了自己应有的贡献。同时，服务社会除了有助于法治建设、提高司法质量以外，对于法学家自身的理论研究和积累法律实践也不无益处。①

五　影响决策

当代河南法律名人名家，从河南大地走向全国乃至世界，是基于自己的学术积累以及中国知识分子经世致用的优良传统，同时也发挥着愈来愈重要的学术和社会影响。

当代河南法律名人名家通过多种途径和方式，将自身在法学领域的研究成果服务于社会，造福于人民，不同层面和不同程度地影响着地方党委政府乃至中央的经济社会发展重大决策。

第一种途径是在人大做专职常委或者立法咨询专家，通过该方式来指导立法，进而影响重大决策。党的十八届四中全会决定指出，增加有法治实践经验的专职常委比例，依法建立健全专门委员会、工作委员会立法专家顾问制度。

第二种途径是到政府机关和司法机关挂职，直接影响重大事项的决策。党的十八届四中全会决定指出，健全政法部门和法学院校、法学研究机构人员双向交流机制，实施高校和法治工作部门人员互聘计划，重点打造一支政治立场坚定、理论功底深厚、熟悉中国国情的高水平法学家和专家团队，建设高素质学术带头人、骨干教师、专兼职教师队伍。例如，张文显教授曾经担任过吉林大学党委书记，吉林省高级人民法院院长、党组书记，国家二级大法官；郝铁川教授曾任中央人民政府驻香港特别行政区联络办公室宣传文体部部长，上海市委宣传部副部长，北京奥组委秘书行政部副部长，上海市金山区委副书记、区长；冯果教授曾挂职湖北省武汉市洪山区人民法院副院长、最

---

① 邢小四：《法学家的角色定位与司法》，硕士学位论文，苏州大学，2006。

高人民法院审监庭副庭长等。对于作为"法官"的法学家，现如今法律实务界与学者之间的转换也非常频繁，近年来一些知名学者相继被任命为各级司法机关首长。法学家"站着讲课，坐着判案"，这似乎也正如部分学者所倡导的道路，借鉴英美国家"法官精英化"的轨迹建立中国的精英法官之路。①

第三种途径就是作为政府机关和司法机关的专家咨询委员或者法律顾问提出专家论证建议和意见，从而影响决策。党的十八届四中全会决定指出，探索建立有关国家机关、社会团体、专家学者等对立法中涉及的重大利益调整论证咨询机制。积极推行政府法律顾问制度，建立以政府法制机构人员为主体、吸收专家和律师参加的法律顾问队伍，保证法律顾问在制定重大行政决策、推进依法行政中发挥积极作用。

第四种途径就是专家学者团队组成课题组，以第三方公开招投标的形式服务于党委政府和司法机关，从而影响决策。党的十八届四中全会决定指出，对部门间争议较大的重要立法事项，由决策机关引入第三方评估，充分听取各方意见，探索委托第三方起草法律法规草案。例如郑州航空港综合实验区立法、兰州新区立法等都有河南法律名人名家主持或参与。

第四节　当代河南法律名人名家的前景展望

中国转型时期法治进程中，当代河南法律名人名家作为一支不可替代的力量，其一言一行无不受人关注。当代河南法律名人名家无论是过去还是现在，都在用自己的实际行动诠释着河南法学家的社会责任和历史使命。正是基于对法律的景仰及对法治的向往，当代河南法律名人名家群体日益壮大、学术影响不断扩大、智库作用不断增强，

① 谭兵、王志胜：《试论我国法官的精英化》，《现代法学》2004 年第 2 期。

在未来法治中国建设的宏图伟业中一定会发挥更大的作用，贡献更多中原智慧，提供更多中原方案。

一 群体日益壮大

中华民族是一个伟大的民族，但是由于种种原因，在法制建设和法学研究方面经历了曲折发展过程。党的十一届三中全会以来，随着我国改革开放的不断深入，我们终于迎来了法学的春天、法治的春天。

当代河南法律名人名家随着中国经济社会的发展而自觉形成，伴着亿万河南人民脉搏的跳动而彰显存在。据不完全统计，截至2019年，河南法律名人中处在领军人物地位的专家学者不少于30人，高等院校法学专业的大专以上河南毕业生每年有3000多名，其中每年近30名河南学生考上博士研究生，近1000名考上硕士研究生。尤其是在未来的5～10年内，"80后"的河南法学家就会崭露头角，成为河南法律名人名家新的力量。

二 学术影响不断扩大

法学家首先应当是一个从事法学研究的知识分子。"法学家"既不是一种荣誉称号，也不代表着某种社会地位，法学家无论多么出名，地位多么显赫，他也只是一个法学理论工作者。这是法学家与法官、政府官员或者律师的重要区别。作为一个从事法学研究的知识分子，法学家应当尽可能为国家、社会的发展提供所需要的法学智力成果。法学家最大的社会责任，就是为中国的全面依法治国伟业提供理论支持。一是为国家法律的制定和修改提供理论上的论证。法学家应当积极参与国家的立法活动，为各项具体法律规则的拟定提供建设性的意见。二是为司法公正建言献策。比如法学家可以从解释论的角度出发，去确定现行法上所确立的各项法律规则的含义，为裁判者适用法律解决纠纷提供借鉴和参考。三是传播法律文化、普及法律知识。中国推行法治的过程，实际上是一个倡导一种新的社会治理机制、倡导一种新的生活方式的过程。全面建设社会主义法治国家，就要提高全民族的法律文化和法治文化素养，培养全体人民对法治的忠诚，为此就必须进一步大张旗鼓地宣传法治，使法治观念更加深入人心。①

近年来，随着当代河南法律名人名家群体的日益壮大，其学术影响力也在不断扩大，不但为社会提供有价值的知识产品，为国家的法治建设提供理论支持，而且在传道授业解惑过程中弘扬民主法治精神、维护社会正义、传播法律知识、阐释法律精神，当代河南法律名人名家通过自己的学术研究成果实现法学家的社会责任和历史使命。

三 智库作用逐渐增强

党的十八届三中全会提出，要加强中国特色新型智库建设，建立健全决策咨询制度。党的十八届五中全会强调，要实施哲学社会科学创新工程，建设中国特色新型智库。2016 年 5 月 17 日，习近平总书记在哲学社会科学工作座谈会上的讲话指出，要让广大哲学社会科学工作者成为先进思想的倡导者、学术研究的开拓者、社会风尚的引领者、党执政的坚定支持者。

法学家作为社会的精英阶层，引领时代潮流，创新社会意识，成为法学研究领域的楷模，这也是古今中外社会民众所公认的法学家的特质。我国哲学社会科学有五路大军，其中高校系统和社科院系统法学家居多。河南法律名人名家也不例外，他们或在中央政治局进行法治讲座，或在人大政府部门任职，或在专家论证会现场，或在对外经济外交领域建言献策，都发挥着重要的智库性作用。尤其是近年来民事诉讼法的修改、刑事诉讼法的修改、公司法的修改、物权法的制

---

① 王利明：《法学家怎么尽好社会责任》，《北京日报》2016 年 8 月 29 日。

定、侵权责任法的制定、民法总则的制定，河南法律名人名家发挥了助推甚至引领作用。

四　贡献更多中原智慧，提供更多中原方案

党的十八届四中全会提出，健全政法部门和法学院校、法学研究机构人员双向交流机制，实施高校和法治工作部门人员互聘计划，重点打造一支政治立场坚定、理论功底深厚、熟悉中国国情的高水平法学家和专家团队，建设高素质学术带头人、骨干教师、专兼职教师队伍。

中国转型时期法治进程中，法学家作为一支不可替代的力量，其一言一行无不受人关注。今后，在全面建设社会主义法治国家的进程中，法学家将面临怎样的诱惑与激励、选择与放弃？他们曾经怎么做，现在怎么做，以及将来怎样更好地去做？[1] 我们不难发现，正是因为法学家对公平、正义等法律基本价值的阐释和传播，才有了今天我们对建立法治社会的憧憬；正是法学家对于权利、自由的追求，才使得法律成为维系我们精神世界的支柱。[2] 党的十八届四中全会对今后法治人才培养以及法学学科建设提出了明确要求，坚持用马克思主义法学思想和中国特色社会主义法治理论全方位占领高校、科研机构法学教育和法学研究阵地，加强法学基础理论研究，形成完善的中国特色社会主义法学理论体系，坚持立德树人、德育为先导向，推动中国特色社会主义法治理论进教材、进课堂、进头脑，培养造就熟悉和坚持中国特色社会主义法治体系的法治人才及后备力量。

也正是基于对法律的景仰及对法治的向往，才使得我们深信当代河南法律名人名家一定能发挥更大的社会作用，在未来法治中国建设的宏图伟业中必将贡献更多中原智慧，提供更多中原方案。

---

① 邢小四：《法学家的角色定位与司法》，硕士学位论文，苏州大学，2006。
② 邢小四：《法学家的角色定位与司法》，硕士学位论文，苏州大学，2006。

附录　河南法律史大事记

上古时期至近现代河南法律史大事记

●炎黄二帝时期，开始形成圣人治理、世系传承、家国天下、德治天下、刑起于兵等思想（上古时期无文字记载，目前的考古发现也无法印证全部，因此这种说法仅仅基于神话传说和考古发现已经印证的部分，史学界、考古学界对炎黄二帝尚无定论）。

●夏朝，形成"天命天罚"神权法思想，产生中国最早的法律《禹刑》。《禹刑》是夏朝法律制度的统称，是由禹和其继任者在共同汇集原始部落习惯法的基础上形成的法律规范。

●夏启时期，讨伐有扈氏所发布的《甘誓》，是中国历史上记载最早的军法。

●夏帝芬三十六年作"圜土"，是中国法律史上最早的监狱。

●夏朝确定了奴隶制"五刑"：大辟（死刑）、墨刑（面部刺字）、劓刑（割鼻）、剕刑（断足）、宫刑（破坏生殖器）。除了大辟是死刑，其余四种皆为肉刑。割裂肌肤、残害肢体的刑罚，反映出奴隶制的残忍和野蛮。

●夏朝有赎刑，保护少数奴隶主贵族的特权，可以用铜赎罪，以减轻处罚。

●商朝，作《汤刑》，经多次修订取得了刑名从商的立法成果。

商朝的罪名比夏朝繁多。

● 商汤讨伐夏桀时，发布《汤誓》，列举夏桀的罪状，秉承神权法思想。

● 商王盘庚迁都，盘庚曾主持修订商朝法律。

● 商纣王残暴异常，曾作炮烙之刑，对九侯施以醢刑（剁成肉酱），将鄂侯杀死后施以脯刑（做成肉干），将其叔父比干剖心。

● 周公主持制定、修改周初法典《九刑》，提出以德配天、敬德保民，在立法指导思想上主张明德慎罚。确立了"礼不下庶人，行不上大夫"的立法、司法指导原则。在奴隶制"五刑"基础上加上流、赎、鞭、扑，构成"九刑"。

● 周穆王时期，命令吕侯制定《吕刑》，吸收了前代的立法经验，规定了刑罚的种类和适用刑罚的原则以及赎金和罚金。

● 周礼规定同姓不婚，男三十而娶，女二十而嫁，这是婚姻法的雏形。

● 西周时期将诉讼称为"狱讼"，开始区分民事诉讼和刑事诉讼。狱，谓相告以罪名者；讼，谓以财货相告者。

● 西周时期起诉要缴纳诉讼费，双方当事人均到庭才能进行审理，奴隶主贵族可以委托代理人出庭。法官在审判中通过"五听"（辞听、色听、气听、耳听、目听）观察当事人进行审判，是最早对犯罪心理进行分析的尝试。

● 公元前 536 年，郑国子产铸刑书于鼎，这是中国古代第一次正式公布成文法。

● 公元前 501 年，郑国公布邓析私造的《竹刑》。

● 战国时期，魏国的李悝制定《法经》，是中国古代成文法典之源，是中国封建社会最早的一部初具体系的法典，在编纂体例上开创了成文法典诸法合体、以刑为主的篇章结构。

● 公元前 361 年，商鞅携《法经》入秦，主持秦国变法 21 年。

● 秦朝，李斯协助秦始皇严格奉行法家思想，贯彻重刑主义，确立法自君出，树立皇帝的绝对权威。

● 汉朝张苍做宰相时，协助汉文帝废除沿袭上千年的肉刑，为刑罚轻缓化作出重要贡献。

● 汉文帝时期，贾谊针对当时的社会现实，首先倡导"礼法结合，礼义为先"，主张治理国家要礼法并用，贾谊的思想后来为董仲舒所继承。

● 西汉时期，南阳杜氏成为第一个法律世家。其中，以杜周和杜延年最为著名，经杜周、杜延年解释的汉律，被称为"大杜律"和"小杜律"，成为最早的律学派别。

● 东汉时期，河南出现了最著名的律学家族——颍川郭氏。郭氏家族以郭弘习小杜律为始，世家传习，先后有郭躬、郭晊、郭镇、郭祯、郭禧、郭鸿等，"数世皆传法律，子孙至公者一人，廷尉七人，侯者三人，刺史、二千石、侍中、中郎将者二十余人，侍御史、正、监、平者甚众"。

● 曹魏时期，魏国首次设立"律博士"，教授法律。

● 曹魏时期，陈群极力赞成恢复肉刑，并奉诏制定新律，改变了自《法经》以来不科学的法典体例，并在律中首次规定了"八议"。

● 西晋司马炎时期，张斐注解《泰始律》，与杜预齐名。二人为《泰始律》做注后，晋律也被称作"张杜律"，东晋继续沿用"张杜律"，未进行新的立法活动。

● 隋文帝时期，制定《开皇律》，以刑网简要、疏而不失著称，上承汉律的源流，下开唐律的先河，使封建法典定型化。

● 唐太宗李世民时期，长孙无忌与房玄龄等奉命修订《唐律》，并对其逐条解释，著成《唐律疏议》，成为我国流传至今的一部完整的封建法典。

● 宋太祖赵匡胤时期，命窦仪修律，编成《宋刑统》。篇目律文大多同唐律，变化之处在于增加了"折杖法"，篇下分门，便于检索，并且民事规定进一步系统化。

●晚清时期，刑部豫派律学兴起，代表人物是陈雅侬和田雨田。

●1912年中华民国临时政府成立后，河南省在开封成立了"河南省律师公会"，始有会员5人，1935年发展到120余人，先后推举李庶瑛、宗庆弟、崔寅彤、梁国斌、林祖式、胡廷正、米文晓为会长。1927年11月河南省高等法院设立"律师惩戒委员会"，专理全省律师的惩戒事务。高等法院院长邓哲熙兼任主任，委员由院长指定本院庭长或推事兼任。

●1914年，袁世凯公布《中华民国约法》，该法确认袁世凯个人独裁，又被称为《袁记约法》。

中华人民共和国成立前后河南法律史大事记

●1949年5月，根据中原临时人民政府53号令，建立河南省司法厅，河南省司法厅是河南省人民政府建立最早的厅级机构之一。司法厅地址在开封市，实有34人。司法厅与法院合署办公，工作人员互相兼职。

●1949年5月，河南省人民法院在省会开封成立，各地、市、县人民法院（或司法科）按行政区划设置。同年6月，建立了陈留、许昌、郑州、商丘、淮阳、信阳、潢川、洛阳、南阳、陕州10个专区分院和郑州、开封两个省辖市法院。

●1949年8月，河南省人民政府颁布《登记、管理枪弹暂行办法》，省人民政府公安厅印制了《持枪证》、《私枪及民兵、自卫队枪弹登记证》和《机关团体登记枪弹清册》。

●1950年9月，撤销河南省司法厅，其工作移交给河南省人民法院管理。河南省人民法院内设司法行政处，管理全省司法行政工作。

● 1949 年 10 月，开始建立人民律师制度，人民律师组织分省人民律师协会和市、地、县法律顾问处（后易名为律师事务所）。

● 1950 年 2 月 7 日，河南省人民政府颁发《河南省土地制度改革条例》。1950 年 8 月，河南省人民政府发布《关于禁绝鸦片烟毒的命令》。

● 1950 年 11 月，河南省公安厅设执行处，负责全省劳动改造工作。

● 1951 年 2 月 18 日，河南省人民检察署成立。本年底，根据省委指示，各市、县也都建立了人民检察署。

● 1951 年 5 月 17 日，制造郑州"二七"惨案的主谋、杀害林祥谦的凶犯赵继贤被抓获，在郑州、武汉分别举行公审后，在汉口江岸火车站被处决。

● 1951 年 10 月 30 日，中共河南省委、河南省人民政府分别发出关于贯彻执行《中华人民共和国婚姻法》的指示，省妇联、省工会、省农协、团省委等群众团体也发出《大力发动群众贯彻婚姻法的联合通知》，全省掀起宣传婚姻法的群众运动。

● 1952 年，根据 1951 年 9 月颁布的《人民法院暂行组织条例》的规定"县级法院办理公证"，河南省在省会开封市人民法院设立公证室。

● 1953 年 1 月，中共河南省委决定成立河南省贯彻婚姻法运动委员会。

● 1953 年底，郑州、新乡等 12 个市、55 个县和焦作矿区人民法院建立了公证室或配备了专职、兼职公证员。

● 1954 年 7 月，河南省第一届人民代表大会第一次会议在开封举行。与会代表一致拥护《中华人民共和国宪法（草案）》，会议选举邓颖超、赵树理、吴芝圃等 56 人为河南省出席全国第一届人民代表大会代表。

● 1954 年 12 月，全省检察机关的名称由人民检察署改为人民检察院。

• 1955 年 2 月，在开封市重建河南省司法厅。

• 1955 年 5 月，河南省成立律师协会筹备办事处。

• 1956 年，河南省人民委员会干部学校和河南省政法干部训练班合并为"河南省政法干部学校"，是河南省培训政法干部的基地。1958 年后，省政法干校停训，1979 年恢复。

• 1956 年 3 月，中共河南省委批准成立"河南省劳动教养委员会"。河南省公安厅四处（管教处）设立劳动教养管理办公室，以杞县两河劳改农场为基础，建立河南省劳动教养总队。同年，河南省公安厅四处改为河南省劳动改造工作管理局，劳动教养管理办公室并入劳动改造工作管理局。

• 1956 年 4 月，根据司法部"凡 30 万人口以上的市和高、中级人民法院所在地的市、县在本年内都要建立法律顾问处"的要求，郑州市建立了河南省首家法律顾问处。

• 1957 年 6 月，河南省律师协会正式成立。

• 1958 年 1 月，根据中共河南省委第一次代表大会制定的《关于紧缩机构下放干部的方案》，省司法厅与省高级人民法院合署办公。

• 1959 年 4 月 5 ~ 9 日，河南省第一次公安、检察、司法先进工作者代表大会在郑州举行。推选出出席全国第一次公安、检察、司法先进工作者代表大会的代表 77 名，先进单位 11 个。

• 1959 年 6 月，河南省委撤销司法厅，司法行政工作交由河南省高级人民法院管理。

• 1959 年，全省人民法院依照中华人民共和国主席发布的特赦令，对 4505 名确实改恶从善的反革命犯和普通刑事犯予以特赦释放或特赦减刑。

• 1966 年"文化大革命"开始后，法制建设和审判工作遭到严重破坏，检察工作基本停滞，制造了大量冤假错案。

● 1973 年 3 月 10 日，中共河南省委决定，撤销省革委办事组、政工组、生产指挥组、保卫组，恢复省委办公厅、组织部、宣传部、统一战线工作部，设立省革委办公厅、生产指挥部、公安厅和省高级人民法院。

● 1978 年 7 月 31 日，中共河南省委决定建立省委政法领导小组。

● 1978 年 12 月 25 日，依据第五届全国人民代表大会通过的中国第三部《宪法》所规定的重新设置各级人民检察院，河南省人民检察院重新成立，恢复办公。

● 1979 年，河南省司法厅建制恢复。

● 1979 年 2 月 9 日，中共河南省委决定建立中共河南省纪律检查委员会筹备组，赵文甫兼任组长。各市、县纪律检查委员会机构相继成立。

● 1980 年，公证工作恢复，河南省在郑州、开封、洛阳、安阳四市成立公证处。

● 1980 年 1 月，开封市律师刘云升、拜绍武于《中华人民共和国刑法》和《刑事诉讼法》开始实施之际，为该市女工张某某过失失火一案辩护，在开封市各界引起很大震动，司法部将案例材料在全国做了转发。

● 1980 年 3 月至 1981 年，全省人民法院普遍建立了经济审判庭。

● 1980 年 5 月，兰考县率先成立法律顾问处。

● 1980 年 11 月，洛阳市法律顾问处担任了该市万国药房的法律顾问。

● 1981 年 3 月，河南省第一家乡镇法律服务机构"新郑县城关镇司法办公室"建立，至年底已在全省普遍推行。

● 1981 年 4 月省司法厅召开了全省律师工作会议，会议总结了省内律师开展各项工作的经验，对法律顾问工作进一步做了具体部署安排。

● 1982 年，开始在乡镇、街道办事处配备司法助理员，主要承担协同人民政府组织协调人民调解工作，帮助基层人民调解委员会解决疑难民间纠纷。

● 1982 年 3 月，省司法厅成立中共河南省司法厅机关委员会，负责机关党组织建设、党务和政治思想教育等。同年 6 月，根据中共中央的决定对司法行政工作进行了调整。河南省司法厅将各级人民法院的设置、人员编制、任免、财务装备、司法统计移交给省高级人民法院自管。

● 1982 年 3 月，河南省法学会第一次代表大会在郑州市召开，选举马景汉（省司法厅厅长）为会长。

● 1982 年 4 月 15 日，中共河南省委、省人民政府发出《坚决贯彻执行中共中央、国务院〈关于打击经济领域中严重犯罪活动的决定〉的通知》。

● 1982 年 11 月 4 日，河南省人民武装警察总队成立。

● 1983 年 5 月 3～7 日，河南省第六届人大常委会举行第一次会议，任命了省高级人民法院及地、市中级人民法院负责人，审议通过了《河南省各级人民法院收取民事诉讼费用的暂行办法》。

● 1983 年 6 月，根据中共中央决定，省公安厅将劳动改造工作管理局、劳动教养工作管理处整建制移交省司法厅管理。

● 1983 年 8 月，郑州、焦作等地在"全国严厉打击刑事犯罪活动"斗争中，始终坚持辩护制度，收到了好的效果。

● 1983 年 9 月，河南省律师协会与省司法厅律师工作管理处合并，实行两块牌子一套人马。

● 1984 年 5 月 22 日，中共河南省委、省人民政府发出《关于支持和保护农村专业户的若干规定》，对农民从事生产、经营范围、价格、税收和合法经营的法律保护等问题做出具体规定。

● 1983 年，建立河南省司法学校，创办驻马店、周口、南阳、安阳、许昌、新乡六所地区政法干校和安阳、新乡、郑州三个市司法干部训练班。

• 1984 年 3 月 18 日，设在济源县的中央第二政法干部学校，经国务院批准，移交河南省，省政府决定改为河南省政法干部学院。

• 1984 年 6 月 20～26 日，河南省高级人民法院在郑州召开了全省第一次经济审判工作会议。

• 1984 年 10 月，成立河南省政法管理干部学院。

• 1984 年，桐柏县人民检察院侦破了一起中华人民共和国成立以来河南省最大的贪污案。

• 1985 年 1 月 1 日，《河南法制日报》正式创刊。

• 1985 年 1 月 3 日，河南省人民政府颁发《保护专业户、个体工商业户合法权益的布告》。

• 1985 年 5 月 12 日，省六届人大常委会第十三次会议通过《关于向全省公民普及法律常识的决定》，标志着河南省"一五"普法工作正式启动。

• 1985 年 7 月，成立河南省经济律师事务所，序列为河南省第一律师事务所，侧重经济方面的法律事务，受河南省司法厅领导。

• 1985 年 7 月，全省乡镇法律服务机构统一为乡镇司法所，同年在全国首创"见证"。

• 1986 年 7 月，省司法厅拟定了《法律顾问工作细则（征求意见稿）》，并首先在鹤壁市进行了律师为政府及其领导人担任法律顾问的试点工作。

• 1987 年初开始建立行政审判庭。

• 1987 年 3 月 2 日，河南省人民政府发布《河南省市场商品质量监督检验管理暂行办法》。

• 1987 年 8 月 24 日，河南省人民政府决定成立省法制局，由省政府直接领导。

●1987 年 9 月 7～9 日，中共河南省委、省人民政府召开全省整顿市场物价、打击制售假冒商品工作会议，要求坚决打击制售假冒商品的违法活动和哄抬物价、牟取暴利的投机倒把分子。

●1987 年 12 月 21 日，河南省人民政府发出《关于设立行政监察机构的通知》，根据国务院有关文件精神，决定成立省监察厅，省辖市和县、区人民政府及地区行政公署设立监察局，负责监察国家工作人员贯彻实施国家政策、法律和法规情况，监督处理违反国家政策、法律、法规及违反政纪的行为。

●1989 年 3 月 3 日，河南省检察学会成立。

●1992 年 12 月 29 日，河南省首批人民警察授衔仪式在郑州举行。省公安厅、郑州市公安局及其他部门的 1400 余名干警参加授衔仪式。

●1993 年，制定了《河南省法院法医鉴定程序细则》，省法院建成了 DNA 指纹检验室，标志着河南省法院法医物证检验水平进入全国先进行列。

●1996 年 10 月 4 日，河南省依法治省广播电视大会在郑州召开。

●1997 年 11 月 4 日，河南省法律援助中心成立。

●1997 年，河南省强力推进 110 报警服务台建设。省公安厅制定了《省公安厅关于加快公安指挥中心 110 报警服务工程建设的意见》《河南省公安机关指挥中心 110 报警服务工作制度》《河南省公安厅关于巡警与指挥中心 110 报警服务建设接轨工作的意见》等重要文件。

●1998 年，出台《河南省司法厅法律援助暂行办法》，法律援助机构和工作网络日益健全，全省法律援助机构发展到 32 个。

●1998 年，河南省已有郑州、商丘、濮阳、许昌、平顶山、周口 6 个市（地）十多个县（市、区）开设了"148"法律服务专用电话。

●2001 年 11 月 29 日，省九届人大常委会第二十五次会议审议通过了《河南省司法鉴定管理条例》。

• 2002 年 3 月 30 ~ 31 日，省司法厅组织开展了全省首次国家司法考试工作。

• 2003 年 8 月 2 ~ 3 日，全省法院系统首次统一录用工作人员考试在郑州举行，来自全国各地的 2681 人角逐全省三级法院的 432 个岗位。

• 2006 年 6 月 28 日，全省实施《公务员法》工作会议在郑州召开。

• 2007 年，全省交警系统全面推广应用交警执罚异地代收系统。

• 2008 年 3 月 19 日，河南省政府聘请 23 位法学权威为首批法治咨询专家。

• 2010 年 3 月 10 日，河南省首例庭审网络直播在省法院第九审判庭成功进行。

• 2010 年 6 月 24 日，河南省首个以专职审理土地纠纷案件的"土地审判庭"在新乡市中级人民法院挂牌成立。

• 2010 年 12 月 31 日，新乡医学院司法鉴定中心通过国家级司法鉴定机构资质认定认可，这是河南省首个通过国家级认证认可的司法鉴定机构。

• 2011 年 3 月 1 日，河南省首个金融审判庭在郑州市中级人民法院揭牌成立。

• 2011 年 10 月 19 日，河南警察学院举行揭牌仪式，该学院在河南公安高等专科学校的基础上建立。

• 2011 年 12 月 19 日，国内首个"台胞社会法庭"在郑州成立。

• 2011 年，河南省正式全面开展社区矫正试点工作。

• 2012 年 6 月 6 日，河南铁路法检两院移交地方，纳入国家司法管理体系，实行属地管理。

• 2012 年 4 月 5 日，河南省人民法院出台并施行《错案责任终身追究办法（试行）》，在全国开错案追责"终身制"先河。

• 2013 年，平顶山市中级人民法院依法对李怀亮申请国家赔偿一案做出国家赔偿决定，当庭释放被关押 11 年的李怀亮。在李怀亮案的推动下，河南省法院开始坚持"无罪推定、疑罪从无"的刑事司法理念审理案件。

• 2013 年 9 月，河南省法院下发系列通知、意见，对全省庭审方式进行了改革：被告人不穿囚服，对被告人不使用械具，不对被告人设置囚笼，为被告人提供记录用纸笔，不给被告人剃光头。这是在 2013 年 1 月 1 日正式实施的新刑事诉讼法将"尊重和保障人权"写入总则后，河南省法院对这一理念的贯彻执行。

• 2014 年，河南"猎狐 2014"抓获 16 名潜逃境外的经济犯罪嫌疑人。

• 2014 年，河南省启动县级社区矫正中心试点，确定了 6 个试点。

• 2015 年 11 月 16 日，河南省委办公厅、河南省人民政府办公厅印发了《关于进一步加强社区矫正工作的意见》。

• 2015 年 12 月 18 日，"河南省法治智库"正式建成。

• 2015 年 12 月 1 日，河南省"反虚假信息诈骗中心"揭牌。

• 2016 年，河南"七五"普法工作全面启动。

• 2016 年 12 月 28 日，最高人民法院第四巡回法庭在郑州揭牌启用，将审理河南、山西、湖北、安徽四省由最高人民法院管辖的诉讼、信访案件。

• 2016 年 9 月 30 日，河南省人大常委会审议并通过了《河南省预防职务犯罪工作条例》。

• 2016 年 10 月 9 日，安阳市中级人民法院公开宣判白恩培案，在全国首次适用终身监禁，不得减刑、假释。

• 2016 年 9 月 19 日，洛阳市人民检察院支持起诉全省第一起环境污染公益诉讼案件。

● 2017 年，河南省员额制法官、检察官司法改革落地。

● 2018 年 2 月 1 日，河南省监察委员会正式挂牌成立，标志着河南省监察体制改革进入新里程。

● 2018 年 3 月 2 日，经最高人民法院批复同意，河南首家知识产权审判专门机构——郑州知识产权法庭正式设立。

● 2018 年 11 月 7 日，河南省人民检察院检察长首次列席省高级人民法院审委会，并就审判委员会讨论的案件发表意见。

参考文献

一　著作

1. 何勤华：《中国法学史》（第 1 卷）（修订版），法律出版社，2006。

2. 中国社会科学院考古研究所：《中国考古学（新石器时代卷）》，中国社会科学出版社，2010。

3. 徐旭生：《中国古史的传说时代》，文物出版社，1985。

4. 桑金科编《河南历代名人》，五洲传播出版社，2005。

5. 林汉达：《上下五千年》，少年儿童出版社，2016。

6. 黄摩崖：《头颅中国：另一个角度看先秦》，湖北人民出版社，2016。

7. 《马克思恩格斯全集》第 21 卷，人民出版社，1965。

8. 浦坚：《新编中国法制史教程》，高等教育出版社，2003。

9. 张晋藩主编《中国法制史》，高等教育出版社，2007。

10. 杨鹤皋：《中国法律思想史》，北京大学出版社，2004。

11. 杨鹤皋：《中国先秦法律思想史》，中国政法大学出版社，1990。

12. 李光灿、张国华主编《中国法律思想通史》（一），山西人民出版社，2001。

13. （魏）王弼注、楼宇烈校《老子道德经注》，中华书局，2011。

14. 陈鼓应注译《庄子今注今译》，商务印书馆，2016。

15. 程树德：《九朝律考》，中华书局，2003。

16. 鲁迅：《鲁迅全集》（第九卷），人民出版社，1981。

17. 金春峰：《汉代思想史》，中国社会科学出版社，1997。

18. （魏）王弼著、楼宇烈校释《王弼集校释》，中华书局，2018。

19. 马其昶校注、马茂元整理《韩昌黎文集校注》，上海古籍出版社，2014。

20. 河南省法学会编《河南法学家》，中国青年出版社，2009。

21. 陈涛编《包公戏研究》，人民出版社，2011。

22. 叶晓川编《清代科举法律文化研究》，知识产权出版社，2008。

23. 刘畅编《〈歧路灯〉与中原民俗文化研究》，齐鲁书社，2009。

24. 胡旭晟主编《狱与讼：中国传统诉讼文化研究》，中国人民大学出版社，2012。

25. 范忠信主编《官与民：中国传统行政法制文化研究》，中国人民大学出版社，2012。

26. 郭光校注《阮籍集校注》，中州古籍出版社，1991。

27. 余英时：《士与中国文化》，上海人民出版社，1987。

28. 梁启超：《中国近三百年学术史》，天津古籍出版社，2003。

29. 赵晓耕主编《身份与契约：中国传统民事法律形态》，中国人民大学出版社，2012。

30. 徐忠明：《明镜高悬：中国法律文化的多维观照》，广西师范大学出版社，2014。

31. （宋）李焘：《续资治通鉴长编》卷十三，中华书局，2004。

32. 顾学颉校点《白居易集》，中华书局，1979。

33. 杨鸿烈：《中国法律在东亚诸国之影响》，商务印书馆，2015。

34. 徐道邻：《中国法制史论集》，志文出版社，1975。

35. 杨国宜校注《包拯集校注》，黄山书社，1999。

36. （宋）程颢、程颐：《二程集》，中华书局，2004。

37. （清）李慈铭：《越缦堂日记》（第3册），广陵书社，2004。

38. （清）沈家本：《历代刑法考（四）·附寄簃文存》，中华书局，1985。

39. 何勤华、魏琼编《董康法学文集》，中国政法大学出版社，2005。

40. 河南省教育志编辑室编《河南教育资料汇编（清代部分）》，1983。

41. 新县地方史志编纂委员会编《新县教育志》，中州古籍出版社，1995。

42. 陈万卿编著《荥阳先贤年谱》，大象出版社，2006。

43. 吕友仁主编《中州文献总录》（下册），中州古籍出版社，2002。

44. 王爱功、张松道主编《河南省图书馆志》，吉林文史出版社，2009。

45. 陈守强、霍宪章主编《中州名典》，中州古籍出版社，1996。

46. （清）赵尔巽：《清史稿》，中华书局，1977。

47. （汉）司马迁：《史记》，三秦出版社，2008。

48. 王世舜、王翠叶译注《尚书》，中华书局，2012。

49. 张觉编《荀子译注》，上海古籍出版社，2012。

50. 杨伯峻译注《论语译注》，中华书局，2017。

51. 陈桐生译注《国语》，中华书局，2013。

52. （南朝宋）范晔：《后汉书》，中华书局，2017。

53. 胡平生、张萌译注《礼记》，中华书局，2017。

54. （春秋）左丘明：《左传》，中华书局，2016。

55. 叶蓓卿译注《列子》，中华书局，2018。

56. 石磊译注《商君书》，中华书局，2018。

57. （清）吴楚材、吴调侯：《古文观止》，中华书局，2008。

58. （汉）班固：《汉书》，中华书局，2007。

59. 方勇译注《孟子》，中华书局，2017。

60. （三国）曹操：《曹操集》，中华书局，2012。

61. （晋）陈寿：《三国志》，中华书局，2009。

62. （宋）司马光：《资治通鉴》，岳麓书社，2018。

63. 周东平主编《晋书·刑法志》，人民出版社，2017。

64. （北齐）魏收：《魏书》，中华书局，2003。

65. （唐）房玄龄：《晋书》，中华书局，2015。

66. 严杰编选《白居易集》，凤凰出版社，2014。

67. 陈振：《宋史》，上海人民出版社，2016。

68. （宋）包拯撰、杨国宜校注《包拯集校注》，黄山书社，2013。

69. （清）翁同龢：《翁同龢日记》（第1卷），上海中西书局，2012。

二 报刊论文

1. 李丹：《韩非之治国方略考究》，《云南社会主义学院学报》2014年第3期。

2. 周赟：《论法学家与法律家之思维的同一性》，《法商研究》2013年第5期。

3. 王利明：《什么是法学家的社会责任》，《法学家》2006年第3期。

4. 宋志明：《名教出于自然——王弼哲学话题刍议》，《商丘师范学院学报》2011年第8期。

5. 张荣明、刘明辉：《阮籍思想研究中的三个问题》，《孔子研究》2010年第2期。

6. 喻中：《何谓"法学家精神"?》，《社会科学战线》2011年第1期。

7. 孙宪忠：《法学家如何讲真话》，《北京日报》2009年7月6日。

8. 郭畑：《韩愈倡立道统的三个动因》，《中华文化论坛》2015年第3期。

9. 李建华：《唐代科举行卷之风与传奇小说》，《玉林师范学院学报》2012年第4期。

10. 乔宗传：《赵匡胤重视法治的原因和策略》，《史学集刊》1985年第4期。

11. 姚瀛艇：《论二程思想》，《河南大学学报》1985年第4期。

12. 王开玺：《董元醇述论》，《安徽史学》2016年第1期。

13. 王利明：《法学家怎么尽好社会责任》，《北京日报》2016年8月29日。

14. 王云红：《晚清预派律学的再发现》，《寻根》2016 年第 1 期。

三 硕博学位论文

1. 余戈：《宋话本小说研究》，硕士学位论文，重庆工商大学，2011。
2. 刘晓：《黄帝神话传说的形成》，博士学位论文，陕西师范大学，2018。
3. 叶庆兵：《〈史记·五帝本纪〉系列人物神化史化考论》，硕士学位论文，山东大学，2017。
4. 李燕：《中国古代清官司法研究》，硕士学位论文，湘潭大学，2015。
5. 余亚斐：《荀学与西汉儒学之趋向》，博士学位论文，华东师范大学，2010。
6. 曾绍东：《法律与社会：晚清科举考试法规评析》，硕士学位论文，江西师范大学，2003。
7. 陈丽华：《〈歧路灯〉与明清科举制度》，硕士学位论文，曲阜师范大学，2013。
8. 陈懋：《孔子法思想解读》，硕士学位论文，西南政法大学，2002。
9. 陈媛：《回望与沉思——近代中国大学教授群体研究（1895～1949)》，博士学位论文，华东师范大学，2009。
10. 宋婷：《建国以来高校法制教育研究》，博士学位论文，南开大学，2013。
11. 胡彬：《当代中国法学家与立法》，硕士学位论文，北方工业大学，2012。
12. 邢小四：《法学家的角色定位与司法》，硕士学位论文，苏州大学，2006。

后　记

　　目前，关于中国法律史的研究成果丰硕。相比之下，有关区域法律史的研究要少一些。其中，关于某个区域法律名人的研究就更少成体系的。河南位居华夏腹地，是天下之中，是中华民族的发祥地之一，历来是中国的政治、经济、文化中心，与中华法系的形成与发展有重大关系。法律名人对推进法律体系形成，促进当时当地甚至后世社会发展有着举足轻重的作用，并且名人具有地方名片的代表意义。通过对河南法律名人的研究，试图另辟蹊径从人的角度出发研究法律史，以期能够有新的发现、新的启发。

　　本书的选题受启发于笔者所承担撰写的《河南法律史》一书中的章节。《河南法律史》是河南省法学会、河南省社会科学界联合会共同主持编纂的一部区域法律史学书籍。"河南法律史"被获准立项河南省哲学社会科学重大课题。笔者承担该书的"当代河南法学家"一章。在撰写这一章的过程中，以及多次参加书稿的论证和修改过程中，笔者深受启发。并且，笔者所在单位编创团队创作的河南文化系列丛书对笔者也有很大的学习参考价值，遂萌生研究、撰写《河南·法律名人探究》的想法，一方面弘扬河南法律文化，另一方面也借此机会充实河南省社会科学院河南文化系列丛书。值此书稿付梓之际，特别感谢《河南法律史》全体编创人员的启发和帮助，尤其感谢郑州大学法学院宋四辈教授、河南科技大学人文学院历史系主任王云红教授给予的学术研究方面的指导以及无私帮助。王云红教授是近现代史研究方面的专家，手中掌握许多这一时期的珍贵资料，本书第五章近现代河南法律名人所用的资料和主要观点来自王云红教授。本书第七章当代河南法律名人名家的重要影响与前景展望的写作，受到笔者的同事、河南省社会科学院法学研究所李宏伟副所长的大力帮助。另外，本书的成稿还深受桑金科主编的《河南名人》的启发，其中不少资料参考于该书，在此一并感谢。

河南法律史几乎涵盖了中国法律史的主要内容，因此涉及的河南法律名人灿若群星、浩如烟海。书稿虽几经修改，参考了多方资料，仍难免有疏漏和谬误之处，请广大学者同仁和各位亲爱的读者批评指正。

2019 年 9 月

图书在版编目（CIP）数据

河南·法律名人探究 / 栗阳著. -- 北京：社会科
学文献出版社，2020.5
（中原学术文库. 青年丛书）
ISBN 978 - 7 - 5201 - 6378 - 1

Ⅰ.①河… Ⅱ.①栗… Ⅲ.①法律工作者 - 生平事迹
- 河南 Ⅳ.①K825.19

中国版本图书馆 CIP 数据核字（2020）第 039686 号

中原学术文库·青年丛书

河南·法律名人探究

著　　者／栗　阳

出 版 人／谢寿光
组稿编辑／任文武
责任编辑／王玉霞　李艳芳
文稿编辑／刘如东

出　　版／社会科学文献出版社·城市和绿色发展分社（010）59367143
　　　　　　地址：北京市北三环中路甲 29 号院华龙大厦　邮编：100029
　　　　　　网址：www.ssap.com.cn
发　　行／市场营销中心（010）59367081　59367083
印　　装／三河市尚艺印装有限公司

规　　格／开本：787mm × 1092mm　1/16
　　　　　　印 张：15.25　字 数：205 千字
版　　次／2020 年 5 月第 1 版　2020 年 5 月第 1 次印刷
书　　号／ISBN 978 - 7 - 5201 - 6378 - 1
定　　价／88.00 元